荷兰等欧盟主要国家水与垃圾处理设施的可持续运营管理

武　涌　王建清　等编著

中国建筑工业出版社

图书在版编目(CIP)数据

荷兰等欧盟主要国家水与垃圾处理设施的可持续运营管理/武涌，王建清等编著. —北京：中国建筑工业出版社，2008

ISBN 978-7-112-10371-3

Ⅰ. 荷… Ⅱ. ①武…②王… Ⅲ. ①水处理设施—运营—管理—研究—欧洲②垃圾处理—基础设施—运营—管理—研究—欧洲 Ⅳ. F299.12

中国版本图书馆 CIP 数据核字（2008）第 140897 号

荷兰等欧盟主要国家水与垃圾处理设施的可持续运营管理

武 涌 王建清 等编著

*

中国建筑工业出版社出版、发行（北京西郊百万庄）

各地新华书店、建筑书店经销

北京永峥排版公司制版

北京二二〇七工厂印刷

*

开本：787×960 毫米 1/16 印张：13¼ 字数：265 千字

2008 年 11 月第一版 2008 年 11 月第一次印刷

印数：1—2500 册 定价：**32.00** 元

ISBN 978-7-112-10371-3

（17174）

欧盟不同国家市政设施管理的不同发展阶段均有不同的模式，但总的趋势是，各个国家越来越强化政府对水与垃圾设施的所有权，而仅把经营权市场化。欧盟《水框架法令》导言中说：“水不是一种商品，而是遗产，必须受到保护”。欧盟150多年水与垃圾行业发展的历史告诉我们，必须坚持政府对水与垃圾设施的所有权和控制权，才能实现“政府提供”与“普遍服务”。

本书全面总结了欧盟水与垃圾行业发展的经验，总结分析了法国、德国、尤其重点分析了荷兰水与垃圾行业管理的模式及实践，如政府所有、按商业法则运营的荷兰公有水务公司模式，法国水务租赁与特许经营模式；德国二元垃圾收集系统（DSD）、法国垃圾“绿点”标识系统等。同时也对这些国家水与垃圾行业的多个方面进行了总结和分析：包括职责明确且事权清晰的管理体制，链式的可持续管理的政策法规体系，坚持全成本回收的税费体系，适用性强且分不同层次的技术标准体系，公众参与且标杆激励的运营绩效考核体系等。

借鉴欧盟水与垃圾行业发展的经验与教训，结合我国水与垃圾行业发展中出现的设施短缺且重建设轻管理、重硬件轻软件的问题，提出了可持续运营管理的理念。当前，我国很多地方提出要在“十一五”期间，污水处理、垃圾处理设施建设要覆盖到县城一级。但我们认为，设施建设不是目的，真正实现污染减排才是最终目标，如何确保数量众多但运营能力水平低下的县级污水处理厂、垃圾处理场的可持续运营将成为今后工作的重中之重，也许本书可以提供一些有益的和可借鉴的模式和思路。

本书适用于供水、污水、垃圾行业的决策者、管理者、研究机构、运营管理者。

* * *

责任编辑：马　红
责任设计：赵明霞
责任校对：梁珊珊　陈晶晶

序

市政设施是城镇重要的基础设施，是城镇经济和社会发展的重要载体。市政公用行业直接关系到社会公众利益，关系到人民群众生活质量，是城市经济和社会可持续发展的基础性、先导性行业。

市政公用事业的特性决定了它与我国国家发展战略息息相关，在贯彻科学发展观，构建社会主义和谐社会、建设社会主义新农村，实现节能减排与可持续发展目标中，具有重要地位和作用。积极推动市政公用事业的改革与发展是在党的“十七大”报告、人大工作报告、政府工作报告中都十分强调的重点工作。

当前，我国在实施国家“节能减排”战略中，面临巨大的压力和挑战。贯彻落实科学发展观、实现五个统筹，充分发挥政府主导作用和市场机制的调节作用，是推进市政公用事业发展的根本出路。

中国西部地区社会经济的发展水平远远落后于东部地区，在供水、污水处理、垃圾处理等市政公用基础设施行业，无论是设施建设与资金投入水平还是运营管理水平，都明显滞后。西部地区基础设施的滞后已经严重制约了西部地区社会经济的快速发展以及西部大开发整体战略的实施。城镇竞争力是衡量地区经济综合实力的重要指标，城镇基础设施建设又是城镇竞争力提高的重要基础，西部地区城镇现有的基础设施，难以为有效发挥城镇的辐射和带动作用提供支撑，从而无法带动整个西部地区的发展。

西部地区小城镇基础设施发展的主要障碍有六个方面：一是社会经济发展水平低；二是基础设施投入严重不足；三是基础设施运营管理水平落后；四是配套的政策法规体系不完善；五是基础设施的规划、建设与管理的能力水平不足；六是缺乏经济适用技术。为此，2002 年 12 月，原建设部与荷兰王国驻华大使馆共同启动了“中国西部小城镇环境基础设施建设经济适用技术及示范”项目(FTEI 项目)，目标是促进西部小城镇环境基础设施的建设与发展，改善环境，减少贫困，实现西部地区社会经济的可持续发展。该项目是中荷两国政府在中国西部小城镇环境基础设施建设领域（包括城镇供水、污水处理和垃圾处理）开展的一次重要双边国际科技的合作，由住房和城乡建设部负责实施和管理。项目针对西部小城镇基础设施发展的主要障碍，设计并实施了经济适用技术集成、示范项目、能力建设、价格/收费政策研究、引入市场机制政策研究、成果扩散等活动。

在能力建设活动中，项目组织开展了5期约70余人次的荷兰及欧洲环境基础设施培训考察活动，系统地学习了荷兰与欧盟环境基础设施领域在管理、政策、技术、融资等方面的经验与模式。培训的主要机构为荷兰瓦赫宁根大学与研究中心（WUR）、位于荷兰代尔夫特的联合国教科文组织——国际水利和环境工程学院（UNESCO - IHE）。在培训中，学员拜访了荷兰住房、空间规划和环境部、水务委员会等相关主管部门，了解环境基础设施规划、建设与管理的情况，还参观考察了荷兰、德国、法国等国家的供水、污水处理、垃圾处理设施，如荷兰 Essent 固废处理公司、Vitens 供水公司、Houtrust 污水处理厂，德国莱比锡污水处理厂、柏林 ALBA 固体废弃物处理公司等；在每一期培训与考察期间，学员们以听课、查阅相关资料、实地考察参观、拜访相关主管部门等形式，进行深入沟通与交流，学员之间也经常进行讨论交流学习体会，培训结束后，每个学员都颇有收获，共同完成了10余万字的培训考察报告，获得了培训机构的好评。

经住房和城乡建设部与荷兰驻华大使馆协商，双方决定在5次培训考察报告总结梳理荷兰与欧盟环境基础设施管理的经验与模式基础上，结合我国环境基础设施发展的现状，编辑出版《荷兰等欧盟主要国家水与垃圾处理设施的可持续运营管理》一书，作为 FTEI 项目的一项重要成果。本书主要梳理了荷兰与欧盟环境基础设施管理的经验与模式，包括：

一、系统分析介绍欧盟环境基础设施的政策法规体系以及实施的情况，对在环境基础设施领域引入市场机制的模式进行比较分析，重点分析介绍德国和法国在环境基础设施方面的法规、政策、体制、模式与案例。

二、系统分析介绍荷兰水及垃圾处理的政策法规、管理体制及其发展历程，设施规划、融资、建设与管理的模式以及政府监管、价格/收费、技术应用、运营管理等各个方面，并结合多个实际案例进行分析与介绍。

三、结合中国城镇环境基础设施管理的现状和特点，分析荷兰与欧盟经验与模式对当前我国环境基础设施建设与发展的启示，并提出了今后发展我国环境基础设施的建议。

通过梳理分析荷兰与欧盟的经验，总结出对推动我国环境基础设施具有借鉴意义的成果：

一是在政府所有的前提下，有效解决“政府提供”与“引入市场机制”的关系，不仅要通过私营行业的参与提高运营水平和效率，而且以政府为主导掌握设施的所有权，强化监管制度与方法，实现“普遍服务”。

二是城乡协调发展。对市场投资商不感兴趣的村镇，政府进行必要的政策引导和资金支持，并引入私营行业参与。

三是通过完善的制度和机制来规范和引导环境基础设施行业的发展。如荷兰供水企业整并与标杆管理，德国、法国包装垃圾“绿点”系统（二元收集系统），法国私营行业参与（PSP）模式等。

四是推行“全成本回收”理念，建立并实施合理的价格/收费体系，使设施实现可持续运营与发展。

五是利益攸关者广泛参与环境基础设施的管理，在政策实施、行业监管方面发挥重要作用。

在当前中国科学发展、节能减排等国家战略背景下，在环境基础设施领域，荷兰与欧盟的管理经验将为我国相关的政府主管部门、研究机构、投资机构、工程建设与设施运营企业从理论到实践方面提供较好的借鉴与参考。借此，将参加荷兰项目培训考察的心得体会与大家分享。鉴于水平有限，编写过程中难免出现错漏，望各位读者和专家批评指正！

武　涌

住房和城乡建设部建筑节能与科学技术司

2008 年 7 月于北京

目　录

序 …… 5

第一部分　欧盟水与垃圾管理

第 1 章　欧盟社会经济发展的基本状况 …… 2
第 2 章　欧盟水与垃圾管理主要模式 …… 4
2.1　私营行业参与（PSP） …… 4
2.2　市场运营的主要模式 …… 4
2.3　市场运营模式的比较分析 …… 9
第 3 章　欧盟水管理 …… 17
3.1　欧盟水管理现状 …… 17
3.2　欧盟水管理政策法规 …… 21
3.3　德国水管理的经验与模式 …… 25
3.4　法国水管理的经验与模式 …… 33
第 4 章　欧洲垃圾设施管理 …… 42
4.1　欧盟垃圾处理的现状 …… 42
4.2　欧盟垃圾管理政策法规 …… 45
4.3　德国垃圾管理的经验与模式 …… 51
4.4　法国垃圾管理的经验与模式 …… 61

第二部分　荷兰水及垃圾处理设施管理

第 5 章　荷兰水及垃圾处理设施管理的基本状况 …… 68
5.1　荷兰概况 …… 68
5.2　水法律框架 …… 70
5.3　水与垃圾设施监管 …… 71
5.4　水与垃圾价格/收费制度 …… 72
第 6 章　荷兰供水管理 …… 78
6.1　供水行业发展市场与状况 …… 78
6.2　供水政策法规 …… 82
6.3　供水行业管理模式——公有供水公司 …… 83

6.4 供水行业的投融资机制与收费体系 …… 89
6.5 供水行业监管体系与方法 …… 99
6.6 供水技术应用与发展 …… 104
6.7 供水管理的案例 …… 105
第7章 荷兰排水与污水处理设施管理 …… 116
7.1 概述 …… 116
7.2 排水与污水处理行业政策法规 …… 117
7.3 排水与污水处理行业管理模式 …… 118
7.4 排水与污水处理投融资机制与收费体系 …… 120
7.5 排水与污水处理行业监管体系与方法 …… 127
7.6 排水与污水处理技术与运营管理 …… 131
第8章 荷兰垃圾收运与处理设施管理 …… 140
8.1 垃圾收集与处理设施的现状 …… 140
8.2 垃圾收集与处理的政策法规 …… 146
8.3 垃圾收集与处理设施建设与管理模式 …… 147
8.4 荷兰垃圾收运与处理投融资机制与收费体系 …… 161
8.5 垃圾管理体制与监管体系 …… 169
8.6 垃圾处理技术与运营管理 …… 173

第三部分 结论与建议

第9章 荷兰及欧盟水与垃圾管理主要的经验与启示 …… 178
9.1 荷兰与欧盟水务管理经验 …… 178
9.2 荷兰与欧盟垃圾管理经验 …… 185
9.3 对我国水与垃圾行业管理的建议 …… 192
参考文献 …… 197
编后记 …… 201

第一部分　欧盟水与垃圾管理

第1章　欧盟社会经济发展的基本状况

欧洲联盟（European Union），简称欧盟（EU），是由欧洲共同体（European Communities，又称欧洲共同市场）发展而来的，是一个集政治实体和经济实体于一身、在世界上具有重要影响的区域一体化组织。1991年12月，欧洲共同体马斯特里赫特首脑会议通过《欧洲联盟条约》，通称《马斯特里赫特条约》（简称《马约》）。1993年11月1日，《马约》正式生效，欧盟正式诞生。

欧盟现有27个成员国和近5亿人口（2007年1月），总部设在比利时首都布鲁塞尔。欧盟的宗旨是“通过建立无内部边界的空间，加强经济、社会的协调发展和建立最终实行统一货币的经济货币联盟，促进成员国经济和社会的均衡发展”，“通过实行共同外交和安全政策，在国际舞台上弘扬联盟的个性”。欧盟27国总面积432.2万km^2。

欧盟的诞生使欧洲的商品、劳务、人员、资金自由流通，使欧洲的经济增长速度快速提高。1992年欧共体12国时期，欧共体就是世界上一支重要的经济力量。12国面积为236.3万km^2，人口3.46亿，国内生产总值（GDP）68412亿美元（按当年汇率和价格）；欧共体也是当时世界上最大的贸易集团，1992年外贸总额约为29722亿美元，其中出口14518.6亿美元，进口15202.7亿美元。欧盟成立后，经济快速发展，1995年至2000年间经济增速达3%，人均GDP由1997年的1.9万美元上升到1999年的2.06万美元。欧盟的经济总量从1993年的约6.7万亿美元增长到2002年的近10万亿美元。2006年欧盟GDP达到13.6万亿美元，人均GDP约2.8万美元。

目前，欧盟的经济实力已经超过美国居世界第一。而随着欧盟的扩大，欧盟的经济实力将进一步加强，尤其重要的是，欧盟不仅因为新加入国家正处于经济起飞阶段而拥有更大的市场规模与市场容量，而且欧盟作为世界上最大的资本输出国和商品与服务出口国组织，再加上欧盟相对宽容的对外技术交流与发展合作政策，对世界其他地区的经济发展特别是包括中国在内的发展中国家至关重要。欧盟可以称得上是个经济“巨人”。

欧盟各国的人口状况如表1-1：

欧盟国家人口状况　　表 1-1

	人口（万人）				占欧盟 15 国人口的比例（%）	人口密度（人/km²）
	1960 年	1980 年	2002 年	2020 年	2002 年	1999 年
欧盟 15 国	31482.6	35457.2	37998.4	38598.4	100.0	118
欧盟 12 国	25062.5	28486.2	30542.9	30914.3	80.5	122
比利时	912.9	985.5	1031.0	1048.3	2.7	335
丹麦	456.5	512.2	536.8	555.4	1.4	123
德国	7254.3	7818.0	8244.0	8329.5	21.7	230
希腊	830.0	958.8	1059.8	1080.6	2.8	80
西班牙	3032.7	3724.2	4040.9	3952.8	10.6	79
法国	4546.5	5373.1	5934.4	6284.0	15.6	108
爱尔兰	283.6	339.3	388.3	442.7	1.0	53
意大利	5002.6	5638.8	5801.8	5598.5	15.3	191
卢森堡	31.3	36.3	44.4	50.0	0.1	167
荷兰	1141.7	1409.1	1610.5	1727.0	4.2	383
奥地利	703.0	754.6	813.9	817.0	2.1	96
葡萄牙	882.6	971.4	1033.6	1052.6	2.7	111
芬兰	441.3	477.1	519.5	531.4	1.4	17
瑞典	747.1	830.3	890.9	911.5	2.3	22
英国	5216.4	5628.5	6011.4	6217.3	15.8	244
冰岛	17.6	22.7	28.7	31.1	/	3
列支敦士登	1.6	2.6	3.4	3.5	/	198
挪威	356.8	407.9	452.4	485.1	/	15
瑞士	529.6	630.4	726.1	/	/	172

第2章　欧盟水与垃圾管理主要模式

2.1　私营行业参与（PSP）

“私营行业参与公用事业”被看作“市场运营的引入”或“私营行业的参与”。私营行业往往能够比公共部门更加有效地发挥市政公用设施的作用，私营行业参与（Private Sector Participation，以下简称PSP）主要通过以下几个方面：

- 引入更多的（私有）资本投资，用于陈旧和不完善的市政公用设施的扩建、更新和改造；
- 提高技术与经营能力；
- 提高运营效率、服务质量和运营绩效；
- 加快资金回笼，减少补贴需求。

引入市场竞争机制并非易事，必须小心谨慎，在全面考虑利益、优势劣势和风险后才能做出决定。经验表明，达到引入投资、提高效率和全成本回收的所有目标是很困难的。因此规章制度的制订尤为重要。这样私营服务商才能很好地履行合同义务，这些规章制度必须确保：

- 私营行业能够清楚了解他们所承担的责任范围、要求的绩效目标以及违规行为的处罚措施；
- 满足用户期望获得的服务质量，保障用户享受服务的权益；
- 投入足够的资金，确保设施的建设、维护与更新，以达到政府主管部门在服务范围和质量上的计划；
- 私营企业作为设施运营者应该了解水费及相关政策，预见将来可能的调整；
- 通过私营行业参与来保证整体的最大利益；
- 明确在哪些情况下可撤销许可证或合同。

2.2　市场运营的主要模式

欧洲水与垃圾设施管理的基本模式为：

- 公用事业单位模式；

- 准公司化/国营的公用事业单位模式；
- 公有水务公司模式；
- 委托私营市政设施公司模式；
- 直接私营公用事业公司模式。

表2-1描述了这5种基本模式的供水公司组织结构，该表是基于水与卫生设施部门的文献资料和IHE行业与公用设施管理工作组的调查研究。在该表中，定义每种模式的主要依据包括：基础设施的所有权（即处理厂、管网和其他资产）；系统运营商的特性；系统运营商的法律地位；公用设施运营下的法律框架；运营公司股份的所有权及可适应性。5种基本模式主要分成两类：

（1）公用事业单位模式、准公司/国营公用事业单位模式。即它们不是以股份实体构成，仍在公共法律框架范围之内。这两种模式的管理通常受以下因素限制：员工招聘与报酬、资金来源、货物采购及其他至关重要的方面。

（2）公有水务公司模式、直接私营市政设施公司模式的根本区别是：是否遵循公司法，是否以股份公司或有限公司方式构成。与上述类型不同的是，这两种模式具有更大的自由度。

欧洲水与垃圾设施管理的5种基本模式　　表2-1

组织模式		基础设施拥有者	基础设施运营者	运营商的法律地位	遵循的法律框架	股份持有者
公用事业单位	地方政府	地方（市）政府	地方政府机构	地方政府主管部门	公共法	不适用
	地方以上级别政府	国家或州/省级政府	国家或州政府机构	国家或州政府主管部门	公共法	不适用
准公司/国营的公用事业单位	公司、董事会或主管当局	政府或市政设施公司	准公司/国营的公用事业单位	国营，通常由特殊的法律定义	公共法	不适用
公有水务公司	/	政府或政府有限公司	政府有限公司作为永久特许权获得者	公共水务公司	公司法	地方或省政府
委托给私营的市政设施公司	/	政府机构的任何联合体	政府与临时私营特许经营权获得者	公共股份有限公司	公司法	私有的股份持有者
直接私营的市政设施公司	/	私营机构	私营公司	公共股份有限公司	公司法	私有的股份持有者

来源：EUREAU（1992）与IHS Sector and Utility Management Group data bank.

图 2-1 描述了水与垃圾设施管理的 5 种基本模式。

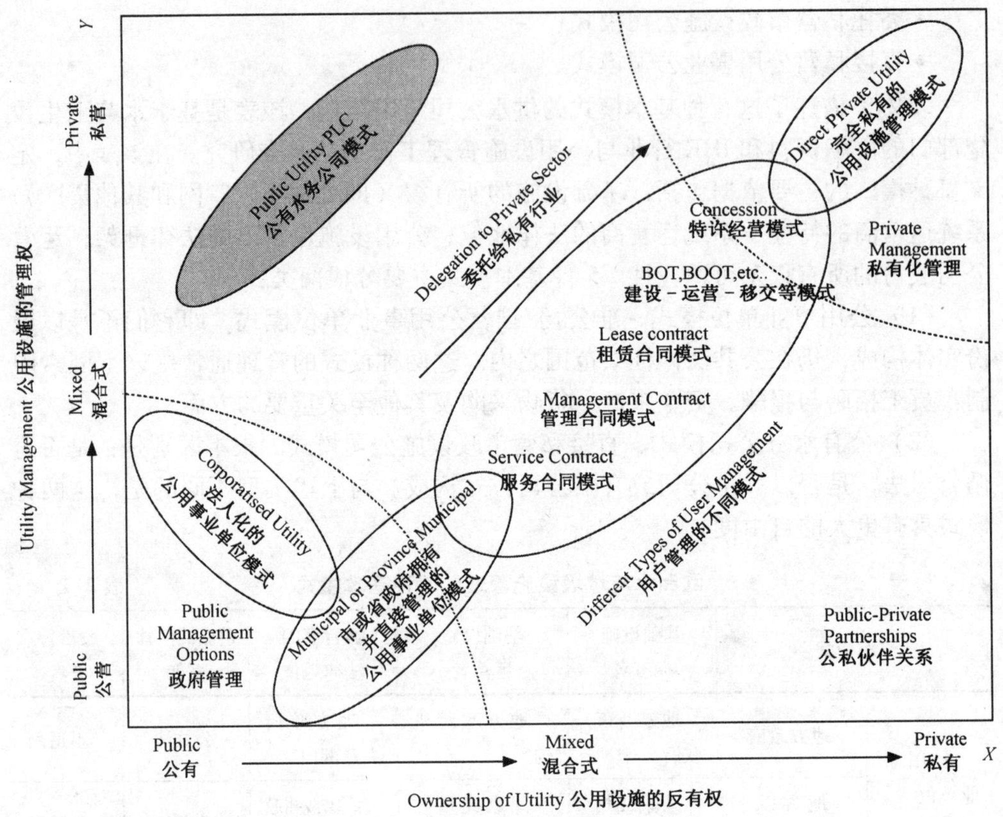

图 2-1 市政公用设施管理可能的模式

这些模式中的每一种模式都沿着两条轴来排列。Y 轴表示公用设施管理的公营或私营程度；X 轴表示公用设施资产公有或私有程度。尽管从经济学理论或法律的观点，该图并不是非常严谨，但从实践角度来看，该图比较清楚地描述了公用设施的公有/私有以及公营/私营性质。

图 2-1 的左下方是供水设施的原型：由市或省政府拥有和管理。这也是最普遍的基本变量。

沿着 Y 轴向上，可以发现具有法人化的公用事业单位模式。这种模式公用设施在政府管理下自主运行，但仍与政府部门保持紧密的关联。

图 2-1 的右边，可以发现大量的公私伙伴关系（PPP）的各种类型，伴随着管理职责的增长，委托给私营公司。范围从服务合同到 BOT 合同，到长期特许经营合同。这种义务与权力的委托就是广为人知的法国模式。

图 2-1 的右顶部是私有化的公用设施管理模式，即公用设施由私营公司拥有并管理。这种模式被普遍称作是英国模式。

不同于公共设施事业管理与政府直接管理的模式，荷兰公有水务公司（Public Water PLCs）是另一种商业运作模式，遵循私营公司的游戏规则与章程。关于公用设施的管理，它等同于一个私营公司，但它又与私营公司不同，它的股份由政府拥有。

对于上图中的各种模式，现简要说明如下：

（1）完全公有管理模式

这种模式下，没有任何私营行业的参与（即成为公法体系下的供应者）。供水、污水处理、垃圾处理等都由政府主管部门作为一般行政管理的一部分进行运营。收入与支出都计在普通的财政预算和开支中。

（2）企业化的公用事业单位模式

企业化的运营商是一个准公司、半自主的公共管理机构，供水、污水处理、垃圾处理都被政府行政主管部门作为一个具有独立管理和财务权的单独实体进行运营。但该实体与政府行政主管部门的关系密切。在中国这种企业化的趋势已经形成，建立国有企业，与当地政府行政主管脱钩自主运营，这样有利于吸引私营行业投资，但这些国有企业本身还归政府行政主管部门所有、控制和管理。

（3）公有水务公司模式

公有水务公司是根据公司法运营的公众公司。一方面，这是个商业化公司，遵守公司的法律、法规；另一方面，该公司的股份全部由政府拥有。在德国和荷兰的供水行业，这种形式比较普遍。这种模式不仅可以吸引私营行业投资，而且公司也按照商业法则进行管理。在这种模式下，产权归政府所有，其任务是满足公共利益，要排除商业投机与谋取个人私利的行为。公有有限公司按照商业流程组建而不是公共服务流程、做法和雇佣条件组建，公司可能会由相同的管理者和人员组成，但他们可以自由地创造工作环境和条件，激发鼓励员工更有效地工作。管理层也有权决定公司的投资计划、费用标准等。

（4）服务合同模式

服务合同包括供货和安装工程合同、技术协助合同，以及分包或供水服务承包合同。分包合同包括一系列的活动：读取水表读数、计费、开发票和用户服务管理，设计活动，运营与维护（O&M）支持、建设活动。

（5）管理合同模式

与服务合同类似，因为仅提供服务，通常不进行资产投资，公用事业单位或政府主管部门向私营行业转移的风险非常有限。它与服务合同最主要的区别在于：不承包零散的工程，而是管理机构或政府行政主管部门将整个工程（或至少是大部分工程）的运营外包出去。财务管理的责任归私营行业负责。因此，管理合同解决了现有用户服务水平改善的问题，该模式因为没有私营行业的投资，因此，服务范围的扩大和生产能力的增强都需要管理合同来实现。

(6) 租赁合同模式

租赁合同是指将市政公用事业的某一领域的整个运营转移给私营企业运营。政府行政主管部门或公用事业管理机构将其拥有的市政公用设施租给私营企业，收取租赁费用，而运营者以此获得权利从用户收取费用。根据租赁合同，运营者通常的任务是优化计费和收费的标准，降低运营成本，增强以用户为中心观念，通过负责专业的维护，改善设施的总体质量。租赁合同如果签署得当，将会极大地刺激公用事业管理机构运营效率的提高。如果投资资金到位，但缺乏管理经验，这种模式非常适用。这种租赁模式不会吸引大量的私营行业投资，如果寻求长期投资的话，这种模式不太适合。

(7) BOT 合同模式

BOT（建设—运营—移交）以及衍生模式 BOOT（建设—拥有—运营—移交）、ROT（改造—拥有—移交）类似于租赁合同。但是 BOT 注重的是服务的整体提供，而不是零散服务。BOT 及其衍生模式通常用于新建的市政公用设施。在水行业中，这种合同更多地用于水和污水处理设施。BOT 合同中，期限通常为 10 ~ 30 年，承包商通常投资于市政公用设施的建设，当合同到期后设施的所有权移交给当地政府且通常不收取费用，因为这个市政公用设施已经全面贬值。

(8) 特许经营合同（整体服务/零散服务）模式

特许经营合同把整个商业和资金风险都留给了私人运营者，而私营企业通常可使用已有的设施，为用户提供供水和污水处理服务。因此特许经营合同结合了大规模投资 BOT 的特点以及承担整个系统和运营责任的租赁特点。特许经营合同的一般期限约为 25 年，这期间特许经营权持有者是设施的所有者。

(9) 完全私有化（零散服务）模式

这种模式下，市政公用设施资产转移给私营（公有—私有）企业或合资企业。私营企业全权负责市政公用设施的运营、维护和投资。私营企业成为设施的长期所有者。这种模式已在英国威尔士实行，但并不是一个非常受欢迎的模式。因为私营企业拥有供水和污水处理设施的全部所有权。政府可以通过将取水许可证的期限限制在最长 25 年之内，以此来对设施所有权实行某种限制。但是如果取水许可证不续期的话，可能会引发僵局：一方持有采水权（政府），而另一方拥有供水和污水处理设施的所有权（私营企业）。

2.3　市场运营模式的比较分析

2.3.1　各种模式的特点

公私伙伴关系（PPP）模式的特点　表2-2

	政府行政主管部门	企业化公用事业单位	公有水务公司	服务合同	管理合同	租赁合同	BOT及类似合同	特许经营合同	完全私有化
时间范围	永久	永久	永久	通常较短	2～5年，最长可10年	10～15年，长可至25年	10～30年，长可至95年	20～30年	永久
服务对象	用户	用户	用户	政府	政府	用户	政府	用户	用户
产权	公有	公有	公有	公有	公有	公有	公有	公有	私有
投资	公有	公有/私有	私有	公有	公有	公有	私有	私有	私有
运营管理	公营	公营	私营	公营/私营	私营	私营	私营	私营	私营
收费	公有	公有	私有	公有/私有	公有/私有	私有	公有	私有	私有
建设风险	无	无	低	无	无	无/低	高	低	低
变更风险	无	低	低	无	低	中	低	高	非常高

从表2-2可以看出，时间范围即选择私营行业参与（PSP）模式的期限，对于政府、企业化事业单位、公有有限公司或完全私营企业来说是长期的。委托合同的时间期限可以选择稍短的时间，如几年的服务合同，对于特许经营合同最长可达到30年。运营服务提供商服务的对象通常直接面向用户，也有些合同的直接受益人是政府或公用事业机构。除完全私有化模式外，当所有资产剥离给私营企业时，政府仍保留了资产的全部所有权。扩建、更新和改造更容易承包给私营企业。私营行业通过收取固定费用参与运营维护业务。更精细的合同会把确定绩效目标以及报酬与目标完成程度挂钩，引入提高效率的激励措施。每个私营行业参与的模式都确定了收费的责任，对于私营行业来说是一个提高计费和收费比例的激励措施。BOT模式的建设风险相对较高，政府监管的责任和风险很大程度上取决于私营行业参与的复杂性和委托给私有运营者的责任。一般的监管任务包

括：控制、监督、提高效率和保证终端用户需求的响应性。

2.3.2 不同模式下私营行业参与的方案

选择正确的市场运营模式是私营行业参与（PSP）成功与否的关键。在表2-3中简要介绍了在各种市场运营模式下私营行业所扮演的角色。在多数PSP模式下，引进了私营企业运营维护的技术专长；在更为先进的PSP模式下，还能引进管理技能。PSP促进的是运营绩效，政府可以采取激励措施，鼓励私营企业提高绩效。涉及私有资本投入的PSP模式还带来了设施扩建、更新、改造的资金。

不同模式下私营行业扮演的角色 **表2-3**

目标 管理模式	技术经验	管理经验	运营效率	用于扩建/更新的投资	用于管网的投资
政府行政主管部门	无	无	无	无	无
企业化公用事业单位	无	无	无	一些	一些
公有水务公司	有	有	有	有	有
服务合同	有	无	无	无	无
管理合同	有	有	一些	无	无
租赁合同	有	有	有	无	无
BOT等	有	一些	一些	有	无
特许经营合同	有	有	有	有	有
完全私有化	有	有	有	有	有

2.3.3 私营行业参与方案成功推行的条件

还有一个重要的方面是政府、事业单位和利益相关方对PSP的态度，以及在不同市场运营模式下的风险。表2-4简要说明了如何成功推行PSP的方式。首先，利益相关方如工会、终端用户和环保团体对PSP的支持和政治投入受其对PSP的理解程度影响。成本回收与收费非常重要，因为公用事业管理机构承担着市场风险，依赖终端用户回收运营成本。管理权自主的企业可在法律框架下决定机构的组织结构与管理制度（人力资源开发政策、财务管理等）。同时，许多采取PSP模式的另一个条件是开发和实行良好的信息系统，以此更好地反映企业（而非通过行政管理程序）所需的管理信息需求。规章制度设定了（私有）运营者活动领域的界限和目标。私营企业越是承担更多的责任和风险，就越是需要加强监督，明确职能和责任分工。信誉评价是对一个企业的信誉和偿还能力的评估，主要目的是根据标准的评定量化表为投资者提供有关信用风险的参考信息。

私营行业参与方案成功推行的条件　表2-4

条件 / 管理模式	利益相关方支持与政治投入	成本回收与价格/收费	管理自主权	良好的信息系统	完善的规章制度	良好的信誉
政府行政主管部门	不适用	优先但非必要	不适用	不适用	需要最小的监督力度	不适用
企业化公用事业管理机构	不适用	优先但非必要	重要	不适用	需要最小的监督力度	好信誉可降低成本
公共股份有限公司	不重要	必要	非常重要	需要	需要完善的规章制度	好信誉可降低成本
服务合同	不重要	短期内不必要	不重要	信息有限也能执行	需要最小的监督力度	非必需
管理合同	低到高程度的支持和投入	优先但短期内非必要	重要	需要充分的信息	需要中等的监督力度	非必需
租赁合同	中到高程度的支持和投入	必要	非常重要	需要	需要完善的规章制度	有限关联性
BOT等	中到高程度的支持和投入	优先	不重要	需要	需要完善的规章制度	好信誉可降低成本
特许经营合同	高程度的支持和投入	必要	非常重要	需要	需要完善的规章制度	好信誉可降低成本
完全私有化	高程度的支持和投入	必要	非常重要	需要	需要完善的规章制度	好信誉可降低成本

2.3.4　不同市场运营模式的比较

上述模式在目前市政设施领域（包括供水、卫生设施和排水系统，垃圾收集和处理等）都有应用。因为这些模式的产生和应用都有其特定的环境，其选择与以下几方面的因素有关：经济水平、管理体制、政治、政策、法律结构与环境、社会意识等。对上述5种市政公用设施运营模式的比较如表2-5。

市政公用设施运营模式的比较 表2-5

组织模式类型	行业竞争	政府干预	市场驱动	经济利益驱动	社会利益驱动
政府行政主管部门	很弱	强	弱	很弱	强
企业化的公用事业机构	弱	较强	较弱	弱	强
公有水务公司	较强	弱	强	弱	强
委托私营公用事业公司*	强	较强	强	强	较弱
私营公用事业公司	很强	较强	强	很强	较弱

*委托私营公用事业公司模式包括服务合同、管理合同、租赁合同、BOT、特许经营等。

从表2-5可以看出，市政公用设施是政府的一项职责，因此世界范围内普遍的做法是纯粹的政府直接管理，由此导致市政公用设施管理水平与效率低下，市政公用设施运营管理机构缺乏提高管理服务水平、新技术引进的驱动力，造成政企不分。随着居民生活水平与意识的提高，新的各种竞争模式的不断引入，市政公用设施领域市场竞争所产生的驱动力越来越大。

各种模式都有其适应的环境和条件。如何根据市政公用设施领域市场发展的不同阶段，引入适当的竞争模式，是问题的关键所在。市政设施引入竞争模式的最终目标是提高设施运营管理效率、不断改善服务质量、提高服务水平，而且市政公用设施服务是一项公众权利，每一个公民都有权利享受更好的市政设施服务的权利。因此，经营市政公用设施必须首先考虑其社会利益，然后才能在不断满足社会发展需要的基础上适当地引入竞争。因此引入私营公司参与市政公用设施的部分或全部运营管理的动机在于：要求私营公司在提供基本满足公众需要的服务的前提下，提高运营管理效率与服务质量。但私营公司的唯一目标是追求利润的最大化，利润最大化的结果是私营公司通过各种隐蔽的方式，降低服务质量。没有竞争会导致效率与服务水平低下，但完全的市场竞争会导致公众利益的损害。因此解决的方案是：市政设施不能一味地完全私有化，也不能一味地政府管理，必须寻找一种介于两者之间的路径，适当的竞争引入与适当的政府管制相结合。

各种模式的SWOT分析（详见表2-6❶）

❶ “SWOT分析”为一种分析工具模式。意为对“优势、劣势、机会、威胁”的分析。

不同市场运营模式的 SWOT 分析 **表 2-6**

模式	类型	特征	优势	劣势	适用条件	主要应用国家和城市
公用事业单位模式	地方政府（市/区政府）	公用事业是各级政府职能的一部分； 管理机构由国家原有政府公用事业主管部门组成； 由国家政府、省/州、市/区的政府机构、服务商或主管部门组成	易于政府控制	政府干预强烈； 在市政府管理之下的公用事业经常被议员或市长用作赢得选票的工具； 选择确定的价格往往低于投资回收水平，公用事业部门严重冗员； 经营效率低下	地方市/区政府	亚洲、非洲、美国； 欧洲中部和中欧经济转型国家尤为显著； 阿尔巴尼亚、波兰、罗马尼亚、匈牙利
	省/州政府				省/州政府	西欧、南美、非洲； 尼日利亚和马拉维的水委会
	国家政府				国家政府	南亚：印度与巴基斯坦
准公司化/国营的公用事业单位	水务委员会、公司或主管当局	公用事业管理机构以准公司化经营；享有特殊法律或法案下的自主法人地位； 不是以股份实体形式组建，而是由高级政府官员组成的董事会进行管理； 必须遵循公共法律，在公共领域根深蒂固	/	企业仍旧在市长与区长的严密控制之下，并不真正具有自主权； 管理董事会的领袖享有无上的权力； 容易陷入低水平服务供应的恶性循环：消费者不愿意付费—导致收费执行状况差—导致维护与维修资金不足—引起低质服务的提供	省或州的行政区域	马拉维与尼日利亚的董事会； 印度与巴基斯坦的各种董事会、主管当局与公司
					国家范围内	加纳供水与污水处理公司； 泰国省级水务局； 乌干达国家供水与污水处理公司； 斯里兰卡国家供水与排水水务委员会

续表

模式	类型	特征	优势	劣势	适用条件	主要应用国家和城市
委托私营公用事业公司	/	通过外部合约，将公用设施管理责任委托给私营公司； 强调私营公司的参与，而非一味地私有化	适应性与灵活性； 在服务质量、服务范围延伸、价格降低方面有很大改善； 员工冗余的减少、公用设施国际组织与规则的简化、激励机制的改进	私营承包商作为一个追求利润的公司，只愿在稳定且相对繁荣的发展中国家的富足大城市范围内参与； 在国际公用设施服务特许经营、租赁、管理事务中，市场集中度非常高； 投资水平低下；私营化并不能完全代替政府参与	大城市； 中高收入水平的经济环境； 稳定的政治环境； 相对发达的市场价值氛围	法国； 拉丁美洲与东亚的私营水与污水项目； 布宜诺斯艾利斯、墨西哥城、马尼拉
	服务合同	包括有限的、多数公用事业中都常见的外部合约，即：管网敷设和建设工程、水表的维护与维修以及客户管理	可将市政设施的可市场化部分通过外部合约进行管理； 仅外包服务，而不进行资产投资，公共部门向繁荣部门转移的风险非常有限	零散而非整体的服务	如果私营行业参与市政公用设施领域遭到反对，服务合同是参与并提高效率的不错的方法	/
	管理合同	一般情况下，承包商运营5年，并把公用设施的管理职责移交给私营公司，私营公司通过有限的利润分成获得回报	仅外包服务，而不进行资产投资，公共部门向繁荣部门转移的风险非常有限	/	/	/

续表

模式	类型	特征	优势	劣势	适用条件	主要应用国家和城市
委托私营公用事业公司	租赁合同	时间较长，限期为6~10年；把更多的风险责任转移至私营公司，私营公司通过价格收入的剩余部分获得回报	/	/	/	/
	BOT合同	一般涉及污水处理厂建设工程，建设工程由私营机构完成，私营机构即承包商通过10~20年期限的运营，然后把资产移交给政府	/	/	/	/
	特许经营合同	这是私营公司介入最为广泛的形式，资产所有权与管理期限一般为15~30年；在BOT模式中，在合同的期限内向私营伙伴倾斜	/	/	/	/

续表

模式	类型	特征	优势	劣势	适用条件	主要应用国家和城市
直接私营公用事业公司	/	资产完全剥离模式； 把水与污水部门（那时属于公用事业机构）转变成股份制公司，并把股票上市出售	/	易造成行业垄断； 财务监管困难，利润截流情况时有发生； 价格难以管制	成熟资本市场； 稳定的经济形势（否则价格机制就成为猜谜游戏）； 管制行动（要求管制能够委托给可以胜任的监管机构）	/
公有水务公司	/	公用事业经营机构根据公司法，按照有限公司模式组建，其股份则属于市政府、省政府，或在少数情况下属于中央政府部门； 它利用公司法作为缓冲器，使公用事业服务避开繁琐的公共部门制度与规章	作为隔离政治干预的公司法的运用是成功的； 享有更高的自主权； 成本回收和运行成绩比公共管理的对应部分更为显著； 对利润最大化不感兴趣； 较高的财务透明度	不易管理	/	西欧的德国、荷兰、比利时和斯堪的纳维亚半岛国家（瑞典、挪威、丹麦、冰岛等）应用相当广泛； 在美国也可以发现

第3章　欧盟水管理

3.1　欧盟水管理现状

3.1.1　供水现状

在20世纪90年代，由于节水措施与经济结构的调整，许多欧洲国家的城市用水量已经减少，其中，气候温暖的西南部欧洲国家的城市用水量最高。

在上一个世纪，迅速的城市化、人口增长和生活水平提高已经成为城市用水增长的主要驱动力。城市用水量的主要制约因素包括气候因素、公共服务水平、服务效率，随着人口增加、技术革新（如节水技术、使用替代资源等）引起的用户的习惯的变化等等。在过去几十年内，供水系统中的用户数量急剧增加，特别是南欧国家。

在西欧国家以及新加入欧盟的几个国家，城市人均用水量大约100m^3/（人·年）。通常，西南部欧洲国家相对较高，而南部新加入欧盟国家较低，如图3-1所示，欧盟各国中，除了西南部欧洲国家用水量相对稳定以外，欧盟其他国家1993～1999年的用水量都有所下降。

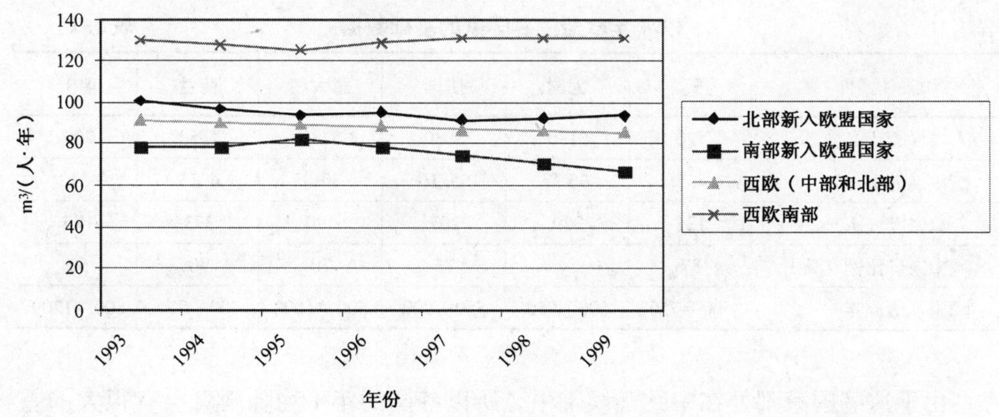

图3-1　欧盟用水量变化趋势图

3.1.2 排水与污水处理

虽然自从20世纪90年代起，欧盟委员会提出了要达到的水质目标，但是河流水质并没有完全改善。据统计，目前仍有20%的地表水受到严重污染。然而，自20世纪70年代以来，那些污染最为严重的河流得到了改善。

因农业生产排放硝酸盐所引起的河流、湖泊、水库、海岸和海水的富营养面源污染还在不断增长，同时，对其所产生的危害性估计不足。

在过去的五年中，由于在工业和污水处理方面采取了一些措施，并且在家庭中使用无磷的洗涤剂，因而，磷化合物的排放量已减少了40%~60%。

地下水占饮用水水源的65%。但是，地下水的水质正受到浓度过高的硝酸盐、杀虫剂、重金属、碳水化合物和有机氯化物等的威胁。

各国对于水资源的应用各不相同。在地中海国家，水资源主要被用于农业灌溉。而对于北欧诸国来说，水资源主要用于满足居民、公众事业、商业的需求。

各国对于水资源的管理是相当复杂的。欧盟各成员国对于水质和污水处理的观点各不相同，有时甚至是相互对立的。有些国家认为本国经济发展受到了欧洲的环境保护法规的限制。另外，还存在着河流水体边界不清和水源污染的问题。在欧洲，某些河流流经不同的区域和国家，其流域的不同段分别由不同的行政部门或区域性组织管理，需要互相间的合作与支持。下面就欧盟主要国家的污水处理基本情况进行介绍分析：

(1) 欧盟主要国家的基础数据

在表3-1中，荷兰的人口密度最高，其次是德国。国土面积最大的法国，人口密度最低。另外，面积较小的丹麦和荷兰的城市人口的比例高于德国。

1994年欧盟主要国家的基础数据 **表3-1**

项目	丹麦	德国	法国	意大利	荷兰	瑞士
人口（万人）	520	8180	5830	5730	1550	700
面积（万km^2）	4.3	35.7	55.16	30.1	4.15	4.12
人口密度（人/km^2）	121	229	107	190	373	175
城市人口比例（%）	87	84	75	70	90	60
降雨（mm/年）	500~750	600~950	550~900	500~1000	700~800	800~1200

由于这些国家都处在中欧气候带中，所以各国的年平均降雨量没有很大的差别。只有意大利南部的降雨量很少，瑞士的某些地区的降雨量很高，这些区域都不在研究的范围之内。另外，在研究瑞士的具体情况时必须考虑地表形态的影响。因为在瑞士境内有60%的地区位于阿尔卑斯山脉的区域内，山区的地形增

加了建造污水净化设施的费用。

（2）欧盟主要国家的污水处理概况

现将污水处理的重要数据归纳于表 3-2 中。

欧盟主要国家污水处理基础数据　　表 3-2

项　　目	丹麦	德国	法国	意大利	荷兰	瑞士
处理构筑物数量（座）	1675	10518	10368	9800	424	967
城市排水接管率（%）	86	93	90	86	91	92
污水处理率（%）	85	86	68	63	90	90
处理人口当量（人）	2600	6500	3700	3700	32000	6400
合流制系统所占的比例（%）	100	53	<80	80	100	70～80
用水量（L/人·天）	145	132	156	249	175	237

在荷兰，污水处理厂的建设正在不断地向高处理能力的方向发展。而在丹麦、法国和意大利污水处理厂的规模一般较小，因而其总体数量较大。在大多数国家中，合流制排水系统仍占据着主导地位。但是，现在采用分流制的排水系统正逐渐成为一种趋势。在污水处理厂里进行处理的污水由生活污水、工业废水、渗透水和经处理的雨水所组成。来自于家庭的生活污水量与饮用水量有关，在德国为 132L/（人·天），是所有这 6 个国家中最少的。尤其是在瑞士和意大利生活污水的量几乎是德国的两倍。有关外渗水量还没有足够的资料。在德国，外渗水量似乎要低于其他各国。由于这 6 国居民的生活习惯很相似，因而污水的浓度取决于所产生的污水量。

（3）欧盟主要国家污水处理设施的设计与建造

各国污水处理厂的设计和建造程序要求各不相同，见表 3-3。在德国、法国、瑞士和意大利已经形成了自己的一套规范但费时的批复程序。尤其是在德国、法国和瑞士，对环境的维护和治理成为主导的决定因素。在意大利，这种关系还不是十分的确定。在瑞士，建造过程往往分步进行，每进行两步建造就要进行评估。在荷兰，也有一个批复的程序，但是相关的申请方同时也是批复的机构。丹麦一般不需要设计的批复和官方的批复，但是当出水值超过了设计极限值时，必须修改设计。

在德国，对设计和施工均有相应的合同规定。一般来说，设计由专门的设计咨询公司完成，具体的建造则越来越倾向于由具备工程总包能力的公司完成。在荷兰和瑞士，设计阶段和招标阶段比较相似。在法国、丹麦和意大利，对设计的细节要求相对较少。因此，设计图纸仍有可修改的余地，施工公司对项目和设计图纸进行评估后自行设计施工图。

欧盟主要国家污水处理设施的设计与建造 表3-3

	丹麦	德国	法国	意大利	荷兰	瑞士
设计单位	设计公司（建筑公司）	设计公司（业主）	专家（工程师事务所）	工程师事务所	工程师事务所（业主）	工程师事务所（建筑公司）
图纸类型	初步设计	详细设计（初步设计）	初步设计（详细设计）	初步设计	详细设计（初步设计）	详细设计
私营模式	没有	少	多	少，在增加	无	无

（4）欧盟主要国家污水处理设施的设计计算

不同国家对于污水处理厂的设计计算各不相同。在德国标准化的设计计算主要是基于行标 ATV—A131。相类似的只有在瑞士才有设计标准。在法国和意大利，设计由施工公司完成，公司对知识产权进行严格控制。经荷兰水务管理应用研究基金会（STOWA）推荐的动态模拟的计算方法已在荷兰广泛运用于设计计算中，同时该方法也在德国、瑞士和丹麦越来越被关注。表3-4为欧盟主要国家活性污泥法的设计计算。

欧盟主要国家活性污泥法的设计计算 表3-4

	丹麦	德国	法国	意大利	荷兰	瑞士
输入数据	60%可靠度	85%可靠度	未定义	未定义	80%可靠度	/
计算过程	非正式，Henze & Bundgaard（动态模拟）	A 131（HSG）（动态模拟）	非正式，没有标准	非正式，没有标准	非正式，动态模拟	A 131（VSA）（动态模拟）
计算温度	6～8℃	10℃	12℃	/	10℃	视具体情况而定

选择输入的数据对计算结果很重要。在德国，设计时按照85%可靠度进行设计计算。在瑞士设计的可靠度为80%，而在丹麦只有60 %。基于安全性的考虑，在德国，污水处理厂的设计温度为10℃。

（5）欧盟主要国家污水处理的技术路线

以氮化物去除率这个指标来看，在传统的工艺基础上，各个国家间所采取的工艺有着明显的差异。表3-5给出了这些国家污水处理工艺的主要差别。

欧盟主要国家污水处理技术路线 表3-5

	氮化物的去除	常用的工艺	特殊的工艺
丹麦	全部：硝化、反硝化、除磷	低负荷的曝气工艺；同步好氧污泥稳定；极少生物滤池	生物反硝化 生物除磷
德国	大部分：硝化、反硝化、除磷	曝气工艺；部分生物滤池；厌氧污泥稳定	多种两步处理系统，常用生物除磷，多种接触式滤池
法国	部分：硝化、反硝化、除磷	曝气工艺，氧化塘	生物滤池，多种斜板斜管沉淀池
意大利	很少：硝化、反硝化、除磷	曝气工艺去除碳化物，去除污染物质；厌氧污泥稳定	常采用机械处理法
荷兰	全部：硝化、反硝化、除磷	低负荷的曝气工艺；同步好氧污泥稳定	氧化沟，克鲁塞尔工艺
瑞士	很少：一部分硝化，几乎没有反硝化； 全部：除磷	低负荷的曝气工艺，生物滤池，生物转盘；厌氧污泥稳定	生物滤池，斜板斜管沉淀池

3.2 欧盟水管理政策法规

供水、污水处理与垃圾处理行业须严格遵守欧盟环保法规，法规制订工作由主管环境、消费者保护和核安全的第六工作委员会负责。虽然标准的确定在各个国家层面上进行，但欧盟法规对供水和污水处理行业提供了总的框架性依据，主要包括：2000/60/EC 供水框架指令、91/271/EEC 指令中有关污水处理的条文、地表水指令（98/83/EC）、饮用水指令（98/83/EC）、硝酸盐指令（91/676/EEC）、杀虫剂指令（91/414/EEC）、水体保护指令中有关危险物质排入水体的规定、水体指令（76/464/EEC）、洗浴用水指令（76/160/EEC）等。欧盟在水资源管理的立法方面可分为三个阶段。

第一阶段：水质标准

主要包括1975年通过的有关地表水的法规和1980年通过的有关饮用水的法规，其中关键的法规是《饮用水指令》。这些法规主要是针对不同类型的水源和不同用途的水的水质：渔业养殖水、贝类养殖水、游泳水、地下水。这些标准主要是以规定水质指标以控制水中危险物质指令的形式发布的。

在此期间，主要关注水保护，其主要方法是制定质量标准，从这期间欧共体所颁布的一系列水保护指令中即可说明，包括《成员国抽取饮用水的地表水水质》(75/440/EEC)、《可游泳水水质》(76/160/EEC)、《保护改善可养鱼淡水水质》(78/659/EEC)、《水生贝类水质》(79/923/EEC)、《人类消费用水水质》(89/778/EEC)。这些立法基本上采用同一种方法:就水体的特定用途规定一项具体环境质量标准——水质标准,以“限制标准”作为最低要求,以“指导标准”作为长期目标。一般来说,只有符合严格条件才允许例外规定,而且各成员国必须定期向执行委员会报告其指令实施情况。

第二阶段:排污限制

这一阶段主要制订污水排放标准。这方面有两部重要的法规,包括1991年通过的《硝酸盐指令》和《城市污水处理法令》(Urban Wastewater Treatment Decree, UWTD)(见表3-6)。这些立法已经突破了传统的水立法模式,而试图将水政策与其他领域的政策相结合。

《城市污水处理法令》实施的最后期限和有关规定 **表3-6**

人口当量	0~2000	2000~10000	10000~15000	15000~150000	>150000
敏感区域	如有收集系统,于2005年12月31日之前进行适当处理	必须有收集系统,并于2005年12月31日之前实现二级处理	必须有收集系统,并于2005年12月31日之前实现深度处理	必须有收集系统,并于2005年12月31日之前实现深度处理	必须有收集系统,并于2005年12月31日之前实现深度处理
一般区域	如有收集系统,于2005年12月31日之前进行适当处理	必须有收集系统,并于2005年12月31日之前实现二级处理	必须有收集系统,并于2005年12月31日之前实现二级处理	必须有收集系统,并于2005年12月31日之前实现二级处理	必须有收集系统,并于2005年12月31日之前实现二级处理
非敏感区域(沿海水域)	如有收集系统,于2005年12月31日之前进行适当处理	必须有收集系统,并于2005年12月31日之前实现二级处理*	必须有收集系统,并于2005年12月31日之前实现一级或二级处理	必须有收集系统,并于2005年12月31日之前实现一级或二级处理	必须有收集系统,并于2005年12月31日之前实现一级或二级处理

*当排入沿海水体时进行适当的处理。

《城市污水处理法令》(UWTD)为城市污水处理厂规定了基本的排污限制标准,提出城市污水要进行二级(生物)处理,见表3-7。各成员国可通过实现更有效的降解养分方式来确定其“敏感区域”,并可自行决定如何定义“敏感区域”，污水处理设施必须包括能降低营养物质含量（磷和氮）的特殊处理方法。该法令的主要内容包括：

（1）所有已建成的区域，根据其规模和所处的位置，必须在 1998 年、2000 年或 2005 年底以前逐步建立起污水收集系统和处理系统。

（2）根据接受水体对污染的敏感程度，将污水处理深度分为一级处理、二级处理或三级处理。

污水处理工艺可以由三级连续的处理工艺和被称为预处理的初级处理工艺组成。

预处理是通过机械处理，如格栅、沉淀或气浮，去除污水中所含的石块、砂石和脂肪、油脂等。

一级处理是通过沉淀池或气浮池去除悬浮的固体物。

二级处理是生物处理：污水中的污染物在微生物的作用下被降解和转化为污泥。

三级处理是污水的深度处理，它包括营养物的去除和通过加氯、紫外辐射或臭氧技术对污水进行消毒。

UWTD 的制定是为了改善水体的水质。未经处理的污水的排放是欧洲最显著的水问题之一，各成员国花费了大量的资金用于污水收集和处理设施的建设。

欧盟对污水排放指标的要求　　**表 3-7**

		敏感地区	低敏感地区
BOD	浓度	/	25mg/l
	去除率	/	70% ~90%
COD	浓度	/	125mg/l
	去除率	/	75%
TSS	浓度	/	35mg/l
	去除率	/	90%
P	浓度（<10000 人口当量）	2mg/l	
	浓度（>10000 人口当量）	1mg/l	
	去除率	80%	
N	浓度（<10000 人口当量）	15mg/l	
	浓度（>10000 人口当量）	10mg/l	
	去除率	70% ~80%	

《硝酸盐指令》的目的是解决欧洲水域富营养化问题，高浓度的养份导致了水域的富营养化，而这些养份主要源于农业上过多使用的化肥。《硝酸盐指令》

就是要对付这些农业中硝酸盐面源污染，并试图降低化肥的使用量。为实现这一任务，各成员国必须规定包括如何使用化肥在内的“良好农业行为”。

第三阶段：综合管理

欧盟议会和理事会在2000年9月通过了《水框架指令》（Water Framework Directive，WFD），并于2000年12月22日生效。它合理更新了现存的水法，为流域提供了水管理的方法，并将排放标准和水质目标有机地结合在一起。它是欧盟在水政策和立法领域取得的实质性进展，也是欧盟在水政策方面建立的一个新指令。《水框架指令》的总体目标是在流域内为所有的水体建立综合的监测和管理系统，发展动态管理措施程序，制定一个不断更新的流域管理计划，它的中心是要求所有成员国在项目执行过程中鼓励所有利益团体参与到各类活动中。

《水框架指令》为欧盟建立了一个综合水资源管理的框架，它提供了一个基本的方法、目标、原则和措施。其主要组成部分是：

(1) 欧洲所有水资源将受到这一法规保护。包括内陆地表水（河流、湖泊、运河以及大幅度改造过的水体，比如水库）、过渡性水体（入海口和沿海咸水湖）、海岸线水体、亲水的生态系统和化学系统、地下水；

(2) 它的基本目标是维持水体的较好状态，防止水体的恶化，到2015年所有这些水体最终必须达到良好状态；

(3) 一种将排放标准和水质标准结合起来的新的方法将被用来实现这些目标；

(4) 水的主要价值应集中体现为水价，同时强化“谁污染，谁付费”原则；

(5) 居民们将更多地参与到水资源管理过程中；

(6) 法规将被更简化、但更有效地执行；

(7) 各成员国必须互相配合实施完成指令的目标。

该指令的总体目标是：防止水质恶化及保护高质量水体的继续存在；修复水体的状态并且争取在2015年达到“良好”地表水和地下水的目标；现存生物和生态的、物理化学的和水文形态的状态没有继续恶化。具体目标包括：保护和增强水生生态环境系统（陆地和湿地的生态环境系统依靠水生生态环境系统）；在有效水资源得到长期保护的基础上，推进可持续的水资源利用；为满足可持续、平衡且平等的水利用的需求，提供充足的、有质量保证的地表水和地下水；为保护和改善水生生态环境，减少和避免向水域排放污物或其他物质；减少旱涝灾害；保护陆地和海域水体；建立保护区域，如保护物种和生态栖息地的建设。

《水框架指令》的核心是流域综合管理计划，它要求在2002年12月22日之前，成员国必须识别他们的流域（包括地下水、河口以及一海里之内的海岸水），而且将计划落实到“流域（管理）区”里，对于所有国家流域（管理）区而言，必须每六年制订一次流域管理规划与行动计划。为了确保国家内部的合作及国际合作，各成员国必须做出适当的行政安排，包括确定主管机构。对于国际流域，流域内相关国家需要共同确定流域边界并分配管理任务，它们必须为国际流域管理规划共同努力。如果共同管理难以实现，各国可以分别采取措施，但彼此之间的规划与实施行动必须相互协调而不能冲突。

——污染控制方面。各成员国均应采用统一的排放标准，并采用最新的环保技术（针对点源污染）或最好的环保行动措施（针对非点源污染）。为使受污染水体达到水质标准，应当采取更为严格的污染控制措施。另外，欧盟还将采取进一步措施减少有害物质的排放，尤其要避免剧毒物质的排放。

——经济措施方面。到2010年，家庭、农业和工业都要承担水资源管理的成本，而且还将采用水价政策鼓励高效用水。

——水量问题方面。首先，减轻洪水与干旱的威胁是《水框架指令》的目的之一。其次，水量既对地下水又对地表水状况产生影响；很明显，“良好水状态”已经包括了“良好水量状况”。第三，航行、水库、调蓄设施、防洪与排水都被认定为“可以急剧改变水体”的原因。最后，《水框架指令》的经济手段也与水量问题密切相关。因此，《水框架指令》的有效实施需要对水质与水量进行综合分析。

3.3 德国水管理的经验与模式

3.3.1 德国水资源概况

德意志联邦共和国位于欧洲中部，国土面积35.7万km^2。人口总数约8180万，除俄罗斯之外，它是欧洲人口最多的国家。德国地形异常复杂多样，有连绵起伏的山峦、高原平台、丘陵、山地、湖泊以及辽阔宽广的平原。年降雨量500～1500mm，季节分配均匀，区域降雨量变化较大。境内最高山峰楚格峰高2962m。

德国境内主要河流有莱茵河、易北河、威悉河、多瑙河、美茵河，最长的河流为莱茵河，全长865km。德国水道纵横，再加上星罗棋布的矿泉、温泉和湖泊，其人均占有水资源量居世界前列。尽管如此，德国政府和民间组织仍很重视水资源保护，特别是在节约用水和净化废水方面成效比较显著。

3.3.2 德国水管理模式——国有市政公用事业公司

从1450年起，德国各市政当局就开展了供水服务。在罗马各地的殖民城邦中，供水和污水处理服务是公众所关心的问题和行动的焦点。但在罗马占领时期结束后，供水和污水处理设施陷入失修瘫痪的境地。直到19世纪，由于城市化、工业化和城市污染，供水和污水处理设施的建设和运营才变得更为紧迫。而到19世纪70年代以前，市政当局对水设施的投资和运行几乎不感兴趣。自1852年起，只有富足的汉堡市才拥有一个市政当局所有并运营的水系统。总之，德国第一批成立的水公司是期望获得丰厚投资利润的私营公司。在柏林（1856年）、阿拖纳（1854年）和马格德堡（1858年），建立了水务领域的公用事业公司，被授予了当地/市范围内的特许经营权。

在德国，公众就水设施公营还是私营的热烈争论从1850～1870年持续了20多年。例如，当时柏林市长拒绝建设和运营水设施，而来自英国的一个由多家私营公司组成的财团对此很感兴趣，投资进行了水设施的建设和运营，但是由于管网入户接口数量太少，头十年的结果并不令人乐观而且收益甚微。在19世纪六七十年代，柏林水务公司虽然经过大规模的发展，但在技术上仍不能满足全体市民的用水需求，主管道太窄而且还没有建设下水道，这最终成为了柏林市政当局接管水务公司的原因。到19世纪末，其他城市的相关私营水务业务也由市政当局接手管理。政府接管在多数情况下都是合理的，主要因为私营出现了很多问题：收费过高、设备陈旧以及无法与周边管网联网。1900年前后，约有94%的水设施归市政当局所有。德国各城市政府及其主管部门的职责是向市民提供公共服务，供水、污水处理仍是其义务之一。为了能独立、负责的完成这项任务，根据德国宪法第28条第二段规定：各城市政府及其主管部门有行使自我行政管理的权利。《反贸易管制法》（Gesetz gegen Wettbewerbsbeschränkung）第103节于1998年修订以后仍然生效，法律确保了各城市政府及其主管部门在各自供水服务地区可以垄断供水和污水处理服务，原则上可以进行跨区域合作以及承包给私营企业，但这取决于市政当局的决定。

德国有大量的小型供水服务商和污水处理公司，目前，约有6700多家供水公司和7000多家污水处理运营商。许多小型的供水公司都位于德国南部广大乡村地区，许多供水公司的服务人口不足3700人。而在德国西部和北部的供水服务区平均人口约为30000人。

在供水领域里，约有80%的公司是依据公法体系建立的，另外20%则是依据私法体系建立的，但是只有很少的公司实际投资于实体的水网或工厂。柏林供水公司（Berliner Wasserbetriebe）就是其中一例，拥有该公司49.9%股份的是私人运营商——德国莱茵集团（RWE）和法国威利雅公司（Veolia）组成的财团。德国50.1%的人口的供水服务是由根据私法体系建立的公司提供的。在德国，还可以找到其他私营行业参与（PSP）的例子，但通常只出现在较大的城市，似乎只有像柏林、汉堡、不来梅、曼海姆等大城市才对市场运作具有吸引力。

德国有两种知名的PSP模式，分别是合作公司模式（Kooperationsmodell）和运营管理模式（Betriebführungsmodell），这两种模式与通称的 PSP 标准模式略有不同：

• 在合作公司模式之下，私营企业可以拥有部分所有权。市政公司转成了有限责任公司或股份公司。私营企业经常要对运营负全责，但在公司策略上要受公司另一合伙方即市政当局的直接影响。

• 在运营管理模式中，由私人运营商对其运营负全责。私人运营商收取由市政当局而非消费者支付的包价服务费用。费用和服务范围由合同约定。

3.3.3　德国水管理体制

德国是由环境保护部门对供水（水量、水质）、排水（污水处理）实行统一管理的。具体来说包括从中央到地方四个层面的管理：

• 国家层面；

• 联邦各州层面；

• 各州的地方水务部门层面；

• 各类水务协会层面。

国家层面主要是进行宏观领导与管理，负责制定有关法律、法规及政策，目前已制定有《国家水务法》，该法在用水、排水、污水处理等方面规定了一个框架和基本原则；联邦各州根据《国家水务法》的基本原则，结合本州情况做出详细的规定，作为各州的实施细则颁布执行；各州的地方水务部门，其职责就是贯彻国家法律法规，负责本地区污水处理和供水管理。在宪法保障自我行政管理的基础之上，市政当局负责根据地方的水法规来组织供水和污水处理。在中央和地方两级层面上，供水和污水处理的职责都是明确落实到各部门的。

在中央层面

• 联邦经济劳动部负责水行业组织结构的确定并根据私法体系原则来定价；

• 联邦环境、自然保护和核安全部负责水质和污水处理；

• 联邦卫生部负责饮用水质量；

• 联邦内务部负责依据公法体系原则为水运营商收费标准定价。

在地区层面，分为三级

• 最高水管理部门

• 高级水管理部门

• 初级水管理部门

各类水务协会有着明确的具体任务。例如德国水、污水和垃圾处理协会（ATV - DVWK）是代表德国污水和垃圾处理以及水资源管理领域的专家的组织，主要活动包含科技课题和环境保护方面的经济和法律事务。

3.3.4 德国水管理法规

水和污水的法规是依据德国联邦体系的特点制定的，在这一体系中政治和行政管理权力在中央和地方是实施分权的。欧盟法规的精神也被转化吸收进了该联邦体系，即中央政府颁布必要的框架性法律，地方政府结合自己的立法来执行该框架法律。

在《国家水务法》中，非常重要的一条就是用水单位必须取得国家的批准和许可，排放的污染物指标必须符合国家标准；如果排放的污水对水质有影响，使其不能满足下游地区的要求，则必须采取措施对排放的污水进行处理，只有满足标准要求的污水才能排放；超标排放污水的单位要受到法律约束和经济制裁。目前德国共制定了 55 个行业的污染物排放标准。随着科学的进步和技术的更新，污染物排放标准亦将随之提高。

在水质管理上，德国按照水体的使用功能划定出不同的保护区，其水质功能分为四类：

- 游泳水质；
- 饮用水源地水质；
- 渔业养殖水质；
- 贝类养殖水质。

不同功能的水质有着不同的严格保护规定。任何单位和个人排放污水违反规定要求要受到法律制裁，凡造成水污染损害的要予以赔偿。德国在 1976 年就制定了严格的污水排放标准，规定了一般危害物质的排放标准和禁止排放的有毒污染物；1991 年出台了污水处理的有关政策，对污水处理厂运行过程中产生的有关环境问题，包括污水厂运行过程对周围水体、大气、产生的垃圾等问题都有详细的规定。

在法律手段上，德国目前执行的是 1996 年底第六次修订通过的《水资源管理法》。该法律关于水资源管理和保护的规定详尽到了具体技术细节，它对城镇和企业的取水、水处理、用水和污水排放标准都有明确的规定。例如，规定污水在排入河道之前必须经过三级处理，即物理沉淀、生物降解和消毒三道工序。

经济调节也是德国保护和治理水环境的一个重要手段。其主要经济手段包括：规定自来水价格、征收生态税和排污费，以及对私营污水处理企业实施减税等。

德国相关水管理的法规包括：

- 《污水排放收费法案》（AbwAG）
- 《联邦水法》（WHG）
- 《垃圾焚烧指令》

- 《德国关于欧盟水框架指令的实施指南》
- 《传染病防治法案》（IfSG）
- 《洗涤剂及清洗剂法案》
- 《化肥使用条例》
- 《饮用水条例》
- 《地下水条例》
- 《污水条例》

法规问题、竞争力难以提升、确保水质和供水效率，这些问题促使德国政府决定进一步进行水行业立法框架的规范化而不是实施自由主义。立法框架将在以下方面更具开放性，包括：本地化、供水和污水运营一体化、对公有和私有企业作为运营商实行同等税收政策等。

3.3.5　德国水管理政策

运营商规模结构小、没有参与国际市场——这被认为是德国于20世纪90年代早期考虑对水行业进行重组的主要原因。随后关于自由化的政治辩论遭到了强烈的反对，政治人物、政府以及各个利益相关方倾向于反对自由化，因为自由化主张利己主义和公司的机会主义，这会导致环境的恶化、卫生和社会环境的恶化。结果是，在2002年中央政府决定对水行业的法律框架实行规范化，而没有选择自由化（可参见2001年德国联邦议会制定的《德国可持续水管理办法》）。值得一提的是：市政部门对供水、污水和垃圾处理等环境服务方面要承担全责，甚至在基础设施全部出售以后，市政当局仍需负责某些政策决策并保持对市政设施的控制。这就形成了一条符合公众利益的供水、污水处理服务的可持续道路。

（1）投资与融资

在19世纪五六十年代，一些市政当局吸引到了私人运营商，但运作不太成功。此后，私营公司不是不感兴趣就是索要过高利润。因此，市政当局决定自行融资建设并运营水厂。市政资金主要是在市监督局的监控下，通过发行市政债券筹集的。国家为市政贷款设定了法律框架，要求市政债券的使用要符合公共利益。贷款条件要求投资从长期角度来看是可以从项目本身实现全成本收回并能获取行业平均水平的利润。消费者被要求交纳费用来实现全成本回收。

尽管支持国有企业改革与反对自由主义的争论非常激烈，但是市政当局中仍有人主张私营行业的参与。不过，在德国统一前的东德这一呼声要比西德更为强烈，这主要是因为对投资的需求。当时许多市政当局财政困难再加上缺乏投资资金是水务公司私有化的最显著原因。

（2）价格与收费

德国的水务公司完全靠自身从用户收费来回收成本。价格包括两部分：

• 固定费用：包括供水接入的基本费用，收取固定水费和增值税（7%）；

• 可变收费：依据水的用量而定。

由于自然条件和实际水处理方法等的不同，各地区以及各市政当局的水价也各不相同。饮用水约为1.70欧元/m^3，平均日用水量为1300m^3左右，平均每月每户水费约占该户收入的0.9%。

污水处理服务价格组成则不同，价格基础是水的用量，以及降水带来的排水需求。税收中包括排污税，用于环境改善和湖泊河流的水质改良。由于污水处理的投资巨大，因此收费水平更高，平均为1.91欧元/m^3，约占每户收入的1.5%（含排污费）。

在德国，税收政策是争论焦点。供水被认为是应当征税的业务，而污水服务则免征利润税、财产税和营业税。但例外情况是，私人运营商提供的污水服务还要缴税。这种不公平的定价政策妨碍了私人运营商参与废水处理。

在德国，水的管理由各州负责，各州取水收费办法变化很大。总的说来，对抽取地下水特别是对用于非饮用水目的的抽取征收较高的原水费。而汉堡和黑森两州，不对抽取地表水而仅对抽取地下水征收原水费，其中汉堡的地下水抽取收费办法已产生了使用水权重回政府的作用，而这正是该办法的主要目标之一。

3.3.6 德国水管理案例

（1）魏因海姆公用事业公司

魏因海姆（Weinheim）是一个非常古老的城市，于公元777年建立，位于德国西南部，人口3.2万人，曾属于海德堡（Heidelberg）地区，后来属于黑森州（Hesse）达姆斯塔特地区（Darmstadt）的贝格施特拉瑟乡村区（Bergstaβe）的一部分，最近的城市是曼海姆。

魏因海姆公用事业公司根据公司法组建，属于公有有限公司，这种形式在德国更为普遍，大部分德国供水公司都是根据公司法运营。魏因海姆公用事业公司是一家跨行业经营的公司，提供供水、污水、垃圾、热水、电力、天然气、公共交通等市政基础设施服务，该公司有100名员工，并利用私人运营商来提供商业化和高效的服务。

• 水管理模式

魏因海姆公用事业公司受市政主管部门委托，承担了公共供水的责任。该公司将供水设施的运营与维护业务承包给当地的一家私人运营商MVV公司。除了曼海姆市以外，MVV公司还向伊弗什海姆（Irvesheim）、布吕尔（Brühl）和史威辛根（Schwetzingen）提供供水服务。形成了专业化和更经济的供水服务，供水设施可以得到完善的维护和漏损检查，管网的漏失率不到6%。MVV公司为其服务收取固定费用。

魏因海姆公用事业公司加入了污水服务联合体（Abwasserverband）为排水区提供服务。该联合体的组织形式相当于一种专业联合体（Zweckverband——为了完成共同责任而组成的区域协作组织），进行污水收集与处理。

贝格施特拉瑟的污水服务联合体拥有该地区生物处理技术最现代化的污水处理厂。污水处理量达到2.4万m^3/d。

- 价格与收费

由于该公司提供多种服务，因此可以提供统一账单（包括自来水费、污水费、垃圾费等）并统一收费，从而提高了效率。每户订购的多种服务综合在一张账单内寄给用户。

该公司根据公司法核算水费，联邦反垄断局负责对其财务进行监控，包括价格形成机制。根据要求，供应服务提供商必须将最终水价的各种组成部分详尽列出并解释清楚。魏因海姆公用事业公司水价为1.77欧元/m^3，可实现融资成本费用、折旧费用、运营和维护费用、税收（地下水税、增值税等）总和的全成本回收。在供水运营的所有收入中，魏因海姆公用事业公司要向私营运营商（MVV公司）支付固定的供水设施的运营维护费。魏因海姆所有的供水管网入户接口均安装有水表，污水管网入户接口没有计量表。其中，供水要对每个入户接口实施水表计量收费。魏因海姆公用事业公司在污水收集、输送和处理方面的收费为2.2欧元/m^3，该费用也完全可以满足实现全成本回收的要求，收费由该公司代收并上缴魏因海姆市政主管部门后再向污水服务联合体付费。

（2）黑森里德水处理中心

黑森里德水处理中心位于莱茵河支流岸边的比尔堡斯海德威市。水处理中心的南边是路德维希港和曼海姆市，黑森里德水处理中心是一个集水处理、送水灌溉、补给地下水和城市供水的综合利用水资源工程。

该水处理中心，通过高压水泵和输水管道把莱茵河水引到该处理中心，在该处理中心进行除污加工。首先进行拦污过滤；其次进行臭氧预处理，即将过滤出来的水加入臭氧和塑料泡沫，采用电解方法，使较大污染物吸附在塑料泡沫上，沉淀净化，使水质达到最低标准要求的去除率。第三步进行臭氧全处理。将臭氧预处理的水体送入臭氧全处理区，增加臭氧量与水体的拌和度，并延长氧化时间，使预处理的水体得到充分消毒。第四步进行净化过滤。将含有臭氧和塑料泡沫物的消毒水体送入过滤池，进行净化过滤，过滤后得到仅含有臭氧的消毒水体。第五步进行除臭氧。将经过臭氧预处理、全处理、过滤后的水体加入活性碳，用活性炭吸附臭氧，使水体除臭氧后达到饮用标准。最后将达到饮用标准的水体存入蓄水池，再通过高压管道送到该供水区的城市或乡村供水点，进入供水点的蓄水池，以供城市工业和居民生活、农场农业灌溉和森林灌溉用水，以及保持地下水平衡的地下水补给。这些无污染的高标准水体供给城市和乡村，对减少污染、发展无毒农业、生态农业和生产绿色食品等有着较大的作用和意义。

该水处理中心是合作式企业，带有公益性质。维持水处理中心的生产和收益主要靠供水收取水费。供水的水价确定主要是根据水处理费用、用水户用途和用水量等，一般是城市用水水价高于农村，工业用水价高于居民，蔬菜生产灌溉用水价高于农业粮食生产和森林灌溉。城市居民年人均水费约 500 马克，与当地居民年平均收入 60000 马克相比所占份额较少，居民完全能够承受。工业用水水价 4 马克/m^3，农业用水水价每 0.2 ~ 1 马克/m^3 不等。乡村用水水价较低，一般比未建水处理中心前的水价略高一点，这体现了工业反哺农业。由于该水处理中心具有一定的公益性，德国政府对该水处理中心的建设和运行都给予一定的经济补偿。运行补偿份额多少主要根据每年的水费收缴情况来确定，使水处理中心的收益不低于工业平均利润率的收益。

该水处理中心生产和管理水平现代化。水处理中心仅有 12 个人，24 小时值班，主要是通过现代化的中央控制室监控，监控内容包括引自莱茵河的水量和水质；处理生产过程，处理后的水纯度；蓄水池水量；供水区的需水情况、地下水位等。该水处理中心每小时可生产饮用水 5400m^3，一般实际生产量根据供水区的需水量来定。

(3) 柏林水务集团

柏林水务集团是德国最大的自来水和污水处理企业，隶属柏林控股公司，是一家混合股份制企业，其 50.1% 的股份属于柏林州政府，49.9% 的股份属于一个国际投资集团。它拥有 11 家自来水厂和 7 家污水处理厂，负责柏林市和周边地区共 370 万人口及企业的自来水供应和污水处理，其自来水供应能力日均为 114 万 m^3，自来水管道总长为 7759km。

柏林地区的水资源主要来自柏林 - 华沙的地下水含水层，靠地下水作为自来水的水源。柏林 - 华沙地下水含水层是一条水量丰富、水质相当高的地下水泉，经过物理处理后就能达到饮用水标准，并含有适量钙、镁等矿物质。柏林水集团很注意保护水资源，柏林水厂根据德国的法规和授权，在含水层周围按不同的距离划分为三级水资源保护地带，其中在采水点周围 10m 范围内为一级保护地带，其保护最为严格，禁止将一切地面物质或其他污染带入水源，违者将被罚以巨款。柏林的自来水厂还采用微滤、活性炭吸附等先进技术，进一步提高了自来水质量。

在污水处理方面，柏林水务集团下属的污水处理厂是按照生活污水的标准设计处理的。因为按照德国法规，企业污水在排入公共下水道之前必须经过预处理，使之至少达到下水道排放标准，柏林水务集团下属的 7 家废水处理厂都是二级和三级污水处理。例如，鲁雷本污水处理厂的生物处理技术，不仅能处理污水中含量较高的含碳有机污染物，还能通过厌氧菌处理氮和磷等有机污染，以 BOD_5 计，处理率高达99%。

柏林水务集团充分利用市场经济的价格杠杆作用实现收益，在水价的确定上兼顾公司和用户的利益，每年集团确定的水价，必须经过州议会批准和修正，因为公司最大的股东是柏林州政府，由于州政府控股，定出的水价经过州议会修正，州议会代表市民，这样定出的价格就兼顾了市民的承受能力。2000年柏林地区的自来水价格是3.45马克/m^3，污水处理价格是3.86马克/m^3，而德国居民人均月收入在4000马克以上，完全能够接受这一价格。

柏林水务集团除了供水和处理污染的直接盈利外，该集团还进行“多种经营”。比如集团下属“柏林水务国际公司”，就承接国外自来水厂和污水处理厂的设计、施工，迄今已在匈牙利、俄罗斯和中国开展业务。柏林水务集团有一家专门的技术开发公司进行水处理相关技术的研究；一家环境咨询公司承揽咨询业务；一家电缆公司承接电缆铺设业务；甚至还有一家名为“柏林通讯”的电信公司。整个集团1999年营业收入总计超过24亿马克，其中供水和水处理收入为19亿马克，开展其他业务收益为5亿马克。

3.4 法国水管理的经验与模式

3.4.1 法国水资源概况

法国位于西欧，总面积54.7万km^2。由于各地海拔高程变化很大且受海洋影响程度不同，降水差别较大。全国年均降水700mm，但各地分布不均，如巴黎盆地降水580mm，而山区则高达2000mm。全国人均占有水资源量3250m^3。

法国有5大水系：卢瓦尔河、罗讷河、塞纳河、加龙河、莱茵河。法国地下水丰富，东部拥有欧洲最大的地下含水层。罗讷河是重点开发的河流，该河发源于瑞士，法国境内规划修建20个梯级，都是低坝方案，采取滚动式开发的模式。流域内的全面开发与管理颇负盛名。

3.4.2 法国水管理模式——租赁与特许经营

在法国，社区联合会由市政主管部门、自发组织和其他市政团体构成，负责饮用水供应与污水的收集与处理，称为“辛迪加” (Syndicat)。法国总计有15244个供水设施，11992个卫生设施，服务对象包括36763个社区。服务管理有两种方式：一是直接由市政主管部门管理，并受市长与全体居民直选出的市议会监督；二是由多个市政部门或团体组成的“辛迪加”管理，“辛迪加”由包括主席和市政代表组成的专门委员会进行监督。但供水的运营和管理可以委托给专门的公共供水主管部门或承包给私营承包商。

目前，99%的法国住房都有供水管网接入。共有15000家自来水厂为法国人民服务，其中包括13500个社区和2000个社区联合会。约44%的自来水厂由政府直接管理和运营，这些厂仅为24%的法国人口提供了供水服务，售水量仅占19%，主要满足农村地区的需求，平均每个供水厂的服务人口仅为565人。而约56%的自来水厂由私营企业运营，在绝对数字上，私营企业在法国市场上占据了较大份额：为76%的人口服务，售出水量占到81%。

约90%的法国人口的污水进入收集管网，但是只有约70%的污水被收集到污水处理厂。12000家污水处理厂中，仅有4500家由私营企业进行运营管理，约32%的法国人口由私营企业提供污水处理服务。人口超过10000人的法国城市中95%的城市都拥有自己的污水处理系统。统计数据显示，私营企业主要占据了人口密度最高、水需求量最大的这部分市场份额，将没有利润的部分留给了政府部门。

法国的私营行业参与（PSP）广泛，这些私营行业非常发达，专业化程度高，拥有管理和技术知识，并在综合服务供应上处于领先地位，能确保自来水供应以及污水的收集与处理。在法国水行业，PSP主要以两种方式参与经营：

（1）租赁经营

这种模式相当于管理合同，但要负责少部分的投资。通过租赁合同，市政府只把运营部门外包，设施仍由市政府负责融资、投资和建设。水价由市政府与私人运营商共同确定，水费由私人运营商负责收取。收取的费用一部分用于偿付运营经费，一部分回流到税务部门，一部分回流到市政府用于偿付投资成本、折旧和利息等。如图3-2。

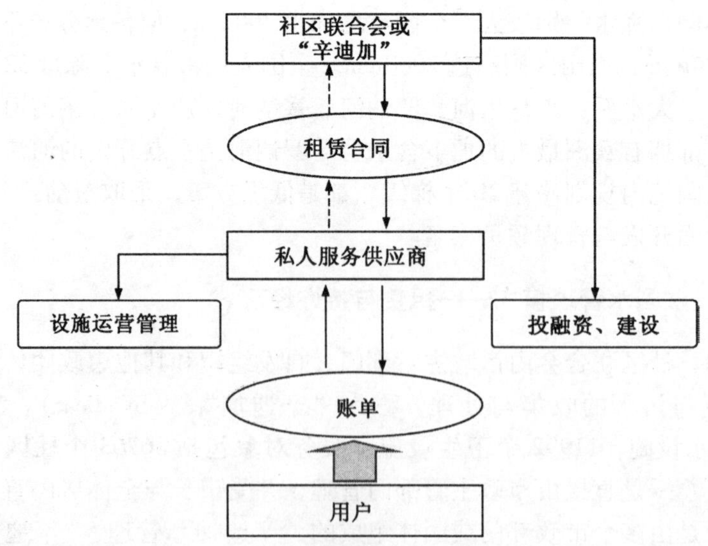

图3-2 租赁经营模式的各方职责分工

（2）特许经营

在特许经营模式下，私营企业负责运营并负责水处理设施与管网的投资与建设，见图3-3。除了常规的维护和修复投资，特许经营合同还协商确定了必需的大规模投资如设施的升级和扩建。所有的投资和运营费用都从收取的水费中偿付，不足部分由政府补贴。合同期满，运营商移交设施和管网，移交时设施和管网必须保持状态良好。但从一开始，固定资产所有权就属于当地政府。

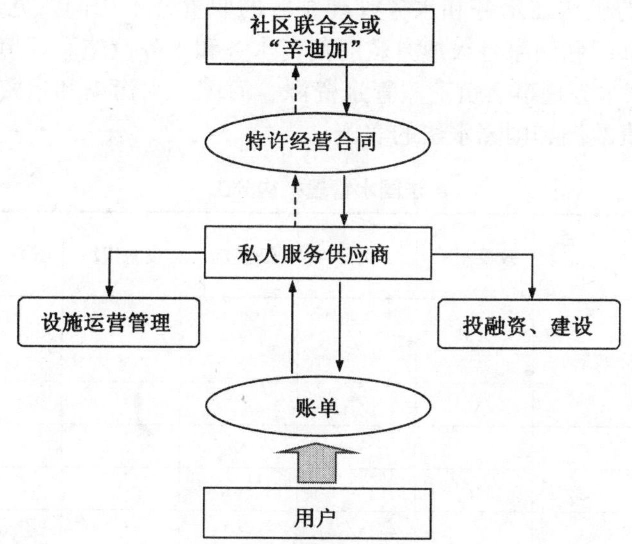

图3-3 特许经营模式的各方职责分工

在上述两种情况下，运营商承担（部分）所需的资本投资，由于收入直接来自消费者，运营商还承担财政和商业风险。人们也许会注意到，现在越来越频繁地出现将这两种合同模式结合的方式。比如，已有公共设施通过租赁合同方式经营，而投资并经营新的处理厂则采用特许经营方式。

法国最广泛和普遍的PSP模式是特许经营模式。在全世界的私有化合同中，约50%涉及城市特许经营，其中大部分都实现了供水设施质量的提高、服务覆盖范围的扩大、水价的降低等。特许经营合同主要在人口超过50万人的大城市实施。法国在PSP特别是特许经营推广方面经验丰富，因此当地水务私营企业乘势成为了全球水务的领军企业。最大的两家法国企业在世界上也是前两名，他们与法国第三大运营商一起占据了98%的法国市场。这三家企业分别是：威立雅（Veolia）水务集团（2003年起），其前身是威望迪（Vivendi）水务集团（1998～2003年）；苏伊士集团，由苏伊士公司和里昂水务公司1997年合并而成；Saur公司，成立于1933年，业务包括供水和污水处理。

当政府决定采用私营行业提供服务时，政府可以通过明确规定的竞争性采购程序和合同范本，以指导服务供应商的选择及招标文件的编制。在特许经营协议中，未来的特许经营商必须估算合同执行开始与执行过程中的投资额度。在法国，特许经营期限为25年左右，而租赁合同的期限为5～25年，这样能确保绩效标准，精确规定合同义务，较好地分散合同各方的风险。

3.4.3 法国水管理体制

不同层面的机构在水务和水务管理领域的职责各不相同，见表3-8。政府、国家水务主管部门和国家各级地方政府负责水务和水务设施。环境部负责调水和引水，6个国家水务理事会负责监管水资源、河床、水污染和水资源保护。大区政府部门则负责欧洲和国家水法的实施。

法国水管理机构分工 表3-8

任务 行动者	政策制定	执行	资金支持	设施组织	设施运营	技术协助
国家层面（中央政府/大区政府）	√	√	√			√
流域管理委员会	√					
水务主管部门			√			
各部委	√		√			√
市政府		√	√*	√	√	
私营企业			√		√	
消费者			√			

注：*在某些受限制的情况下，市政府可以给予水务补贴。

(1) 国家级

自然环境保护部：负责防洪与水资源开发利用保护的协调、规划、法规、科研培训等方面的管理。

国家水务委员会：是法国水管理的协调机构，负责部门间、行业间、工程间、地区间的协调，并主管资料收集与水资源普查。

水问题研究常设秘书处：设在环境部内，对国家水务委员会、水科学委员会、部际水务考察团行使秘书职能，并直接参加流域机构的工作。

(2) 流域级

流域委员会与流域管理局：1964年《水法》将全国划分为6个流域片区，并相应成立6个流域委员会和管理局。流域委员会委员由流域内各省选举产生的代表、各类水用户和有关各部的代表，以及流域地区的政府官员组成，制定流域规划，负责财政事务及立法、制定政策等。流域管理局是流域委员会的执行机构，其任务是保护和开发水资源，满足用水需要，监测水质，防止水污染，负责水工程的施工、运行和管理，并行使水资源的行政管理职能。流域管理局经济上独立。

流域财政机构：是具有财政自治权的专门财政机构，负责为公益性水务工程筹措资金、为污染控制工程给予补贴和贷款、征收水费和污染税。由董事会管理，董事会由流域管理局、大区水务委员会、用户三方以同等人数的代表组成。

（3）大区级

法国分为21个大区，每个大区有2~3个省。大区长官负责所辖大区内流域开发计划的制订与执行。大区水技术委员会由大区长官担任主席，监督已批准的项目计划的执行。大区董事会是虚设机构，由中央行政管理部门的有关人员组成，协助大区长官，对水技术委员会的工作进行指导、协调与监督。

（4）省市级

地方水权管理局由省长、市长和省市两级的卫生理事会、卫生局人员组成，负责批准取水、瓶装水生产、私人供水网配水、维护费用分摊、污染预防、水质监测等。用户协会则包括灌溉合作社、土地排水联合会、渔业联合会。

3.4.4 法国水管理法规

早在17世纪，法国的水法就规定了河道的水属于国家所有。1790年的法律规定了用水许可制度。1964年新《水法》：提出了水权与地权的分离原则，改进了地下水权的管理，建立了流域机构。法国的地表水可分为公共水域、私人水域和混合水道；地下水被定为私有。除了私有水的生活用途外，一切用水权都要依法获得，由有关的官方机构（水权管理机构）批准后才能获得。公共水的使用权，不能影响其他已有的水权；并具有优先次序。私有水域的水权，按民事法典相关条款进行管理。

涉及到PSP，市政主管部门是关联性最强的管理部门，正是由他们来决定是否将运营（以及投资）业务外包给私营行业。法国制订了相关的法律以及全国通用的合同范本来帮助市政主管部门选择、监督和监控私人运营商。《采购法案》（即Sapin法案[1]，1993年）规定了运营外包的法律框架，并规定了招标流程。该法确保了投标前所有参与投标的私人运营商之间的竞争公平透明，也确保了采购的透明度。《合同监控和监督法案》（即Mazeaud法案和Barnier法案）确定了监控与监督的规范和模式，政府主管部门定期收到运营报告并监控私人运营商的绩效，卫生和社会事务部（DDAS）负责检查并监控私人运营商提供的用水质量。

---

[1] 《采购法案》由议员Sapin提出，因此称为Sapin法案。这种命名方式在国外十分普遍，下文中还会出现这种以提案议员姓氏命名的法案。

3.4.5 法国水管理政策

（1）监管政策

由于明确选择了PSP模式作为市政项目的标准，地方政府试图避免承担预期的管网升级和处理工厂改造的投资。作为一项惯例，法国消费者支付了公用事业的私营投资费用。人口低于3000的城市，政府会补贴公用事业，避免让消费者付出高昂代价。

监管供水、污水处理和垃圾处理的技术和资金运作由市级主管部门负责，而该主管部门本身财政受到大区财政厅的监管。因此通常可以认为市政府是该行业的主要监管者。1993年Sapin法案详细规定了授权私营企业经营地方公用事业（供水、垃圾处理等）的法律框架以及投标程序。1995年，另外两部法律即Mazeaud法案和Barnier法案要求运营商增加透明度（授权合同期限、年报和监管等），并对合同的一系列要素包括合同有效期不能超过20年，服务价格、重新估价的计算方法、固定资产所有权一律归政府等进行了限定。并且所有运营商负有向市政府提供包含技术和财务信息的年报的法律责任，年报将便于市政府监管运营商，特别是监管合同义务的履行。这三个法案对于各个行政区对水务和卫生设施行业的授权进行监管具有指导作用。

值得注意的是，法国法律并不允许市政府将公用事业资产出售给私营行业。因此私营行业只参与所获授权的水设施的经营管理。因此，水务私人运营者只能采取BOT、特许经营、租赁、分包管理或服务合同等模式。

（2）投资政策

表3-9为法国不同类型项目的投资方式

法国不同类型项目的投资方式　　**表3-9**

工程类型	投资方式
城市供排水管网与污水处理	政府负担
农村取水工程	政府与用户协会联合投资
农村供水工程	水费与贷款
大型灌溉工程	国家负担全部或一半
个体或集体的灌溉工程	自行解决投资
私有水域上的水利工程	由受益者分摊，由重大利益获得者、省或区管理局投资
防洪工程	国家分摊国有河流的防洪工程，坝、库、堤和疏浚工程由受益者分摊。还有部门分摊、流域机构分摊、捐款、贷款等筹资形式

（3）价费政策

法国价费方面主要有以下特点：

• 水费按成本计算，但各地的水费标准不一。不同行政区水价各不相同，可能会相差6倍。水价因地区、水源状况、水污染程度、取水时间、设施质量、投资水平及所服务人口等因素而异。

• 水费有多种形式：除地表取水的水费外，还有地下水费、过船闸费、航运许可费、水力发电权费、捕鱼水费等。

• 1968年起开征排污费，所有向河道、水域排污的单位、企业（包括污水处理厂）、居民都要交纳排污费。

• 需要特殊保护的河流，其排污费标准要高；向地下排污的费用更高。

法国坚持全成本回收原则，法国水务定价和收费还遵循一些基本原则：

• 以水养水。消费者应该支付公用事业的所有投资和经营支出；

• 污染者付费。防止、减少及改善污染情况的支出应该由污染者支付；

• 消费者平等。即平等享受服务和平等付费：在同一公共服务领域，所有消费者平等付费，因为每个人产生的水务成本相等。

水价本身取决于运营商和该行政区所签合同的类型。国家可以对水务投资进行补贴，如果该补贴可以降低水价，可经共同协商降低收费标准。

法国水价大致有以下几个组成部分：

• 水务的固定预付费部分，包括基础设施投资和折旧、维修、记账、水表租赁等；

• 水消耗量/污水排放量计量费用；

• 税费，即所有水务税费，包括国家水务税、卫生费和污染费、增值税。

在这种情况下，运营商是代行政部门收取此部分费用。固定预付费和部分税款的价格须经听证。固定费用部分会对消费量有限的用户实行差别对待。

总的来说，法国水务公司应该遵循水务服务质量的几个准则：

• 全天供应饮用水；

• 消费者有知情权，如水质状况等；

• 供水和污水水质应符合欧盟指令相关要求；

• 保护消费者健康不受任何威胁；

• 法国水务政策还提出了以水养水、消费者平等付费的准则。

大区政府可以对低收入人群进行整体补贴，但是这可能与补偿水费无关。事实上，大部分（63%）公用事业部门没有针对低收入人群的所谓“专门政策”。由于供水业务实施分权制度即政策权力下放，村庄和小城镇的居民，特别是受到水污染且设施设备落后影响的居民，为供水和污水处理付出成本明显高于其他居民，因此对人口不足3000人的村庄适用特殊政策，以减轻居民负担。

（4）维修管理费

私有水域上的工程。由受益者分摊，急需的和有重大利益的，由省或大区的管理局分摊。

公共水域上的工程。由修建者承担；堤防、大坝等，由各受益者分摊；污水处理的费用由所在的大区政府负担。

（5）水污染防治

法国非常重视水污染的防治，国家发展规划规定，完成国家事务的最低目标是不增加当前的污染。

- 实施生活水源点的保护制度：生活水源地保护区被划分为紧邻区、邻近区和较远区；保护区内采取强制性的保护措施。
- 重视城市和工业污染的治理：推广节水和减少污水/废水产生的工艺，兴建和改进污水处理厂，征收排污费等。
- 欢迎私人参加水质改善的工程。
- 法国的河流水质经过治理，有了明显的改善，如塞纳河。

3.4.6 法国水管理案例分析——博恩水设施租赁经营模式

博恩（Beaune）是法国的一个小村庄，人口 23000 人，位于勃艮第省（Bourgundy）的黄金海岸线，小村周边围绕多个葡萄园，以酿造上佳葡萄酒闻名。

（1）租赁合同

博恩将供水与污水处理的运营都承包给威立雅通用水务公司。通用水务是威立雅在法国的国内公司，除为博恩服务外，还在法国拥有 8000 多个水务合同。博恩选择与威立雅订立租赁合同。

在将运营承包给通用水务时，博恩政府设定针对通用水务的合同条款、条件和合同期限、外包服务的价格，以及居民自来水价和污水处理费。

通用水务的责任在合同中有明确规定：引进技术、专业知识、熟悉工作人员，并确保：

- 饮用水水质符合要求；
- 读取水表读数；
- 代表当地主管部门给用户下发缴费通知单；
- 污水收集与处理；
- 维护并充分利用委托给该公司运营的设施。

2003 年一个新建的供水厂投入使用，显著改善了饮用水水质，如降低了农药浓度和水的浊度，并采用了紫外线消毒技术去除细菌。

（2）投融资

由于采用的是租赁合同模式，博恩政府必须自己筹集资金，用于建设和修复政府拥有的设施。升级或修复的资金一般都比较巨大，因此法国政府专门安排官员为农村和郊区提供支持和援助。公共财政资金包括以下来源：

- 排水区的主管部门；
- 国家引水工程发展基金（FNDAE）：这是一个城市—农村区域互助基金，目的是补偿地方政府的投资成本；
- 大区政府及相关部门，以补助或贴息的方式进行支持。

（3）收费

作为博恩政府的供水与污水处理设施运营机构，通用水务负责根据政府制订的定价政策向用户发出正确的水费单，计费的基础是根据定期读表的计量用水量。水费是代表博恩政府收取的，收取的水费一部分由通用水务保留，用于偿付合同约定的运营费用；其余的转给博恩政府，用于偿付投资成本、利息、折旧，支付增值税、地下水税等各种税金。

水费单包括自来水费和污水处理费，包括：

- 每半年的固定费率18.91欧元（含增值税为19.95欧元）；
- 自来水价格为1.00欧元/m^3；
- 污水处理费为1.36欧元/m^3（以自来水用水量计算）；
- 公共税金和增值税为0.50欧元/m^3。

水费单每月发一次，单据上有固定费率和每吨水的单价2.86欧元。

对所有用户制定的价费，原则是全成本回收，没有针对低收入人群的全国或城市政府的减免政策。但威立雅水务集团代表通用水务设立了社会基金这一账目，以减少低收入人群为基本服务支付的成本费用。威立雅在实施全国性“水务互助”项目中发挥了积极作用，项目得到了法国政府、供水公司、大区政府主管部门和专业协会组织的支持。通用水务致力于为经济困难的人群提供供水服务保障，参与到取消其债务的活动中，方法是通过社会基金来支付其部分或全部的水费。

第 4 章　欧洲垃圾设施管理

4.1　欧盟垃圾处理的现状

（1）欧盟垃圾产量（见表 4-1）

欧盟垃圾产量（kt）　　　　**表 4-1**

国家	1980 年	1985 年	1990 年	1995 年	1996 年	1997 年	1998 年	1999 年	2000 年	2001 年
欧元区	/	/	/	/	/	/	/	/	/	/
比利时	/	/	/	34 852	/	/	/	/	/	/
捷克	/	/	/	32 522	41 149	42 643	47 139	41 453	43 597	45 453
丹麦	/	/	/	11 466	12 912	12 857	12 233	12 233	13 031	/
德国	/	/	/	/	391 472	399 469	401 188	408 675	405 049	/
爱沙尼亚	/	/	/	14 196	14 687	14 398	12 984	10 848	11 616	/
希腊	/	/	/	/	33 130	/	/	/	/	/
西班牙	/	/	/	/	/	/	/	/	/	/
法国	/	/	/	130 057	/	/	/	128 506	/	/
爱尔兰	/	/	/	41 020	/	/	58 410	/	/	/
意大利	/	/	/	/	/	87 293	72 750	/	/	/
塞浦路斯	/	/	/	/	/	/	/	/	/	/
拉脱维亚	/	/	/	/	/	/	/	/	/	1 186
立陶宛	/	/	/	/	/	/	/	/	/	/
卢森堡	/	/	/	/	/	/	/	6 934	/	/
匈牙利	88 160	89 550	103 790	84 442	70 514	79 256	79 980	/	/	/
马耳他	135	131	1 799	1 515	1 555	999	954	1 148	1 056	1 126
荷兰	/	/	/	/	34 943	/	39 214	/	/	/
奥地利	/	/	/	/	45 600	/	/	48 600	/	/
波兰	175 154	181 963	154 959	133 647	136 166	136 652	144 931	138 572	137 710	134 919
葡萄牙	/	/	/	/	/	/	22 359	/	/	/
斯洛文尼亚	/	/	/	2 659	/	/	4 543	/	/	3 978

续表

国家	1980 年	1985 年	1990 年	1995 年	1996 年	1997 年	1998 年	1999 年	2000 年	2001 年
斯洛伐克	/	/	/	25 668	20 200	/	19 800	19 600	16 000	/
芬兰	/	/	/	/	/	/	/	/	/	/
瑞典	/	/	/	/	/	/	87 600	/	/	/
英国	/	/	/	/	/	/	424 704	/	/	/
保加利亚	/	/	/	/	179 664	235 395	222 182	178 775	96 411	90 364
罗马尼亚	/	/	/	352 087	117 986	216 337	83 164	80 160	55 832	/
土耳其	/	/	/	44 512	48 839	59 237	37 143	/	/	/
冰岛	/	/	/	212	216	223	231	241	252	262
挪威	/	/	/	7 451	7 529	7 887	8 265	8 291	8 517	

（2）垃圾处理量与处理方法

1）欧盟不同垃圾处理方式的处理量（2000 年），见表 4-2。

欧盟垃圾处理量（kt）（2000 年）　　　**表 4-2**

	循环再用	堆肥	焚烧与能源利用	无能源利用的焚烧	填埋	卫生填埋
欧盟 15 国	/	/	/	/	102 131	/
比利时	/	/	/	/	/	/
捷克	433	2	398	4	2 000	/
丹麦	680	560	2 090	/	297	297
德国	13 025	7 325	31	10 796	12 174	/
爱沙尼亚	15	11	0	0	403	402
希腊	375	32	/	/	4 233	2 380
西班牙	2 956	2 746	1 488	/	15 707	15 707
法国	3 769	4 145	8 905	1 465	13 890	13 890
爱尔兰	271	17	/	/	2 071	2 071
意大利	2 595	2 209	2 554	107	19 705	19 705
塞浦路斯	/	/	/	/	450	450
拉脱维亚	14	16	27	0	911	/
立陶宛	/	/	/	/	1 000	/
卢森堡	1	41	123	/	60	60
匈牙利	67	47	288	/	3 907	3 761

续表

	循环再用	堆肥	焚烧与能源利用	无能源利用的焚烧	填埋	卫生填埋
马耳他	1	31	/	/	185	/
荷兰	2 113	2 386	3 227	/	830	830
奥地利	1 129	1 818	481	/	1 478	1 578
波兰	116	215	/	36	10 142	10 142
葡萄牙	347	275	930	/	3 410	2 820
斯洛文尼亚	87	11	/	0	699	699
斯洛伐克	37	39	91	65	1 192	/
芬兰	/	/	280	/	1 540	1 540
瑞典	1 130	390	1 500	/	880	/
英国	4 294	/	2 555	/	27 846	/
保加利亚	/	/	/	/	3 188	2 362
罗马尼亚	170	/	/	/	6 695	1 200
土耳其	/	218	/	/	24 471	8 304
冰岛	19	3	7	3	168	167
挪威	963	225	784	/	918	/
瑞士	1 497	641	2 300	/	990	700

2）欧盟城市生活垃圾各种处理方式的情况（2000 年），见表 4-3。

欧盟城市生活垃圾处理方法（2000 年） **表 4-3**

国家	总量（万 t）	填埋（%）	焚烧（%）	堆肥（%）	利用（%）
英国	2000	83	13	0	4
德国	3380	61	36	3	0
法国	2000	45	42	10	3
意大利	2000	74	16	7	3
西班牙	1330	64	6	17	13
比利时	358	49	35	0	16
奥地利	290	48	24	8	20
丹麦	180	16	71	4	9
芬兰	130	65	4	15	16
爱尔兰	910	97	0	0	3

续表

国家	总量（万 t）	填埋（%）	焚烧（%）	堆肥（%）	利用（%）
卢森堡	180	22	75	1	2
荷兰	770	45	35	5	15
挪威	220	67	22	5	6
葡萄牙	265	0	90	10	0
瑞典	320	30	60	0	10
瑞士	370	11	76	13	0

3）欧盟 15 国垃圾再生利用情况，见图 4-1。

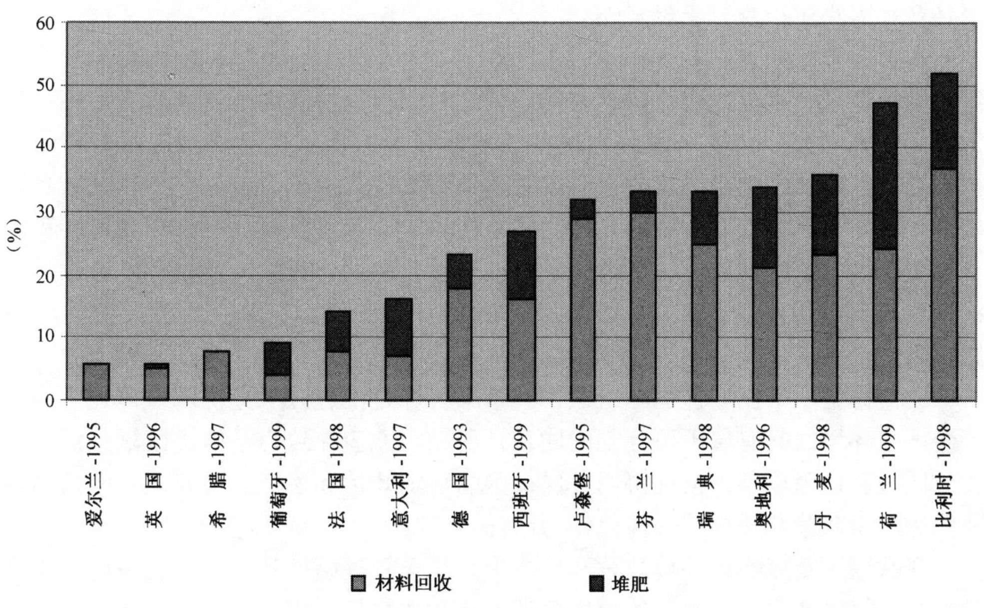

图 4-1　欧盟 15 国垃圾再生利用情况

4.2　欧盟垃圾管理政策法规

欧洲环保署在欧盟法规的规定下成立并于 1994 年起正式运行。欧洲环保署致力于支持可持续发展，并通过向决策机构和公众提供及时、准确和可靠的相关信息，帮助欧洲在环境领域取得重大进步。

欧洲环保署没有专门的垃圾管理体制，它的主要职责是基于收集和处理与垃圾有关的数据，形成一些指标来衡量垃圾的产生和处理的总体状况，这些指标包括污泥的产生量与污泥处理、可降解城市垃圾的填埋、总的垃圾产生量以及生活垃圾与商业垃圾的产生量等；同时也会针对垃圾相关的专题开展研究或制定某些研究计划，并发表相关研究报告。欧洲环保署主要工作还是环境信息数据的收集和整理，并没有相应的与垃圾相关的职能部门或分管部门，也没有专门的研究机构或实体进行操作。

欧盟环保署垃圾管理战略方面包括以下三部分：

首先通过改进产品设计在源头减少垃圾的产生；其次鼓励垃圾的再生利用；最后，减少垃圾焚烧产生的污染。欧盟环保署将对垃圾产生者赋予更多的责任。如2000年9月的关于生命终期汽车的法令规定汽车收集系统由汽车生产者负担。另外，两个指令——《报废电子电器设备指令》和《在电子电器设备中限制使用某些有害物质指令》已经颁布。

在国际事务中，《保护东北大西洋海洋环境公约》（OSPAR公约）的首次缔约方会议也采纳了上述建议。会议的任务之一是讨论拆除和处置海岸石油钻井装置和天然气平台。会议一致认为这些装置对环境有害；拆除费用应由所有者承担。欧盟环保署已列出了优先控制废物名单，如包装废物、电池、矿物油，各种处理垃圾的方法如焚烧和填埋，已为欧盟认可。欧盟是控制危险废物越境转移及其处置巴塞尔公约的成员，并批准了对巴塞尔公约的修正案，禁止危险废物从经济合作与发展组织（OECD）国家出口到非OECD国家，即使此种废物是以处置、再生为目的。

欧盟作为一个区域性国际组织，其基本目标是推进区域经济的一体化。但由于经济与环境之间有着不可分割的联系，所以，欧盟在致力于推进区域经济一体化的同时，还采取各种措施协调各成员国的环境政策和法律。换言之，欧盟已经将区域环境政策和法律的一体化作为己任。

在欧盟不断充实的环境政策和法律中，垃圾管理始终是一个备受关注和重视的领域。尽管在目前，欧盟的垃圾管理政策和法律仍非完美，但它具有自己鲜明的特色。这突出表现在以下两个方面：第一，欧盟的垃圾管理目标非常具体和明确；第二，欧盟的垃圾管理思想发展很快，确保了欧盟的垃圾管理政策和法律具有先进性。因此，这里对欧盟的废物管理政策和法律作一个简要的介绍。

4.2.1 欧盟垃圾管理法律

（1）欧盟垃圾管理法律体系

欧盟的法律包括不同的形式：

- 法规（Regulations）直接适用于各成员国，且无须成员国为实施该法律而开展国内立法；

- 指令（Directives）就其设定的目标和时限而言对所有的成员国具有法律约束力，但实现目标的具体方式和方法由各个成员国自由选择。通常情况下，为了实现指令所确定的目标，成员国必须在国内采取立法行动；
- 决议（Decisions）通常是针对特定的成员国、企业、个人或特定的事项。决定的内容就其所针对的对象而言，具有完整的法律约束力，且无须国内立法；
- 建议（Recommendations）或意见（Opinions）则具有参考意义，不具法律约束力。

在垃圾管理方面，欧盟的法律主要包括四种类型：

1）框架性法律

欧盟垃圾管理的框架性法律主要是提出垃圾管理的一般要求和原则。比如 1975 年颁布的关于垃圾的指令和 1991 年颁布的关于危险废物的指令。

以欧盟关于垃圾的指令（75/442/EEC）为例，其中主要是：

- 界定了“垃圾”和“处理”的定义；
- 要求各成员国制定有关法律促进垃圾的预防、回收和处理；
- 强调垃圾处理不得造成其他类型的污染和影响人民的健康；
- 规定成员国必须指定垃圾管理机构并对其主要职能提出要求；
- 要求实行“污染者付费”原则，即垃圾产生者承担垃圾处理的费用；
- 要求成员国将垃圾管理措施，包括立法，通告欧盟委员会。

2）针对特定类型的垃圾制定的法律

针对特定垃圾类型制定的法律通常会比较具体，目前主要涉及：废油、二氧化钛行业垃圾、污泥的农用、含危险废物的电池和蓄电池、包装及包装垃圾、多氯联苯（PCBs）和多氯三联苯（PCTs）的处理、废弃车辆、在电子和电器设备中限制使用某些有害物质等。

例如，欧盟关于含危险废物的电池和蓄电池的指令（91/157/EEC）第 3 条明确规定，“最迟自 2000 年 1 月 1 日起，成员国应当禁止销售汞含量超过其质量的 0.0005% 的电池和蓄电池，包括置于其他设备中的此类电池和蓄电池。但汞含量不超过其质量的 2% 的纽扣电池以及符合同样要求的由纽扣电池组成的电池除外”。

为此，该指令要求：

- 成员国采取适当措施，对用过的电池和蓄电池进行分类回收；
- 对电池和蓄电池实行适当的标识，包括标注重金属含量等；
- 制定有关的计划，逐步减少电池和蓄电池中重金属的含量；
- 其他有关的措施等。

根据这些要求，成员国可以根据本国的实际情况制定国内政策、法律和行动计划，以实现欧盟指令中提出的要求。

3）针对垃圾管理作业制定的法律

目前主要涉及：垃圾填埋、垃圾焚烧、船舶产生的垃圾及货物残余物的港口接收装置等。

例如，在关于垃圾填埋的指令中，欧盟要求各成员国对垃圾填埋提出：

- 实行许可制度；
- 定期报告制度；
- 有关的技术要求，比如垃圾填埋场的选址、防渗漏措施、保护土壤和水、垃圾填埋气控制、其他有害物控制、隔离措施等。

4）关于报告及调查表等方面的法律

欧盟垃圾管理法律见表4-4所列，主要涉及垃圾管理法律实施过程中有关的统计、报告等事项。

欧盟垃圾管理法律 **表4-4**

类 型	编 号	名 称
框架法	75/442/EEC	关于垃圾的指令
	91/689/EEC	关于有害垃圾的指令
	2000/532/EC	关于垃圾列表的决议
	(EEC) N0259/93	关于垃圾在欧共体内运输及进出欧共体的监控的法规
	93/98/EEC	关于缔结《巴塞尔公约》的决议
	(EC) N01547/1999	关于垃圾运输控制程序的法规
特殊垃圾	75/439/EEC	关于废油处置的指令
	78/176/EEC	关于二氧化钛行业垃圾的指令
	91/692/EEC	关于污泥农用的指令
	91/157/EEC	关于含危险废物的电池和蓄电池的指令
	94/62/EC	关于包装和包装垃圾的指令
	96/59/EC	关于 PCBs 和 PCTs 处置的指令
	2000/53/EC	关于废弃车辆的指令
	2002/95/EC	关于在电子和电器设备中限制使用某些物质的指令
	2002/96/EC	关于废弃电子和电器设备的指令
垃圾处理	9/31/EC	关于垃圾填埋的指令
	2000/76/EC	关于垃圾焚烧的指令
	2000/59/EC	关于接收船舶产生的垃圾和货物残余物的港口设备的指令

可以看出，欧盟垃圾管理法律体系的结构比较清晰，既有一般性的框架法，也有针对特定的垃圾类型、特定的垃圾处理作业或垃圾管理活动中面临的特定事项制定的法律。

总之，欧盟的垃圾管理法律体系是比较完善的，同时，各项具体的法律中提出的要求也是比较细致和具体的。

（2）欧盟垃圾管理法关于“延伸生产者责任”的规定

2000 年，欧盟通过了关于废弃车辆的指令（2000/53/EC）。这部法令要求车辆制造商会同其他有关的经济实体（如材料和零部件制造商、车辆销售商等）在车辆的整个生命周期过程中对垃圾的预防、废弃车辆的回收、相关垃圾的处理处置承担起责任。

首先，在垃圾预防方面，车辆制造商应当与材料和零部件制造商联系，以限制有害物质在车辆中的使用、使用更易回收物质、尽量避免使用必须处理的有害物质；同时，车辆的设计和生产应当充分考虑便于拆卸、再利用和回收；此外，车辆制造商应当与材料和零部件制造商联系，尽可能采取可以回收利用的材料，避免使用铅、汞、镉和六价铬等。

其次，在回收方面，要求车辆制造商、销售商、维修单位以及其他有关的经济实体建立废弃车辆或零部件的回收体系，回收所有的废弃车辆及车辆维修时拆除的废弃零件等。

另外，在废弃车辆的零部件回收和利用、废弃车辆及相关垃圾的处理处置等方面都对车辆制造商以及其他有关的经济实体提出了要求。该指令规定，至 2006 年 1 月 1 日，对于所有的废弃车辆，按质量计算的回收利用率必须达到年均 85%；至 2015 年以前，该比率不得低于 95%。

在废弃车辆及相关垃圾的处理方面，欧盟的指令要求各成员国必须采取适当的措施以确保所有的废弃车辆以符合相关法律要求的方式进行处理。

上述规定弥补了以往垃圾管理法律中存在的漏洞。传统上，垃圾管理法律只要求生产者对生产过程中产生的垃圾承担责任。对于产品在流通、使用以及废弃后产生的垃圾，生产者通常不需要承担任何责任。而对于使用者来说，即使他愿意采取垃圾预防或避免措施，但由于受到知识、技术等方面的限制，实际上不具有这种能力。这就导致了诸如汽车、计算机等产品被废弃后垃圾得不到应有的回收利用和处理处置。通过实行上述规定，使生产者的责任延伸到产品的整个生命周期，可以有效地改善目前的状况。

除上述指令外，欧盟关于废弃电子的电器设备的指令（2002/96/EC）中也引入了延伸生产者责任的制度。在欧盟以外，其他许多国家大多在探讨应用延伸生产者责任制度的可能性，而真正在法律中做出规定的还很少。这也许可以说明欧盟垃圾管理政策和法律具有先进性。

4.2.2 欧盟垃圾管理政策

欧盟制定的环境行动计划是欧盟环境政策的集中体现。自1973年以来。欧盟已经先后发布了六个环境行动计划。目前正在实施的是第六个环境行动计划，它的有效期为十年。

在第六个环境行动计划中，欧盟从两个方面提出了对垃圾管理的要求：一是采取“改进垃圾预防行动计划、更有效地利用自然资源、向可持续消费转变”等措施，尽最大可能减少垃圾的产生，力求遏制垃圾产量与经济增长同步的态势。二是对无法避免的垃圾，则应当努力做到：（1）垃圾是无害的或仅对环境和健康产生极低的危害；（2）绝大部分垃圾进入经济系统或以有用的（如堆肥）或无害的形式回归环境；（3）要使最终处理的垃圾量减少到最低限度并进行安全的销毁或处理；（4）尽可能在垃圾的产生地或其附近进行处理。具体的垃圾管理目标是：至2010年，要将最终处理的垃圾量和危险废物的产生量分别比2000年的水平减少20%；至2050年，分别减少50%。

在第六个环境行动计划中，欧盟重申，垃圾管理的政策原则是：一是优先考虑预防或避免垃圾的产生；二是垃圾回收（其中物质的再利用和再生应当优先于能量的回收利用）；三是垃圾处理。

为了促进预防垃圾，欧盟提出如下对策：

- 识别不同垃圾中引起最大危害的有害物质，鼓励采取措施替代有害物质或改进产品设计，重视建立闭环系统，其中要求生产者负责以对环境危害和影响最小的方式回收、利用和处理垃圾；
- 将垃圾预防目标整合到综合性的产品政策中，以便识别出减少产品中出现有害成分的机会并利用这种机会，延长产品的寿命，以及使产品易于回收和修复；
- 鼓励利用经济手段，例如，对资源利用以及大量产生垃圾的产品和生产过程征收生态税；
- 在可能的情况下，迫使生产者对其生产的、已经变成垃圾的产品承担起垃圾管理（回收、利用和处理）的责任；
- 通过实行绿色购买政策、生态标签、信息传播以及其他措施，对消费者的需求施加影响，使其倾向于那些产生较少废物的产品和工艺；
- 倡导开展相关研究，以识别不同行业面临的最主要的垃圾问题；鼓励各有关部门与行业合作，探索减少和消除垃圾的办法，可能的方式有：共同资助有关清洁工艺技术的研究和开发，促进最佳技术和实践的推广应用等。

在垃圾回收方面，欧盟目前优先关注的废物流是包装废物及废弃车辆。为此，欧盟正在推行所谓的“延伸生产者责任”的政策，要求生产者负责建立垃圾或废弃产品的回收体系、对回收的垃圾或废弃的产品进行再生利用、对无法再生的垃圾进行处理处置。

另外，第六个环境行动计划还初步识别出欧盟垃圾管理政策和立法方面的优先行动，主要包括如下几方面：

- 将垃圾预防的目标和准则整合到欧盟的综合性产品政策和化学品战略中；
- 修改有关污泥的指令；
- 提出有关建筑垃圾和挖掘垃圾的建议；
- 针对可生物降解的垃圾，提出立法计划；
- 制定有关垃圾回收的专题战略，其中将包括：①根据资源管理的优先性，综合回收能够带来的环境净效益、回收的难易程度以及所需要的成本，确定优先回收的垃圾类型；②制定有关的政策和措施，包括指导性的回收目标、监测体系以及比较各成员国的进展等，确保纳入优先回收名单的垃圾得到了有效的回收和利用；③识别有关的政策和工具，以鼓励创立资源回收的市场。

综上所述，欧盟第六个环境行动计划不仅明确了欧盟今后一个时期垃圾管理的基本目标，而且提出了为实现该目标而应当采取的垃圾管理原则以及主要行动措施，特别是政策立法方面的行动措施。

4.3　德国垃圾管理的经验与模式

4.3.1　德国垃圾管理发展概况

随着德国工业的发展和居民生活水平的提高，垃圾总量呈上升趋势，但经回收利用后无用的垃圾并不多。德国每个州都有垃圾处理的专项规划。为了防止出现地区保护主义，联邦政府引导各州进一步开放垃圾处理市场，加快私有化进程。据 OCED 在 1999 年的统计，德国人均年生活垃圾产生量为 380kg，全国产生垃圾量 3000 万 t 以上，是世界上产生垃圾较多的国家之一。

德国现有 61 个垃圾焚烧厂，焚烧能力为 1400～1500 万 t/年；堆肥处理量为 250 万 t/年。从 2005 年 6 月 1 日开始，生活垃圾必须经过预处理后（有机物含量小于 5%）才能进入填埋场。目前还缺少 500 万 t/年的焚烧处理能力。特别是德国东部垃圾产量较高，并缺少垃圾焚烧厂，德国政府正在促进德国东西部合作，实现焚烧厂资源的合理配置。

德国政府和各界人士对垃圾的处理非常重视，他们从 20 世纪 60 年代末就开始以立法形式来解决垃圾的问题，在垃圾立法、经济激励等方面有其独到之处，经过几十年的发展，已经建立了一套完善的垃圾处理体系，在垃圾的治理上取得十分明显的效果，是城市生活垃圾管理最为成功的国家之一。

德国城市垃圾主要有以下几个类型组成：生活垃圾、国内工业垃圾、大体积垃圾（2000 年大约有 4.5 亿 t）、市场垃圾、花园和公园垃圾、公路垃圾以及分开收集的可再生垃圾（有机垃圾、纸张、塑料等）等。在一段时间内这些垃圾的产生量几乎保持不变。生活垃圾的处理（2000 年德国 4.5 亿 t）是地方垃圾管理体系的主要职责。生活垃圾的产生者有义务将他们的垃圾交给城市垃圾管理公司，即地方垃圾管理机构。垃圾从各个家庭收集，由地方垃圾管理机构负责对垃圾实施合理有效的管理。

在德国，垃圾方面的立法由各州政府正式负责，但在近 5 年来，联邦政府通过了越来越多的废水和垃圾处理的法律细则，在全国范围内实施。

德国的垃圾框架法案规定：地方（城镇和乡村）主管部门不仅有责任收集每户的垃圾而且还应负责处理来自家庭和企业的垃圾。在德国，垃圾的处理被看作是公用事业。因此，地方主管部门的主要职责是保证充足的处理能力。

在德国，5 家最大的公司至多掌握了德国垃圾市场的 20% 的份额，大部分的市场份额仍处于小型地区性的垃圾公司手中。

4.3.2 德国垃圾管理模式

60% 的垃圾收集为私营，但垃圾处理却没有私营的参与。垃圾处理厂的融资和投资也就成了市政当局的工作。

根据《垃圾循环经济法》的规定，垃圾产生者对其产生的垃圾负有安全处置的责任，也就是“谁污染谁治理”原则。德国城市生活垃圾和危险废物一般由垃圾收集公司负责进行收集，并且送往相应的处理设施进行安全合理的处置，并且垃圾的产生者必须支付处置所产生的所有费用。

无论是生活垃圾还是工业垃圾或危险废物，垃圾的产生者和制造者对垃圾处理处置所产生的费用负责，但是如何交付这些费用、如何进行处理的方式却是多种多样的。

（1）生活垃圾的收集、处理系统

传统的方式是，每个地区有一个地区垃圾管理机构，该机构负责收缴垃圾处理相关费用。收费方式是根据垃圾产生量计算，具体方式是按垃圾桶的大小多少来计算，比如某街区一个普通的三口之家一般用一个 250L 的垃圾桶，垃圾清运公司每周清运一次，那么这个家庭每年交出一定的处理费用。这样，只要居民缴费，随后的垃圾处理职责转移到垃圾收运处理公司。

与此同时，采用价格手段促使居民进行分类收集，一般的方法是在居民家中放置褐色和蓝色的垃圾桶，分别盛装厨余垃圾及其他垃圾。在每个社区放置资源回收设施，分类收集玻璃、金属及纸张。由于其他垃圾的收费高于厨余垃圾，且可回收资源是不收费的，这样家庭就可以通过妥善恰当的分类来减少垃圾处理费用的支出。

居民产生的大件生活垃圾，如旧家具、旧电器，每年有一次免费清运的机会，居民可以打电话预约时间，由当地的收运公司免费上门清运，每年多于一次的清运服务则需要付费。同时，这类垃圾的处理费用是要额外支付的。

对于城市街道清扫产生的垃圾的清运费用均摊到居民的生活垃圾处理费中。

为了保证居民产生的危险废物的收集，危险废物不按量进行收费，而是已经均摊到生活垃圾处理费中。在城区设置多处危险废物收集中心，由居民自己运送危险废物到收集中心。

这样的垃圾清运和处理系统现在在德国 70% 以上已经完全私有化，或者是有部分的国有股份参与的私有化。并且给予一些优惠政策以吸引私有资金的进入，在通过竞争的方式促使技术革新，减轻政府负担的同时，也促使垃圾处理技术的不断革新。

（2）德国二元收集系统（DSD）

1991 年，德国出台了《包装垃圾管理法》，规定包装类垃圾必须保证一定的回收利用率。未能采取措施对其包装进行回收利用的产品，不得在德国市场上销售。因此，德国包装业协会成立了德国二元收集系统（Duales System Deutschland，简称 DSD，也称为绿点公司），进行包装类垃圾的收集回收及再利用工作，具体方式如下：

- 加入该系统的包装厂家按产量向 DSD 系统支付处理费用；
- 加入该系统的包装厂家在其包装上印刷 DSD 绿标；
- DSD 系统建立自己的收集网络，或者委托当地的收集网络对标有 DSD 绿标的包装进行收集工作；
- 居民免费领取 DSD 系统的黄色包装袋，将带有 DSD 绿标标志的垃圾装入黄色专用包装袋，由 DSD 系统进行免费的收集和处理；
- DSD 系统保证在满足《包装垃圾管理法》要求的情况下对其垃圾进行回收和处理。

通过这样的方式，使得带有绿标标志的包装处理费用转嫁到了商品的销售费用中去，真正做到了“谁消费，谁为处理付费”的原则。

自 1991 年《包装垃圾管理法》生效以来，德国的包装类垃圾总体呈下降的趋势，并且通过法律的严格要求，包装类垃圾的回收率逐年上升。与此同时，包装类垃圾的再利用率也达到了一个较高的程度，DSD 系统的回收率（回收物质量与加入 DSD 系统的包装厂家的总的物质消耗量比值）均高于法律所要求的水平。部分物质的回收率高于 100%，这是由于有部分不是绿标标志的包装垃圾或者其他垃圾混入到 DSD 收集系统所造成的。

● 绿点系统

德国二元收集系统股份公司（DSD），即绿点系统，是一个与地方政府垃圾处理系统同时并存的另一个系统，该公司于 1990 年 9 月 28 日在科隆成立，在德国联邦工业联合会和德国工商会的倡导下，由来自包装工业、消费品工业和商业的大约 95 家工商企业成立的。DSD 公司是目前唯一一家依据德国包装条例专门从事包装废弃物收集、分选和再生利用的全国性政策执行和协调机构。DSD 公司在全国范围和各个行业领域内承担了每一家企业所需的包装回收和再利用义务，使这些企业从必须独自面临自己动手对包装进行回收再利用的义务中解脱出来。DSD 公司是一个股份公司，监事会监督董事会的工作。监事会由来自包装工业、消费品工业、商业和垃圾处理行业的代表组成。另外还有一个管理委员会起协调各有关机构和组织的作用，该管理委员会成员由政界、工业界、商业界、经济和科学界以及消费者组织的代表组成。

DSD 公司是非赢利性公司。DSD 公司的经营活动所需资金来源于向企业颁发“绿点”标识许可证的方式来收取绿点使用费。如果收入大于支出，那么 DSD 公司必须降低所收取的绿点许可证的费用。国家为该系统的建立未投入资金，DSD 公司唯一的收入来源于“绿点”标识的许可证费用，政府没有进行补贴。

DSD 公司开展工作的基础是政府颁布的包装条例。联邦政府不对 DSD 公司进行监督，而是由 16 个州政府来进行监督。DSD 公司必须每年一次（在 5 月）向州政府呈递数量流量证明，即 DSD 公司证明完成了包装条例中对每一种包装材料规定的回收利用量。DSD 公司从政府那里既得不到人事上、也得不到财政上的支持，但 DSD 公司与政府之间经常进行富于建设性的信息交流。

● “绿点”标识

在德国，所有在包装上印有“绿点”标识的销售包装，都由 DSD 公司负责进行回收和再利用。“绿点”标识许可证对限制和减少废旧包装材料这一目标的实现起着重要的作用。收取的许可证费用必须用于消除污染的相关服务。许可证的拥有者一般是产品生产商、包装生产商、贸易商和进口商。在德国凡是包装上没有“绿点”标识的商品在商店的货架上几乎是看不到的，因为商店不愿销售没有“绿点”标识的商品。这主要是因为如果商店销售没有“绿点”标识的商品，那么商店就必须自己履行回收再利用的义务。

每个包装的使用商、包装生产商和销售商为他的包装购买“绿点”标识，他们必须向 DSD 公司支付与他们所销售商品和包装数量相应的许可证费用，由此合理地担负了废旧销售包装的收集和分类以及塑料再利用的费用，该费用将被计入产品价格中，最终由消费者承担。如某企业不使用“绿点”标识即没有参与该系统，那么他就必须自己实施回收再利用，完成规定的限额并拿出证明。如某企业在他的包装上使用了“绿点”标识而没有为此支付费用，则其行为违反了商标法并可受到惩罚。“绿点”标识的收费标准按包装的材料、重量和数量计算，即“绿点”使用费的总额是重量和数量计算出的费用总和。许可证费的构成考虑到了每一种包装材料的实际处理费用。玻璃瓶的许可证费最低，因为DSD公司在这方面只部分参与了收集；塑料包装的费用与此相反，比其他所有材料的费用都高，因为塑料的再利用费包括在了“绿点”费中。工业企业为了减少“绿点”许可证费用，也即为了降低成本而尽可能改善其包装与包装材料，这样，不断优化包装和再利用的结果是大量减少了包装废弃物并节约了资源。

• 回收方式

DSD公司要按照法律规定，在统一现有收集分类系统的同时，就所采用的消除污染的操作方法与城镇地方政府进行商定，因此对“绿点包装物”没有统一的收集系统，而是采用多种不同的收集形式。总体上有两种基本类型，即送和取这两种系统（此即“二元系统”的含义）。“送系统”是由用户送至专门的回收站集中收集。每一个家庭在家首先进行分类，即将纸、纸箱/纸板、玻璃（按颜色不同再分类）包装，送往住家附近的标有各种收集内容字样的大垃圾箱分别投放（送系统），但纸、纸箱/纸板也有取系统，即捆扎收集或是收集在蓝色垃圾桶内，然后由回收运输企业取走。“取系统”是DSD公司的标准模式。与地方政府垃圾回收系统相反的是，DSD公司不向家庭收取费用。DSD公司在整个收集/分类、处理直至再生利用的过程中只起监督、管理和协调的作用，并不自己直接具体参与收集/分类、处理和再生利用的操作。

DSD公司分别与500多个收集/分类厂家、处理厂家和再生利用厂家签有委托处理合同。各厂家要有数量流量进库和出库登记并向DSD公司出示登记证明，DSD公司对这些厂家进行监督、检查和协调，并每年一次向州政府出示证明。监督、检查和协调工作是由DSD公司的几个子公司具体负责操作。废旧销售包装由DSD公司指定的处理厂家运走并分类。处理厂家将分类后的包装材料交给另一些厂家进行再生利用，工业企业承担对镀锡板（马口铁）、铝和复合材料的利用责任，而DSD公司承担对塑料的利用责任。DSD公司的一个子公司“绿点——系统技术股份有限公司”（SYSTEC）主要负责废旧包装塑料处理技术的研究发展和相关技术在国际市场的推广工作。SYSTEC公司在推动高效率的分类技术、处理技术和再生技术发展的同时，使这些技术及其配套技术更适合国际市场的需求。

• 收费标准

收费标准是根据回收废旧包装件的不同类型，分别按重量、体积或面积进行计算。

按重量计算：塑料包装收费标准为150.8美分/kg；复合材料包装为107.3美分/kg；饮料纸盒为86.4美分/kg；铝包装为76.6美分/kg；马口铁罐为28.6

美分/kg；纸/纸板包装为20.4美分/kg；天然材料包装为10.2美分/kg；玻璃包装为7.6美分/kg。

从2002年1月起，上述收费标准已下降11%。

按体积计算：从<50ml到200ml之间的包装，收费标准从0.05~0.31美分；>200ml到3l，收费标准从0.36~0.46美分；>3l，收费标准为0.61美分。

按面积计算：从<150cm^{2}到300 cm^{2}之间的包装，收费标准为0.05~0.20美分；>300 cm^{2}到1600 cm^2，收费标准为0.31美分；>1600 cm^2，收费标准为0.46美分。

● 回收利用

废纸：德国的废纸中，75%是报纸杂志，25%是纸和纸板，1999年回收量达到214.6kg（人·年），具有很好的回收经济价值。通过"送"、"取"两系统回收后，过去用手工、现在已采用全自动的废纸分检线来进行分检，在废纸切碎后按重量（比重）分开，这样能保证送到造纸厂后再生纸浆的质量。当废报纸杂志混杂5%的纸/纸板后，将严重影响高档纸浆质量，故德国对分选质量要求很高，规定混杂纸不得超过1.25%。

废复合包装：饮料纸盒包装多用铝塑纸复合材料，其成份80%是纸基，16%为聚乙烯（PE）塑料，4%为铝箔。德国每年回收13万t复合包装。回收分离处理程序如下：首先将废复合包装撕裂破碎后，利用纸吸水的特性，可将废复合包装分离形成纤维浆，将纤维纸浆挤压成大包后，运送到芬兰和德国的造纸厂进行造纸，由于食品纸板纤维长，质量特好，因而受到造纸厂欢迎。其次进行撕裂破碎，将纸分离后，剩下铝箔（Al_2O_3）和PE不好再分，故多数（75%）送到水泥厂作为生产水泥所需的Al_2O_3添加剂；少数（25%）也可进行热解，烧去塑料PE后（燃烧过程同时可用作热源）就剩Al_2O_3。

废塑料包装：德国使用塑料情况为：PE占61%，聚丙烯（PP）占18%，聚对苯二甲酸乙二酯（PET）占9%，聚氯乙烯（PVC）占4%，发泡聚苯乙烯（EPS）占2%。其废塑料包装形式的构成则为：11%为塑料瓶，23%为塑料薄膜，2%为EPS，64%为混合塑料。除PET便于回收外，其他塑料回收均较困难，且回收后，不像其他回收材料有好的市场。德国环保部最先要求化工厂承担塑料回收任务，但塑料工厂嫌麻烦并考虑经济效益而不愿承担，只希望将废旧塑料进行焚烧或填埋，工厂仍旧只生产和销售新塑料包装品。因此成立了回收组织仅三年即告破产。但环保部仍坚持要回收并作出不回收就征税的决定，化工企业只好委托DSD公司负责废旧塑料包装回收，处理费用由化工塑料工厂承担。为此，DSD公司专门成立了DKR股份公司负责废旧塑料包装的回收。目前对废旧塑料回收再生采用两种方法：一是原料法，又称化学法：将混杂塑料破碎——分离去杂质——清洗——造粒——喷射到高炉内，代替重油、煤粉炼铁作为产生CO、

H_2 等还原剂的原料。二是材料法，又称物理法：将废旧塑料膜、瓶、周转箱破碎——采用沉浮法、旋涡法、离心法对各类塑料进行分离——烘干、再加上部分新塑料——挤压成颗粒——生产再生塑料制品，如薄膜袋、周转箱、管道、垃圾袋、凉鞋、衣架等。随着分离再生技术的提高，现可用废 PET 生产再生食品容器，但分离一定要纯。德国和法国已生产红外线分离设备，用红外线进行分离，可获得纯度很高的再生颗粒。

4.3.3　德国垃圾管理体制

德国是一个联邦制国家，由 16 个州组成。有关垃圾处理的行政管理组织机构分为 5 级，即社区、市、地区、州和联邦。其中联邦主要负责颁布法律，进行有关的国际合作和科研项目；州一级负责实施法律规定；地区负责审批具体的垃圾处理项目；市、县负责垃圾的收集、运输、处理及处置的全过程；社区是垃圾收集的基本单元。

德国环境部从事垃圾管理的人员有 40 人左右，分为 5 个部门，分别主管垃圾处理法律法规、包装物减量及利用、生活垃圾、工业垃圾等。每个州与垃圾管理有关的人员从 10 到 30 人不等。全德国垃圾行业的从业人员约 20 万人。德国垃圾行业年产值 400 亿欧元，是德国国民经济中的重要组成部分。这里包括约 400 万 t 生活垃圾、2 亿 t 建筑垃圾、700 万 t 工业垃圾等的处理。垃圾处理运营企业必须通过考核得到资格证书后才能进入市场，考核的要求可以通过官方机构，或官方委托有资历的个人或协会制定，由第三方进行考核。如果运营出现问题，可根据情况决定是否取消运营资格。

4.3.4　德国垃圾管理法规

（1）德国垃圾管理的法律体系

德国在垃圾处理几十年的过程中，逐步完善发展了其法律体系。

1）《垃圾循环经济法》

1996 年 7 月在德国正式生效，成为德国垃圾管理的指导性法律。在这部法律中放在第一位的是“促进垃圾在经济圈的循环以保护自然资源”；而“保障垃圾在环境可承受能力下的安全处置”则被放到了第二位。

由此可以看出，《垃圾循环经济法》的根本宗旨是：

- 强调垃圾要减量化，特别是降低垃圾的产生量和有害程度；
- 作为原料再利用，或从中获取能源（能源再利用）；
- 只有在当前的技术和经济条件下无法进行再利用的垃圾才可以在“保障公共利益的情况下”进行“在环境可承受能力下安全处置”。

《垃圾循环经济法》明确了垃圾管理的准则，确定了将垃圾“循环经济”作为一部分回用经济循环圈中的目标，同时制定了一系列关于技术、管理的相关法律、规范、条例、导则，对垃圾处理的全过程进行严格的监督管理。

2)《垃圾分类名录》

垃圾分为20大类，800多个小类，极大地方便了垃圾的管理。

3)《垃圾运输证管理条例》

对垃圾的运输者、运输车辆、运输过程中的安全规范、垃圾标识进行了严格而明确的规范，以确保垃圾在运输中的安全。

4)《生活垃圾处理技术导则》

5)《危险废物处理技术导则》

6)《垃圾填埋技术导则》

以上三个技术导则对垃圾处理设施提供了指导性的规范，对垃圾处理者明确了责任，以保证垃圾安全回用和处理处置。

7)《垃圾规划法》

在垃圾的运行管理方面，要求垃圾产生量较大的企业制定垃圾减量化规划。

8)《垃圾代理人法》

规定每个企业必须有获得资质的专人对垃圾进行管理。

9)《垃圾处理的专业资质证书条例》

对垃圾处理企业的专业资质进行规范管理。

10) 其他法律

还有专门的法律对一些特殊垃圾制定了特殊的要求，如《包装垃圾管理法》要求包装垃圾必须保证一定的回收率，因此产生了DSD收集处理系统，大大提高了包装类垃圾的回收率；《废旧电池法》保证了废旧电池的回收利用。与此类似的还有《氟利昂管理法》、《多氯联苯（PCB）管理法》、《污泥、可生化类垃圾管理法》等。

(2) 德国垃圾管理法规的内涵

通过立法对城市生活垃圾进行管理是德国垃圾管理体系中关键的一环，从1972年的《垃圾处理法》到1994年的《促进垃圾闭合循环管理及确保环境相容的垃圾处置法》(简称《垃圾循环经济法》)，都是德国政府为适应不同时期生活垃圾的性质和时代要求而制定的与垃圾相关的法律，其中《垃圾循环经济法》的制定和实施将引导德国城市生活垃圾综合处理走向新的转折点——循环经济的开始。《垃圾循环经济法》是目前最完整地体现了垃圾减量化、资源化和无害化，并符合可持续发展要求的垃圾管理法，它强调了对固体废弃物的处理是为了实现整个环境、资源与经济的良性循环，而不再是对垃圾简单地处置，垃圾应是一种资源，应该加以回收利用，实现物质“从摇篮——到坟墓——再到摇篮”的闭合循环，充分体现了循环经济的思想。

从德国对垃圾立法管理内容的变迁来看，立法管理的重点由最初的末端无害化处理过渡到垃圾的全方位的管理，即垃圾的源头削减、回收利用和最终的无害化处理。德国关于垃圾立法的变迁反映了人们对垃圾认识的改变，由最初的废弃物转变成可利用的资源，也指出了一条与环境相容的垃圾治理途径。

1）管理思路的变革

20 世纪 90 年代以来，德国的垃圾管理思路由“末端处理——循环利用——避免产生”逐渐过渡转变到“避免产生——循环利用——末端处理”的方式上，尤其是 1991 年《包装垃圾管理条例》和 1994 年《垃圾循环经济法》的实施，更是这一思路的确立和肯定。新的垃圾管理思路严格规定了垃圾处理的原则：①要在生产和消费中尽可能地减少垃圾产生量；②对不可避免已产生的垃圾，应以无害化方式最大程度地循环利用，包括对能源的回收利用；③对不可避免产生并无法回收利用的垃圾要采用合理的与环境相容的处置方式。

德国从法律的角度确定了全新的垃圾管理思路，对垃圾处理者提出了更高的要求，从法律上更严格地约束处理者的行为，使垃圾处理活动采用更合理的、与环境相容的处置方式。

2）生产者责任制度的确立

为了适应管理思路的转变，德国在垃圾处理领域引入了产品生命周期理论，谁生产了某一种产品，并销售到市场，谁就要对这一产品从生产过程直到该产品使用结束成为垃圾而负责，对垃圾制造者提出的这一要求高于以往任何一项与垃圾相关的法律，从而达到全社会共同治理垃圾的目的，具体来说就是在管理中引入了生产者责任制度。生产者责任制度的引入是德国从源头避免垃圾的关键措施，它要求生产者和销售者有垃圾收集、再利用和处置的责任。生产者和销售者需要按照规定（如“绿点”标识体系），根据垃圾重量、种类、能否回收等标准交纳一定的费用，用于垃圾收集、分类和处置。生产者责任制度的确立不仅解决了垃圾后续处置费用，而且起到了鼓励生产者减少原材料的使用量以及采用可回收利用的材料制造产品的作用，有利于生产者降低生产成本，生产者责任也就是从这一角度出发，达到从源头削减垃圾的目的。

3）垃圾处理技术等级

为了使垃圾的处理与环境相容，德国对垃圾处理的技术选择做了严格的规定，其优先顺序是：①源头削减；②回收利用（包括堆肥）；③焚烧回收能源；④最终填埋处理。垃圾处理必须服从这个技术等级，即只有在高层级的技术方案不能被利用时，才能使用下一层级的技术方案。

垃圾处理技术等级的确立，强制实施垃圾的回收利用，使得垃圾对环境的影响降到很低的程度，有利于实现资源循环利用，同时也会推动垃圾处理技术的发展。由于在不同的地方实施单一化的选择，垃圾技术等级的确立可能增加某些区域的垃圾处理成本，在经济上产生一定负效应。因此，应根据本国或本地区的具体情况来衡量是否采用该措施。

4）规定部分垃圾的回收目标

德国在立法中很注意对某些物资回收利用率的控制，通过立法强制要求在一定期限内回收率达到指定的标准，最典型的就是《包装垃圾管理条例》对主要包装废弃物回收率的确定。该条例规定，达不到预定的回收标准时应采取的强制性措施，对不可再利用的包装废弃物强制实施押金抵押及返还制度。回收率的确定在很大程度上推动了德国垃圾资源化的进程，有利于实现资源的循环利用。

4.3.5 德国垃圾管理政策

为促进垃圾从源头削减及回收再利用，并为保障垃圾处理所需资金，德国政府制定了许多经济激励政策来指导居民和生产商的行为，引导全社会参与到垃圾处理的活动中。

（1）技术政策

规定了选用城市生活垃圾处理技术等级顺序：源头削减→回收利用→焚烧回收能源→最终填埋处理，只有在高层级的技术方案不能被利用时，才能使用下一层级的技术方案，并规定包装垃圾只能采取物质回收的方式，不能采用能源回收的方式。

（2）垃圾收费政策

德国和其他欧盟国家一样，采用了垃圾收费政策。垃圾处理费的征收主要有两类，一类是向城市居民收费，另一类是向生产商收费（又称产品费）。

对于居民收费，德国的各个城市的垃圾收费方法不尽相同，有的是按户收费，以垃圾处理税或固定费率的方式收取；有的是按垃圾排放量来收。目前，大多数城市都采用按户征收垃圾处理费的方式：部分城市开始试用计量收费制，按不同废物、不同量收取不同费用，但由于目前对计量收费制度的研究还不完善，并没有得到广泛推广。市政当局向市民收取包含15%增值税的费用。每户每年要缴垃圾处理费，该费用根据是采取各种工艺处理还是直接填埋而有所不同，对垃圾进行工艺处理的费用从60欧元到320欧元不等，对垃圾直接填埋的费用从30欧元到260欧元不等。

产品费的征收是德国垃圾收费政策中不可或缺的一部分。产品费的确立大多反映在垃圾立法中，属于前端性的环境管理经济手段，同产品费直接相关的法律概念是“生产者责任制度”或“全民责任制度”两种。产品费的征收更充分地反映了“污染者付费”原则，要求生产商对其生产的产品全部生命周期负责。产品费的征收对于约束生产商使用过多的原材料，促进生产技术的创新，以及筹集垃圾处理资金都有较大的帮助。

德国采取垃圾收费政策强制居民和生产商增加了对垃圾的回收和处理投入，为垃圾的治理积累了资金，推动了垃圾的减量化和资源化。

据德国环保局统计，垃圾收费政策实施后，家庭庭院垃圾堆肥增多，厨余垃圾减少了65%；包装企业每年仅包装垃圾回收所交的费用已高达2.5亿~3亿美元。

如德国的魏因海姆市公用事业公司将特许运营权授予了贝格施特拉瑟乡村区（Kreise BergstraBe）专业联合体。该联合体是一个包括各种市政公用事业的公共组织，负责垃圾的处理和处置。魏因海姆公用事业公司代表贝格施特拉瑟乡村区专业联合体向居民收取垃圾费用。价格按照垃圾箱的大小制定，生活垃圾、有机垃圾和废纸垃圾收费各不相同。最少的垃圾费用是每年163欧元，废纸和有机垃圾分类收集还要收61.20欧元的附加费。

（3）生态税

为了更好地贯彻《垃圾循环经济法》，德国于1998年在波恩签订了《90/绿色规划》，在国内工业经济界和金融投资中将生态税引进产品税制改革中。生态税是对那些使用了对环境有害的材料和消耗了不可再生资源的产品而增加的一个税种。生态税的引入有利于政府从宏观上控制市场导向，促使生产商采用先进的工艺和技术，通过经济措施引导生产者的行为，进而达到改进消费模式和调整产业结构的目的。

（4）押金抵押返还制度

1988年德国政府就通过了《饮料容器实施强制押金制度》的法令，该法令规定在西德境内任何人购买饮料都必须多付0.5马克，作为容器的押金，以保证容器使用后退还商店以循环利用，这是欧洲第一个有关包装回收的法令。

在《包装垃圾管理条例》中也规定，如果液体饮料的容器是不可回收利用的，购买者必须为每个容器至少多付0.25欧元的押金，当容器容量超过1.5L时，需要至少多付0.5欧元。只有容器按该条例的要求返还时，押金才能退回。

4.4 法国垃圾管理的经验与模式

4.4.1 法国垃圾管理发展概况

20世纪70年代前期，法国还没有全国性的城市生活垃圾处理场和收集系统，最常用的处理方式是进行填埋。大多数填埋场都是出于不受控状态的（即简易填埋）。1970年，填埋处理服务的人口达2900万人（占全国人口的2/3）；而焚烧厂服务人口仅为850万，仅占全部人口的20%，且焚烧厂都集中在大城市。随着城市生活垃圾的产生量不断增加，不受控填埋场急剧增多，加之垃圾收集及地方社区处理的效率低下，使得当局不得不考虑建立一个城市生活垃圾管理政策来促进垃圾收集系统和处理设施的建立和完善。这就产生了1975年7月15日公布的第一部垃圾管理法（N075－633）。该法指定地方政府负责城市生活垃圾的处理并支付处理费用，并建议通过征收城市生活垃圾处理税来支付城市生活垃圾的收集和处理费用。该税收制度后来逐渐被大多数地区所采用。这样，地方当局就有资金投资于处理设施的建设。该法的颁布标志着法国城市生活垃圾处理作为社会服务的开端。

随着第一部垃圾管理法的实施，地方政府开始投资垃圾处理设施的建设。在这之后法国城市生活垃圾处理的方式有四种，分别是受控填埋、焚烧、有能源回收的焚烧、堆肥。考虑到经济和地理因素，尤其是经济因素，填埋仍是首选。直到1985年，受控填埋处理费用约为12.3欧元/t，而焚烧处理不管是否回收能源，其费用都为24.6～26欧元/t。

与此同时，焚烧技术也被推广开来。1975～1978年间，全国的焚烧炉数量几乎翻了一番，巴黎和其他一些大城市都选择了可回收能源的焚烧技术。这主要基于以下三个方面的原因：一是填埋场地有限，而待处理的垃圾量却急剧膨胀；二是大城市有足够的垃圾量，能够建立大型焚烧厂，形成规模经济，从而降低处理费用。如1985年，巴黎的垃圾焚烧价格仅为几欧元/t，远低于国家平均水平24.6～26欧元/t；三是回收的能源可减少能源消耗支出。

到20世纪80年代末，法国已经基本达到第一部垃圾管理法的目标：城市生活垃圾处理设施的服务人口占全国人口的94%，且可回收能源的焚烧厂和受控填埋占主导，不受控填埋已大大减少。

要实现确定的目标，必须有大量的资金支持才能实现。法国通过财政补贴来实现对垃圾管理的支持。地方政府一般是通过直接运用财政补贴来承担部分垃圾资源化的费用。运行费用则由垃圾处理机构自行解决（包装废物的处理除外），而国家补贴则是通过征收填埋税来建立基金，即垃圾管理现代化基金（FMGD），该基金由法国环境与能源管理署（ADEME）进行管理，主要目标是实现对以下五个领域的财政补贴：城市生活垃圾处理创新技术的发展；处理设施的建立；补助有关管理部门；行业规划的确立；填埋场地和污染区域修复。

财政补贴随着时间在不断变化。目前，30%的补贴用于分类收集和分选设备；20%用于堆肥；5%用于带有能量回收装置的焚烧。1996年的填埋税收超过1.10亿欧元，自征收以来，相关政府已为52个大型项目提供了大约6380万欧元的资金支持。同期，法国在生活垃圾处理设施上的总投资为13亿欧元。

然而，法国的法规存在一个明显的缺点：太强调焚烧处理，忽略回收再生和堆肥，这种倾向主要是由制度造成的。到1997年底，公共部门所采用的处理技术中，焚烧占了主导地位。由于法国原来的法规体系中鼓励发展一种新的能量回收技术，结果导致本已占优势的焚烧技术发展更快。随着1998年4月政府通告的颁布，政府第一次对焚烧处理技术的发展作了限制，然而，这只是政策上的倾向，在财政上仍然没有什么变化。而财政激励才是决定行动者方向的主要因素。虽然在1996年法国生态包装公司（Eco - Emballages）已在政策上做了重大转变，并且增加对某些材料的财政资助，使得回收再生变得更有吸引力。但直到目前，法国法规制定者们才真正开始把堆肥机械作为一种优先发展的项目，并积极增加财政激励因素，使当地行动者按欧盟所制定的目标发展，这使得状况已有所改观。

法国城市生活垃圾处理技术演变过程（%）　　**表4-5**

处理方式 \ 年份	1989	1992	1995	2002
回收和循环利用（含堆肥）	7.8	7.2	9.8	21.0
焚烧	42.3	45.8	46.8	26.0
填埋	49.9	47.0	43.4	53.0

4.4.2　法国垃圾管理模式

（1）包装废物回收管理模式——法国生态包装公司

法国“绿点”的正式诞生源于1992年4月1日法国对包装废弃物制定的337号法令。337号法令中规定“任何生产商、任何进口商、任何初次投放市场的经过包装的商业产品负责人有义务付费或自行实施清除其总体包装垃圾的项目”。该法令的颁布标志着法国正式引入了德国绿点回收处理系统的做法。

法国生态包装股份公司（Eco - Emballages）是在1992年9月通过德国“绿点”的授权，经法国政府批准成立的一家民营非盈利性公司。该公司1992年12月与政府签订了6年的合约，若公司的处理水平不能达到政府要求的水平，政府有权中止合约。它承担着绿点回收系统具体实施工作，经费来源主要依靠向企业颁发“绿点”标识许可证的方式来收取包装费，并在政府的监管下使用资金。资金主要用于废弃物的回收、处理以及对公众的垃圾分类的宣传等方面。资金的支出计划体现在上一年度向政府递交的资金支出预算报告中，政府不给予任何资金投入，政府的作用只是在法律上实施监管和特许经营。由于法国生态包装公司是一家私营公司，所以政府保证该公司有自主决策的权利，同时该公司则根据政府的目标来确定分类收集的技术与设施，而家庭包装废物在分类收集和分拣后仍由政府负责。法国生态包装公司可利用自主决策的权利，在最大财务许可范围内，预测包装品资源化的发展趋势。

法国生态包装公司提出了“绿点”制度。其运作方式是：生产商按照所产生的包装废弃物的大小、体积等标准计算费用，向法国生态包装公司支付包装费，随后，法国生态包装公司向生产商授权准予在其产品包装上印制“绿点”标识的权利。与其签约的公司通过为法国生态包装公司提供资金帮助从而获得在其使用的包装品上贴“绿点”的权利。

法国生态包装公司的资金来源为：70%的资金来源于包装品使用单位（工业界），10%来源于销售商，20%来源于原料生产商。执行“绿点”制度所获得的资金可以弥补城市生活垃圾的资源化处理过程所需花费的附加费用，如分类收集的费用，分选后及资源化后的焚烧与直接全部焚烧之间的费用差额。因此，法国生态包装公司为政府部门提供资金，支持建立并激励包装废物的收集和分选系统，平衡由于资源化而额外增加的处理费用。据了解，在收取的各种包装费用中94%用于地方回收和处理包装废弃物，5%用于垃圾分类回收的宣传工作。

收集的人均分类垃圾量越多，单位获得法国生态包装公司的奖励金额就越高。这一奖励手段促使地方政府积极开展选择收集和分类活动。

1993年加入法国生态包装股份公司的绿点回收系统的生产商有4025家，经过10年的发展，到2003年已达到了10000多家企业。法国城市生活垃圾年产生量大约2500万t，人均年产垃圾420kg，2003年回收家庭生活包装垃圾550万t，约占垃圾年产量的22%。2003年有75%的各种包装物被回收利用。2003年全年所收取的包装费达到3.5亿欧元，涉及行业众多，其中：农业食品占64%，卫生、化妆品、医疗产品占6%，维护保养产品、洗涤剂、化学制剂、油漆、润滑剂、能源等占4%，服装业、娱乐业、烟草、园艺类、造纸业占5%，其他行业产品占15%。按各种材料收取的包装费比例来看，分别为：钢铁3.42%，铝1.07%，纸类31.36%，塑料61.65%，玻璃2.60%。由此可见，在法国的垃圾成分中：从行业看，农业食品行业占有相当大的比例；从废弃包装物的材料看，塑料包装物占的比例非常大，为61.65%，其次是纸类包装废弃物。

法国对包装费的计算方法和标准是按以下公式来进行测算的：每个单位包装的总费用=每个单位包装的固定费用+每种材料按重量计算的包装费。其中，每个单位包装的固定费用的收费标准：2002年为0.10欧分，2004年为0.11欧分。

法国生态包装股份公司在参与垃圾管理上发挥了以下作用：

- 企业分担了政府对其包装产品的回收责任；
- 对分类收集提供了强有力的资金支持；
- 对公众的垃圾分类宣传提供支持；
- 对垃圾再生利用提供支持。

法国是市场自发型垃圾回收利用产业的典型代表之一，通过政府的引导，根据各地的实际情况制定自己的回收再利用方法或目标，在控制总体垃圾回收利用率的基础上，垃圾的回收与否完全按照市场的规律，企业完全依据成本效益分析，来选择回收或其他处理方式。政府所做的工作就是培育垃圾回收再利用市场，引导企业或个人进行垃圾的回收再利用。此类型的垃圾回收再利用产业的回收利用率虽不及政策引导型的高，但回收再利用的成本却低得多。

（2）法国垃圾处理市场模式

在法国，垃圾处理市场主要由五家公司掌握：SITA、Onyx、Saur、Niconlin、Abilis。这些公司与私有的污水处理公司有很强的联系。市场的领导者是 Onyx 公司［法国维望迪（Vivendi）的子公司］和 SITA 公司［法国苏伊士（SUEZ）集团的子公司］，这两家公司占有法国垃圾处理市场 40% 的份额，不仅是法国最大的公司，而且是欧洲最大的公司。其中，SITA 在荷兰有垃圾管理业务。但外国公司无法进入法国的垃圾管理市场。

私营垃圾处理商参与建造新的垃圾分拣与处理厂，资金主要来自垃圾填埋税。同时，它们也与法国包装废物回收商（法国生态包装公司）签订承包合同，内容包括投资许可、补贴材料回收及其他鼓励垃圾分类收集的业务。所有正在使用或规划中的焚烧厂都用于处理生活垃圾，通常签订的是长期合同，合同期限是 20 年或更长，收费基本固定。垃圾处理费从 70 ~ 135 欧元不等，填埋处理费为 40 ~ 90 欧元，还要加上 20.6% 的增值税。

4.4.3　法国垃圾管理体制

法国对城市生活垃圾采用传统方法来管理。1992 年，实现了协商机制、地方分权和技术互补三原则。公司参与到规则的制订中来，所以很明显地可看出主要集中于城市垃圾包装品的处理。当地的执行者也加入到行业规划的制定过程中，公共部门也对他们所选择的处理技术及组织架构负责，并且能够找出合适的方法，使得法规与当地的特点结合起来，所有的参与制定者都关心以最少的支出来达到处理目标。

法国由中央政府制订有关垃圾行业的政策和法律；地方政府则监督国家垃圾行业政策法规的实施，并负责对危险废物进行区域管理规划。收集和处理垃圾在法国被认为是公共事务，因此交由当地政府主管部门负责，这些政府主管部门或自己经营有关项目，或将项目外包给一家或几家私营企业运营。

各级政府、行业协会组织积极协作。法国市镇级机构几十年来一直有就地解决自产垃圾的传统，同时又注重加强地区、部门与行业间的协作。比如，2002 年 12 月 29 日，法国政府将废旧轮胎列入国有强制回收项目，责令法国境内的轮胎生产与销售商自 2003 年起，每年投放市场多少吨新轮胎，次年必须回收吨数相等的旧轮胎，回收费用全部由生产和销售商承担。涉及到不同种类的垃圾，其相关行业的协会组织则发挥了重要作用。2004 年 3 月，法国旧轮胎回收与环保协会发动米其林、固特异、普利斯通等 14 家生产销售商成立联营公司承包其废旧轮胎回收任务，再与100多家环保企业签约，组织协调旧轮胎的收回、分类、翻新、分解和再生材料生产，以规模化经营降低成本，实现旧轮胎回收一条龙服务。

4.4.4 法国垃圾管理法规

法国第一部垃圾处理法（N075－633）于1975年7月15日通过。该法明确了全体公民参与环保的责任和义务，所有公民和单位要充分做到城市生活垃圾循环再利用，以卫生和健康为主要目的，要求妥善处理垃圾废品，尽量减少对环境的污染，属于被动环保型。该法责令各级政府15年内实现生活与工业垃圾的统一收集和运输，并将其分成日常及危险两类，送到指定地点分别处理。

法国第二部垃圾处理法于1992年7月13日通过。第二部法律体现了新的环保观念，要求充分做到垃圾循环再利用，尽可能地变废为宝，同时明确全体公民主动参与环保的责任和义务。责令各地区10年内实现垃圾分类及回收再利用。

在这两项法律的基础上，法国环境部门又制定了多种垃圾处理的法规。从生活垃圾、过期药品、废旧电池、淘汰电器、废旧轮胎到报废汽车，许多种类的垃圾从收集、运输到最终处理都有章可循。

4.4.5 法国垃圾管理政策

（1）技术政策。要求回收技术优于填埋，并提出“最终垃圾”的概念，1992年制定的《城市生活垃圾管理法》规定，2002年7月起所有的城市生活垃圾填埋场只能填埋“最终垃圾”，其余所有类型的城市生活垃圾都要被回收利用，但城市生活垃圾回收利用方式可以由企业或地方政府自主决定。

（2）经济政策。一是征收城市生活垃圾填埋税，并成立垃圾管理现代化基金（FMGD），用于发展城市生活垃圾治理技术、建造城市生活垃圾处理设施、制定区域性城市生活垃圾治理计划、改善城市生活垃圾填埋场和被污染区域的环境。二是实行城市生活垃圾处理收费政策。目前大多数城市采用按户征收方式，部分城市开始试用计量收费制，按不同种类、不同量的城市生活垃圾收取费用。

第二部分　荷兰水及垃圾处理设施管理

第 5 章　荷兰水及垃圾处理设施管理的基本状况

5.1　荷 兰 概 况

荷兰地处西欧，其西、北两面濒临北海，德国与比利时是它东、南两面的近邻。荷兰的陆地总面积 4.15 万 km^2，平均人口密度为每平方公里 456 人。2002 年，荷兰人口 1610 万，人口年增长率 0.7%。从人口增长趋势来看，城市人口稳步增长，农村人口稳步下降，详见图 5-1。荷兰近 1/4 的土地的海拔高度低于海平面，全国最低点位于鹿特丹附近，低于海平面 6.7m。荷兰地势平坦，境内绝大部分为平原，国名 Nederland（荷兰文，即英文的 Netherlands）即为“低地”之意。荷兰因位居欧陆理想位置，素有“欧洲门户”的美誉，而完整的交通基础建设、高效率的海关作业流程、健全的保税仓库制度更使得这个美誉实至名归。

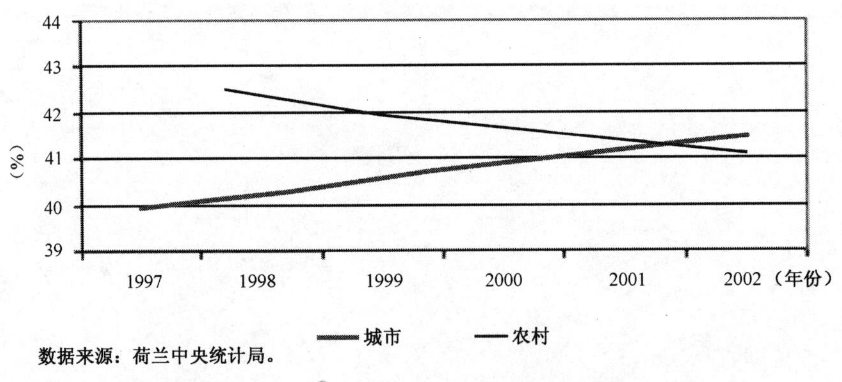

图 5-1　城市与农村人口的增长趋势图

荷兰气候属温带海洋性气候，日温差和年温差都不大。沿海的日均温度夏天约为 16℃，冬天约为 3℃。整体而言，冬季温和，夏季凉爽。尽管通常春季降水比秋季少，但一年四季的降水量分配相当均匀，年降水量约为 760mm。

荷兰是世界最发达国家之一。国内生产总值（GDP）排名在世界 15 位之内。根据英国权威的《经济学人》杂志情报部（Economist Intelligence Unit）公布的

1999年全球国际竞争力排行榜，荷兰位居第一位。它的经济的特点是外向型经济占主导地位。产业部门齐全，工业、农业和服务业均高度发达。荷兰社会经济关系稳定，政府、企业和工会定期磋商，共同为经济的繁荣发展作出努力。此外，荷兰靠海的地理位置，对荷兰的经济具有重要意义。西欧的三大河流：莱茵河、马斯河以及斯海尔德河均在荷兰境内入海，更加强了这种重要性。荷兰经济具有外向型特点，由于其得天独厚的靠海地理位置，数世纪以来对大部分的中欧、西欧及其他地区来说，一直是一个重要的中转国。频繁的对外接触对工农业产生了有利影响，也带动了对外贸易的繁荣。

荷兰经济在20世纪90年代经历了较长时间的高增长阶段，自2000年开始步入低谷。由于政府加大宏观调控力度，经济自2004年逐渐复苏。2006年，各项宏观调控政策的效果更为明显，荷兰经济增长强劲。GDP达到4554.19亿欧元，同比增长2.9%，超过了欧元区总体增长率（2.7%），与欧盟总体增长率（2.9%）持平。人均GDP达27842欧元。拉动国内经济增长的三驾马车——对外贸易、投资及消费整体表现良好，拉动了经济的强劲增长。

对外贸易。荷兰1999年外贸总额7940亿荷兰盾（约合3609亿美元），其中出口4100亿荷兰盾，进口3840亿荷兰盾，约占世界贸易总额的6%，排世界第八位，欧洲第五位。2000年进出口总额达到9750亿荷兰盾，增长率高达23%左右，其中出口5050亿荷兰盾，进口4700亿荷兰盾。在荷兰经济中，有80%的原料依靠进口，60%以上的产品供出口。[1] 2003年3月份外贸出口达221亿欧元（成长主因是2003年3月份较上年同月多2个工作日）。[2]

对外投资。2006年荷兰对外贸易总额达到6032.19亿欧元，同比增长12.79%；其中进口额为2851.10亿欧元，出口额为3181.09亿欧元，分别增长14.29%和12.99%；贸易顺差为329.99亿欧元。荷兰对欧盟贸易总额为4004.23亿欧元，占其对外贸易总额的66.38%，其中对欧盟的出口占其全部出口的76%，德国、比利时、法国和英国为其主要出口市场。对欧盟贸易顺差848.51亿欧元，对非欧盟国家和地区贸易逆差518.52亿欧元。荷兰出口产品以机械电子类产品和石油化工类产品为主。

发展援助。荷兰年援助额占国民生产总值的0.8%，是超过联合国规定0.7%标准的四个国家（荷兰、丹麦、瑞典和挪威）之一，是第七大对外援助国。

荷兰基础设施完善，水利事业发达。荷兰每年用于水利的投资约45亿美元，人均300美元，是世界上最多的国家之一；围海造田举世闻名，从12世纪起，共围垦土地7125km^2，占荷兰土地面积的1/5。荷兰享有“欧洲门户”之称，水陆

---

[1] 数据来源：中华人民共和国驻荷兰王国大使馆经济商务参赞处。

[2] 数据来源：荷兰经济部国际贸易局。

空运输网络发达。拥有世界第一大港——鹿特丹港和欧洲第四大机场——阿姆斯特丹斯希浦机场，其港口吞吐量近3亿t，占欧洲总量的40%，并承担欧盟跨界运输的35%。

5.2 水法律框架

长期以来，荷兰制定了一系列的防洪和水管理法律：

(1)《国管基础设施法》(State Managed Infrastructure Act 1891)：1891年颁布，该法确定了对国家管理的与水有关的基础设施和公共工程实行保护，制定了河流、港口、桥梁、公路、海堤、河堤和河道疏浚的法规，给出了水法规的框架结构。

(2)《水法》(Waterstaatswet 1900)：1900年颁布实施。该法律包括中央政府对下级水管理机构的监督、水务委员会的建立等内容，规定了与水有关的行政机构。

(3)《河流法》(River Act 1908)：1908年颁布实施。该法的主要目标是确保国家管理河流的水量、冰和泥沙的安全，确定了在高水位和低水位情况下海事活动的规则和条件，也明确了在海事活动中国家的权限。

(4)《三角洲工程法》(Delta Act 1958)：该法制定了根据议会和中央政府批准的有关安全、标准地关闭河口、加固河丘和堤防，使荷兰免遭潮水和风暴袭击的原则。

(5)《地表水污染防治法》(Pollution of Surface Waters Act 1970)：该法是防止地表水污染的总法，进一步明确了向地表水体排放污染物实行许可制度，根据"污染者付费"的原则实行排污收费，并规定了处罚办法。

(6)《地下水法》(Groundwater Act 1982)：该法规定了在国家监督下各省对地下水开采的主要责任，确定地下水开采的注册、许可、上诉及开采征税制度等。

(7)《土壤保护法》(Soil Protection Act 1986)：该法规定对土壤恶化和地下水污染进行控制，要求制定各省的地下水质控制规划，制定限制土地利用的规定。

(8)《水管理法》(Water Management Act 1989)：该法规定了国家、省和水委员会对水资源规划的组织架构，国家每4~8年需制订一次国家的水管理政策文件，省政府也相应制定各省的水管理政策文件，水委员会也必须提交水管理的政策和实施计划。

(9)《水务委员会法》(Water Board Act 1992)：该法对1900年制定的《水法》(Waterstaatswet 1900)进行了一些修订。确定由省政府和议会组建水务委员会，明确了水务委员会的组成、管理机制、权限以及他们与地方政府和中央政府的关系。

（10）《防洪法》（Flood Protection Act 1996）：该法包括了荷兰所有的防洪薄弱环节的安全标准，其目的是在未来 5 年内通过检查确保已有的三角洲工程和堤防加固工程的安全。

在水政策的制定上，荷兰在不同的发展阶段有不同的侧重点。1968 年第一次制定的水管理国家政策的重点是防洪；1984 年第二次制定的水管理国家政策的重点是水质保护；1989 年第三次制定的国家水管理政策的重点是水资源综合管理；1997 年第四次制定的国家水管理政策的重点是水环境与可持续发展。

5.3　水与垃圾设施监管

5.3.1　概述

（1）政府监管的定义

所谓政府监管是指政府建立相应的法律法规，通过有关监管部门采取措施要求接受监管的企业履行规定的义务，同时也赋予或保障这些企业拥有相应的权利。

（2）主要的政府监管模式

欧洲的市政设施管理是政府的一项重要职能，其突出强调的是服务式管理。欧洲和美国的观点是：强制性管理是必须的，但不是解决问题的最终办法。欧洲一般采取适应性管理模式，建立平台，达成共识。政府通过各种形式建立各方参与的共识，如环境不能退化、源头控制、污染者付费、使用最佳技术、认真对待垃圾处理、教育人们对环境负责等。

• 美国监管模式

国家监管部门与公司企业完全对立，各自的责任非常明确，是纯粹的黑白关系。一旦企业有违规行为或面临困境，监管部门就会将其送上法庭，让法律来制裁。美国的监管模式的特征是：制定严格规范的法律制度体系，严格管制，是一种“命令式的管理”。

• 欧洲监管模式

欧洲监管模式的特征是：国家监管部门与公司企业关系和谐、融洽，一旦企业遇到问题，监管部门会和企业友好地协商解决，是一种“协商式管理”、“协议式管理”。欧洲的许多国家认为：很多监管的责任不能完全分离和划清界限，是一种复杂网络关系，强调只有互相协商和配合才能从根本上解决问题。但还有东欧的一些国家现在仍处于“命令式管理”模式。

• 荷兰监管模式

荷兰监管模式发展经历了 20 世纪七八十年代的“命令式管理”阶段，目前已经过渡到“协议式管理”阶段，随着人们意识的提高，现已经向“自愿式管理”阶段过渡。

5.3.2 荷兰水与垃圾行业不同时期的焦点问题及解决策略

（1）20世纪五六十年代：荷兰大力发展经济，忽略了环境保护，从而导致了化学品污染、有机垃圾、富营养化等环境问题。荷兰政府采取的策略是关注公众健康、控制经济的无序发展。

（2）20世纪七八十年代：随着公众团体和意见领袖的影响日益扩大，越来越多的人认识到自然界就是一个生命的承载系统。荷兰政府此时采取的策略是关注环境健康问题、洁净污染、修建大规模的水利基础设施等。

（3）20世纪90年代至目前：污染物、水和环境资源、气候变化以及“重新恢复”农村和城市区域以前的风景。荷兰政府采取的策略是运用生态学、综合的环境管理、产品生产链管理及机构改革。

5.3.3 荷兰水及垃圾行业的公众参与

（1）公众参与的原因

法律上保证公众对环境保护和市政设施服务享有知情权，如水质、设施服务的可靠性和环境影响等。只有让公众真正了解环境问题的重要性和紧迫性，才能使他们有较高的环保意识和需求，并以社区组织的形式实施参与。比如，政府希望公众把垃圾分类当成自觉行为，就必须让其知道垃圾的确是应当分类处理的，让公众知道分类处理的重要性，否则公众不会严格遵守垃圾分类收集的规定。公众代表可以旁听政府听证会，有发言权但没有决策权，公众还可以直接向政府投诉对市政设施服务的不满。

（2）公众参与的作用

一旦公众意识到环境问题与个人的关系是如此休戚相关，公众大多会积极地参与到环境保护的队伍中，环保意识逐渐加强，对环境的要求也会越来越高。这使得企业（供水公司、排水公司、污水处理公司、垃圾收集和处理公司等）必须达到比国家环境保护政策和法规要求更严格的标准，才能立足市场，满足公众对环境和健康的要求。公众参与能起到监督企业在生产中时刻注意保护环境的作用。

5.4 水与垃圾价格/收费制度

5.4.1 概述

随着社会经济的蓬勃发展，荷兰城市化进程的推进，城市基础设施建设及环境问题的解决逐步提到了议事日程。1980年以来，荷兰开展了大规模的城市基础设施建设，其中也包括市政设施建设工作。与中国不同的是，由于荷兰已经建立较完善的水与垃圾处理设施服务价格与收费体系，建设投资与运营成本能够及时回收，实现行业的可持续发展。为了更好地指导我国水与垃圾处理行业的发展，非常有必要对荷兰这些行业管理的成果经验，特别是价格与收费方面的成功经验进行总结和移植。

5.4.2 现行水与垃圾处理设施服务价格与收费政策

（1）供水

在荷兰，供水公司根据服务区内的城市规划制定投资计划，并根据投资成本和运营成本制定相应的水价。不论是商业用户，还是居民用户，需要为供水公司的供水服务支付水费，以保证供水公司完全回收成本。因此，现在荷兰所有的供水公司基本都能满足初期投资的摊销与运营成本的回收。荷兰的供水公司，在服务区内各市政府组成的股东的支持下，饮用水处理与供应需要满足“收入等于支出”的原则。

（2）排水及污水处理

随着中央政府和地方政府法规污水排放标准的不断提高，以及社会对污水排放需求的不断增加，水务委员会将对污水处理设施进行持续的投资建设。

根据欧盟以及荷兰政府对污染者付费的有关要求，荷兰推行全成本回收理念，对污水排放进行收费。荷兰污水处理费的征收能够补偿从污水（包括雨水）收集与运输到污水处理（欧盟要求实现二级处理标准）的所有成本。

（3）垃圾处理

• 特殊的填埋税或一般性的垃圾税

荷兰推行了特殊的填埋税或一般性的垃圾税，在实际处理价格之外单独征收。不同地区的税率存在差别，这取决于垃圾种类与处理、能源回收种类、填埋的技术标准等。尽管在结构上存在差异，征税的一般性目的都在于减少填埋数量，支持现代化垃圾循环和回收技术的发展。

• 采取必要的经济措施

经济措施的原则包括：使用预算工具，进行成本核算和财务监控；提高垃圾处理收费；垃圾处理费应用于废弃物处理，而不应进入市政府财政体系。具体措施包括：收费，税收，补贴以及特惠税的征收。

• 收费有不同形式

①处理费。一般用于具有特定处理途径的废弃物，例如，通过垃圾处理场进行垃圾处理的处理费（在荷兰，处理费为60荷兰盾/t）；②产品费。用于会对环境造成不良影响的产品，例如，电池及酒类包装；③押金征收-返还制度。该制

度利用经济杠杆促进废弃物的回收利用，例如，酒瓶和铝罐；④使用费。采取统一费率，一般包括清运、处理和处置费用。

• 价格核算和财务管理

实行投资成本核算、运营成本核算，计算投资资本中贷款和捐赠金额，推行有效的收费制度或与地方政府安排运营成本负担事宜。

5.4.3 水与垃圾处理设施服务价格与收费体系的主要特点

- 荷兰已经建立比较完善的价格与收费体系，不管是居民还是商业用户都按照享受的市政设施服务而缴纳相应的费用；
- 荷兰市政设施服务价格与收费体现了市政设施建设与运营的成本水平，价格与收费水平可以实现全成本回收（即能够回收投资成本加上运营成本）；
- 荷兰市政设施服务收费体现了市场机制对市政设施服务行业的作用，也体现了政府对该行业的监管职能；
- 现有荷兰市政设施服务费体现了资源节约和综合利用的原则，如可回收垃圾可以得到补贴，而未分类的垃圾需要增加垃圾处理费；
- 这些收费已经成为荷兰市政设施建设与运营的主要资金来源。

5.4.4 水及垃圾处理设施的主要融资渠道及其特点

荷兰市政设施建设与运营资金来源主要有两个方面：一方面是用户支付的市政设施服务费的收入，另一方面是从银行获得贷款作为投资建设资金。

（1）征税

1）财产税（如建筑税、土地税、交通税等）是地方政府最常用的融资渠道，其主要特点是：

- 易于管理；
- 来源稳定，是解决运营费用的有效资金渠道；
- 税收可能成为城市少数人群，特别是弱势群体的负担；
- 征税需要得到利益相关方的认同。

2）旅店税、出租税以及一些旅游活动的税收（如饭店、夜总会、导游）。这种融资渠道的主要特点是：

- 旅游区比较适用；
- 在不增加本地居民负担的情况下增加税收；
- 高税收可能阻碍旅游业的发展；
- 税收收入水平因旅游季节而异。

（2）收费

1）服务费

为用户提供服务或由用户享受服务而产生的服务费，如对用户消费的饮用水征收水费、对处理用户排放的污水征收污水处理费等；服务费可以按人头形式收取固定费用（享受服务的每一个人交纳服务所需的平均费用）或是按计量收费（根据每个人对服务的使用量多少收费）。

服务费的特征包括：

- 来源稳定，是回收运营成本的有效渠道；
- 计量收费可以促进资源的节约和利用，而按人头方式收取固定费用则会阻碍节约、滋长浪费；
- 服务费适用范围有限；
- 计量收费可能影响大用户的工商业活动。

2）惩罚或（环境）恢复费用（向污染者或排放者征收）

- 对于尝试节约水资源和有预防污染措施的企业，可以减少该部分的惩罚费用或（环境）恢复费用（即排污费）的征收额度；
- 防止污染，增加收入；
- 促进企业的达标排放；
- 这种收费具有不确定性，不能作为收入的来源；
- 要强调适度原则，过分征收可能促使本地企业外迁，或某些企业违法排放。

3）休闲娱乐费（通过发放狩猎和捕鱼许可证收取）

- 向参加特殊活动的人群征收；
- 主要用于保护休闲娱乐场所的环境；
- 数量有限；
- 不能太高，否则会滋长违法活动。

4）（环境）影响费（向开发商收取）

- 由受益群体交纳；
- 可以作为补偿费用；
- 可能会减少继续开发的潜力或意愿。

(3) 赠款/拨款

- 拨款是中央政府、省或市政府或其他机构用于特殊项目的资金；
- 一些小社区可能符合申请赠款/拨款用于市政设施建设的的条件；
- 赠款/拨款不用返还；
- 绝大多数赠款/拨款都有相应的、严格的申请条件；
- 申请赠款/拨款具有较强的竞争性，申请者必须投入时间和资金用于项目申请，而这种申请还可能失败。

(4) 贷款

1）低息贷款

可能从中央政府或省（市）政府的专项发展基金获得，也可以直接从商业银行获得。

- 长期低息贷款一般用于一次性投资大的项目；
- 贷款可以分期付款，还款计划性强、易于控制；
- 贷款可以用来支付在等待拨款或借债期间的短期费用；
- 和赠款/拨款不一样，贷款必须偿还，包括本金和利息；
- 专项基金的贷款有其自身的规定；
- 如果没有担保，很难获得商业银行的贷款。

2）循环基金

循环基金是一种向社会提供建设和设施更新贷款的可持续资金。由于贷款需要返还，因此该项基金可以循环使用。

- 提供一种低于市场利率的贷款；
- 这种基金经常用于市政设施的建设；
- 政治因素可能阻碍该基金的使用；
- 很多地区都有关于债务总量的法律限制，包括使用循环基金的额度。

3）债券

债券是政府、金融机构、工商企业等机构直接向社会借债筹措资金，向投资者发行，并且承诺按规定利率支付利息并按约定条件偿还本金的债权债务凭证。债券的本质是债的证明书，具有法律效力。债券购买者与发行者之间是一种债权债务关系，债券发行人即债务人，投资者（或债券持有人）即债权人。

按发行主体划分：国债、地方政府债券、金融债券、企业债券。按付息方式划分：贴现债券、零息债券与附息债券、固定利率债券与浮动利率债券。按偿还期限划分：长期债券、中期债券、短期债券。按募集方式划分：公募债券、私募债券。按担保性质划分：无担保债券、有担保债券、质押债券。特殊类型债券：如可转换公司债券。

债券作为一种重要的融资手段和金融工具具有如下特征：

- 偿还性。债券一般都规定有偿还期限，发行人必须按约定条件偿还本金并支付利息。
- 流通性。债券一般都可以在流通市场上自由转让。
- 安全性。与股票相比，债券通常规定有固定的利率。与企业绩效没有直接联系，收益比较稳定，风险较小。此外，在企业破产时，债券持有者享有优先于股票持有者对企业剩余资产的索取权。
- 收益性。债券的收益性主要表现在两个方面，一是投资债券可以给投资者定期或不定期地带来利息收入；二是投资者可以利用债券价格的变动，买卖债券赚取差额。

4）商业贷款

获得投资建设资金的主要渠道是商业贷款，包括向商业银行贷款、向私人部门贷款或向保险信贷公司贷款等。与其他行业领域相比，市政设施的债务要高于其他行业。与教育和医疗等行业不同的是，市政设施行业在贷款时没有政府的担保，但市政设施行业可以获得比私人公司贷款更低的贷款利率。

一般银行和其他金融机构都乐意向市政设施行业提供贷款，因为：

- 这个行业具有较低的利润风险；
- 这个行业是政府支持下的垄断行业，省政府和市政府是行业的所有者；
- 具有稳定的收入保证投资的回收。

第 6 章　荷兰供水管理

6.1　供水行业发展市场与状况

6.1.1　不断兼并的发展历程

荷兰早期饮用水主要取自河沟和池塘。这些水源常常受到污染，造成疾病流行，危害人们的身体健康。1854 年，第一个供水管网在首都阿姆斯特丹建成投产。水源来自哈莱姆（Haarlem）南部沙丘区，靠一条 3500m 的水渠集水，通过 23km 的铸铁管道输送到阿姆斯特丹市。其他大城市，比如鹿特丹和海牙，也于 1874 年建成了供水系统。

之后，公共饮用水供应发展很快。1900 年，荷兰全国就有 60 家供水公司，但主要位于城市。到 20 世纪初，区域性供水公司开始成立，农村地区也开始享用安全卫生的饮用水。到 1940 年，荷兰 75% 的城市都建成了公共自来水网，这个比例在当时的欧洲是最高的。到了 1975 年，99.9% 的家庭都用上了公共自来水，剩余的 0.1% 仍使用自备水源。

为了保证饮用水的持续供应，中央政府通过立法形式加强供水部门的职能。要求各省政府对公共饮用水供应部门进行改组。1975 年全国有 111 家供水公司，到 2000 年合并成为 15 家，2005 年合并为 14 家，2010 年将要合并成 5 家。

荷兰供水公司的主要职责是：

- 从水源到水龙头的全过程质量管理；
- 保证系统可靠运行；
- 通过开发新技术，保证生产过程最优化；
- 根据中期规划，制订供水计划；
- 对用水户进行培训；
- 在保本的基础上，按社会可接受价格实行商业运营。

荷兰供水公司一般都是公有公司，公司股权主要属于省政府和市政府。供水公司通过荷兰自来水厂协会（VEWIN）形成一体。VEWIN 的职责是根据《饮用水供应法》的规定，保证公共供水事业的健康发展。1987 年后，VEWIN 还负责制定中期供水规划即 10 年规划。

6.1.2　供水行业现状

（1）供水水源

1989年，荷兰饮用水中，以地表水作为水源的占到50%。随着区域性供水公司的发展，地下水开采量不断增加。到1990年，饮用水中地下水作为水源的占69%，地表水作为水源的占31%。地下水两倍于地表水，最主要的原因是荷兰2/3的地区都有可利用的地下水资源；此外，从健康的角度讲，地下水不易被污染，安全卫生，水质有保证；最后一个很重要的原因是，地下水的净化和输送成本低。平均来讲，单方水成本只有1.5荷兰盾（约合6.5元人民币），比地表水要少1荷兰盾。对区域性供水公司来讲，开采地下水比引用地表水要容易得多。

荷兰西部由于缺乏足够可利用的地下水，大部分饮用水直接或间接取自莱茵河和马斯河。这两条河流经许多工业区，水质比较差，需要进行储存处理。储存方式分为地表储存（即水库储存）和地下储存（人工回灌）两种。

地表储存主要靠位于自然保护区的三个大型蓄水区，将马斯河水储存起来，储蓄量可以满足三个月的需求。蓄水区的水通过自然净化和机械加氧进行预处理，然后再由供水公司进行净化处理，生产出可饮用水。

地下储存通过两种方式进行。一种方式是将地表水通过渠道或湖泊渗透到地下含水层中，另一种方式是通过渗水井直接回灌到含水层中。地下含水层深度一般为25～40m。

（2）水的输送

荷兰全国输水干管总长约9.3万km（1990年统计数）。其中40%是石棉水泥管，39%是PVC管，16%是铸铁管，3%是钢管，其余2%为混凝土管、PE管或其他材料管。住户使用的水管一般都是铜管。

从水厂到入户水表之间的这一段，所有水管都归供水公司所有。供水公司要负责水管的铺设、管理和维修。供水公司还要采取措施，减少管材对水质的影响。从1993年起，不允许再铺设石棉水泥管。

（3）水的消费

1990年，荷兰全国用水量约为13亿m^3，其中家庭用水7.13亿m^3，小型商业用水2.92亿m^3，工业用水1.62亿m^3。1992年，荷兰人均日用水量135L，主要用于洗澡、冲厕所和洗衣服，其中洗澡用水量最大。预计到2020年，荷兰饮用水年消耗量将达到20亿m^3，约增加60%。

（4）水费

荷兰供水公司都是股份制公司，股东为各个市政府和社区。股东只投入一小部分资金，公司大部分资金来自金融市场贷款。供水公司实行保本经营，根据供水成本和供水量来核算水费。因此，水费中包括人员工资、折旧、贷款利息、税、材料设备费等费用。一般分固定水费和计量水费两部分。固定水费按户征收，每户一年约90荷兰盾，主要用于抄表、寄账单等管理费。按立方计费每立方水约3荷兰盾，主要用来补偿供水成本。在供水成本中，工程折旧和贷款利息占有很高的比例。

6.1.3 供水区域及总量

截至2002年，荷兰共有16个供水公司：①按照供水运营管理模式分类：14个公司为公有股份有限责任公司（PLC）模式，都是市政府与省政府作为公司股东；1个阿姆斯特丹市政府直接运营管理的供水公司；1个私营公司——三角洲（Delta）公司运营管理的供水公司。②按公司经营的范围分类：14个公司既负责制水也负责水的输配；2个公司只负责制水而不负责水的输配。2002年运行的供水公司如表6-1所示，图6-1则表示了各个公司的供水区域。

荷兰供水公司概览（截至2002年12月31日）(1) **表6-1**

公司名①	公司代码	法人类型(2)	业务类型(3)	员工数(fte)(4)	技术意义上的入户管网数(5)	管理意义上的入户管网数(6)	供水区域的服务人口
					(×1000)		
格罗宁根省供水公司	Wbgr	LLC	PD	234	262	269	584
德伦特省供水公司	WMD	LLC	PD	176	181	185	433
Vitens公司	Vitens	LLC	PD	1109	1557	1598	3758
北荷兰省供水公司	PWN	LLC	PD	585	643	700	1595
阿姆斯特丹市市政供水公司(7)	GWA	M	PD	598	179	465	856
莱茵河—肯内姆兰地区水务公司(8)	WRK	LLC	P	100	—	—	—
南荷兰省沙丘水供水公司	DZH	LLC	PD	565	357	568	1158
欧洲港地区供水公司	WBE	LLC	PD	419	482	738	1493
Hydron集团南荷兰省供水公司	Hydron-ZH	LLC	PD	223	299	315	739
Hydron集团弗利沃兰省供水公司	Hydron-Fl	LLC	PD	89	118	115	290
Hydron集团荷兰中部地区供水公司	Hydron-MN	LLC	PD	402	472	531	1215
三角洲地区饮用水公司	DELTA	PLC	PD	42	207	217	451
布拉班特省供水公司	Brabant Water	LLC	PD	724	842	929	2196
Tilburgsche供水公司	TWM	LLC	PD	99	72	90	199

续表

公司名①	公司代码	法人类型(2)	业务类型(3)	员工数(fte)(4)	技术意义上的入户管网数(5)	管理意义上的入户管网数(6)	供水区域的服务人口
					(×1000)		
布拉班特省 Biesbosch 国家公园供水公司	WBB	LLC	P	52	—	—	—
林堡省供水公司	WML	LLC	PD	452	462	511	1142
荷兰全国总数				5867	6133	7231	16109

(1) 多恩镇棕色水处理公司也有250万m^3/年的制水量，但是并没有包含在本表中。

(2) M——市政府直接管理的公司；LLC——有限公司；PLC——私营有限公司。

(3) P——制水；D——配水；PD——公司及负责制水也负责输配。

(4) 依据公司负责支付薪酬的人员名单，并将全职、兼职人员统一折算为以“全职人员当量（fte）”计数的员工数。

(5) 技术意义上的一个入户管包括从干管到最终用户之间的配水管（如果该段配水管上安装有水表，也包括水表）。

(6) 管理意义上的一个入户管在技术意义上的入户管上考虑最终管理数量（如一个公寓就不只一个管理意义上的入户管网数）。

(7) 2003年6月30日起更名为“阿姆斯特丹市供水公司”，即从市政府直接管理改制为企业。

(8) 2003年1月1日起被拆分为两部分，分别并入GWA和PWN两家公司接管。

图6-1　荷兰供水公司的供水区域

6.1.4　供水行业的绩效与质量

在过去数十年中，三个重大发展推动了荷兰供水公司劳动生产率的提高：

- 区域化和重组；
- 提高机械化和自动化程度，减少人员；
- 增加外部服务的购买。

荷兰供水行业取得的绩效：

- 供水覆盖率接近100%，管网漏失率仅为5%；供水质量高于欧洲平均水平；水价相对较低，约1.2欧元/m^3；
- 供水从不间断：覆盖98%面积；供水管网末端压力始终保持0.2MPa；一年365天每天24小时供应可直接饮用的自来水；
- 供水公司售水量达12亿m^3/年：其中地下水7.5亿m^3/年，占60%；地表水4.5亿m^3/年，占40%；
- 根据《饮用水质量法》，荷兰饮用水执行62个指标标准和47个欧盟要求的指标标准；
- 荷兰实施综合质量控制，实施质量、安全、环境认证管理系统。

6.2　供水政策法规

1957年第一部《饮用水供应法》开始生效，该法案对水规划与水质进行了规定，还对供水行业重组提出了要求，要求供水企业扩大规模并实现质量控制，以应对技术与商业上的挑战。当时建议的公司最小规模为拥有十万个管网入户数或年供水量500万m^3。鼓励采取纵向整合，而不提倡与其他类型的市政公用事业进行横向整合。1975年决定在政府的控制下进行整合，省级政府在重组过程中起了主导作用。

20世纪90年代，有关私有化、竞争的问题讨论热烈。新的供水法案明确并规定了政府的角色，供水特许经营权只能授予国有供水公司。2004年，供水法案又进行了新条款的增补，禁止任何私有公司向公众提供饮用水，还规定向普通居民提供供水服务的企业只能是合格的法人机构——100%的公有公司或公有实体（用水量大的大用户除外）。

供水公有股份公司必须遵守《公司法》。《公司法》规定了运营的组织管理架构和报告要求，在管理方面，总经理、董事会、股东与工会之间的职责不同。供水服务由市政府股东监督。多数供水公司是由市政府或省政府颁发供水服务特许经营权来实现运营管理。运营管理的组织架构是：由董事会监督，董事会成员来自拥有该公司所有权的政府主管部门；总经理负责日常管理。为保证公众的健康饮用水质量，由荷兰住房、空间规划和环境部（VROM）的卫生监察官进行监督。《公司法》与《供水企业法》专门制定了实施细则以确保所有利益相关方的利益，其中，非常重要的措施包括：年度账目公开；不同行为主体间权利与责任的分配；供水公司管理的所有地区的权益都要公平与公正地得到反映。

6.3　供水行业管理模式——公有供水公司

6.3.1　概述

发展中国家目前面临的挑战是：如何在一个合理的水价基础上，供给充足与优质的水。一方面，由于持续的人口增长与生活标准的提高，水的需求呈指数上升。而另一方面，供水公司必须面对水的短缺与水资源的污染等问题。而且由于运营维护费用不足，许多供水公司与卫生设施系统都处于悲惨的境地。

广泛的一致意见是：尽管在可供应价格方面社会有足够的水，但水也是一种稀缺的日用品，水有价格。这就对应了两方面的策略：一方面，它意味着消费者应该支付提供供水服务所需全部成本的相关费用；另一方面，供水公用事业机构有责任通过提高运营效率来尽可能地降低成本。

在许多国家，供水是政府管理下的一项公共服务职能，即保证优质供水与卫生设施代表着公众利益，具有惟一性。但另一方面则是政府运营的供水事业公司在效率方面差强人意。近年来，供水行业私有化在不少地方理所当然地成为优先选择。市场驱动力必须确保供需有效地匹配。私有化的结果是趋向于集中向购买力能够承受的需求领域提供服务，这就意味着仍有一部分人群丧失了享有优质饮用水服务的权利。

因此，这个问题让我们开始想办法找出另一种选择方案。荷兰对提供另一种可供选择的组织架构模式有着100多年的经验。荷兰采取的是一种介于公有事业单位与私有私营公司之间的一种模式：即公有供水公司，全称公共供水公有有限公司（Public Water PLC，其中PLC指Public Limited Company）。公有供水公司也遵循商业的游戏规则与公司章程，但是它们的大多数股份属于地方政府或国家政府拥有。在荷兰供水行业，公有供水公司非常普遍。这种公有供水公司在欧洲，同时在北美洲、亚洲和非洲都有不少案例。但这种模式鲜为人知，其主要原因是：人们经常将它与准公司化（半国营）的公用事业单位混淆在一起。在发展中国家的供水行业，公有供水公司模式应该是比较令人感兴趣的可供选择的模式。

事实上，公有供水公司模式结合了两个模式：即公有所有权与商业法则的联姻。作为一个公有公司，它应该向服务区内的每一个人提供最好的供水服务；而按照商业法则运营的事实表明，提供服务的费用必须从用户那里得到补偿。该模式的另一个优点是，公有供水公司的财务非常透明，它要向公众监督检查机构公开年度财务账目。

6.3.2 供水模式的发展历程

(1) 供水模式的发展历程

在荷兰，供水公司的三种制度模式共存了很长一段时间。这三种制度模式分别是直接私营管理、直接政府管理与公有有限公司。荷兰公共供水行业超过一个半世纪的发展历程可以分为三个时期，见表6-2。

荷兰供水模式发展历程 表6-2

时 期	特 征
1854～1920年	多数供水公司是在直接私营管理模式之下； 直接市政府管理模式开始萌芽
1920～1975年	供水主要是在市政府管理之下； 公有私营的供水股份有限公司（公有供水公司）开始显现； 直接私营管理模式慢慢衰退
1975年～至今	公有供水公司模式优先； 同时，其他模式事实上已经消失

由于私营行业的主动举措和外资的融入（来自英国和比利时的外资），19世纪下半叶荷兰拥有公共供水系统的城市不断增加。最悠久的供水公司在阿姆斯特丹和赫尔德，其历史可以追溯到1853年。那时大部分城市人口生活在极度肮脏的环境中，这种状况促进了公共供水业的发展。饮用水主要来自运河，但当时运河还供人们如厕、洗澡。1853～1920年间，大部分供水公司由私人直接管理。

1920年左右，私人所拥有的饮用水供水系统由当地政府接管。公有制经营保证了水的清洁，还为穷人和不太富裕者获得供水服务提供了保障。由于人口增长、城市化和污染等问题，供水设施的升级与扩建成为1945～1970年间的重要问题。

1965年起，供水公司开始整并，公有供水公司开始出现。公有私营模式要遵守商业法则，要做到财务透明、每年账目公开，公司提供服务的费用由用户支付，股份属于地方政府或中央政府。

（2）供水公司不断合并的过程

在荷兰，公共饮用水供应的发展归功于地方的主动性，直接原因是 19 世纪 30 年代以前荷兰多次遭受霍乱的肆虐。1867 年的《上国王书》中曾描述了整个国家供水条件的恶劣，并强调了一个国家应主动应对需求。但这个建议当时未引起重视。直到 40 年后，国家政府才开始介入。直到那时，地方政府与私营企业家开始建立供水管网系统，特别是在较大与较富裕的城市，因为那里可以获得颇具吸引力的投资回报，所需资金则主要来自市政府的预算或地方及英国、比利时的金融家。

从 1910 年以后，这种状况开始改变。首先在国家层面，已有预算资金分配到供水领域。1913 年，成立了向中央政府及其主管部门负责的一个常设咨询委员会，主要关注农村饮用水特别是区域性供水系统。1905 年，史称“自治城市”的时代结束了，各市政府的多项权利受到上级政府（省政府和中央政府）的更多约束，这个变化与省政府恢复了财政自主权的事件一起导致了以国家名义开展的多项行动，逐步增强了上级政府的行政与专业能力，并由此出现将供水服务范围进一步延伸覆盖至农村地区的发展趋势。完成该过程花了大约 50 年的时间，到 20 世纪 20 年代，财务激励机制与省政府严格的许可证政策一起，共同促进了区域供水公司的发展。这些公司与多个政府股东组成了公有供水公司（PLC）。在不废除现有的特许经营权的情况下，省级政府只准予新的公有供水公司获得特许经营权。而特许经营权获得者必须计划建立区域性的供水设施，以使供水服务遍及农村地区。

在 20 世纪 30 年代之后，作为这些措施的结果，市政府的供水企业与私营公司的数量得以稳定。同时，区域性的供水公司开始出现，并且服务范围覆盖到农村地区。直到 1938 年，供水公司的数量达到 231 个。

第二次世界大战后，经济迅速发展，人口急剧增加。在 1945 ~ 1970 年间，水的需求量几乎上升了 4 倍。污染剧增并且随着更加精密的水质分析设备的发展，污染变得更加显而易见。污染消除、水质管理、水资源保护以及精密处理技术已成为饮用水管理的新工具。

1957 年，第一个饮用水供应行动计划开始实行。除制定行业规划指南和水质条例外，这个行动计划也需要将饮用水行业重组成为更大的单位，这样才能够加强对水质的控制并面对新的技术与商业挑战。1975 年，在政府控制之下，有关机构重组的法律条款得到增补，提出了企业并购程序，在省级政府重组计划引导下，供水公司合并过程加速：公司的数量从 1938 年的峰值 231 个下降至：1950 年 210 个，1965 年 185 个，1980 年 105 个，1994 年 40 个，2005 年 14 个。见图 6-2。

荷兰制度模式的发展从私有私营模式占主导地位发展演变为以公有私营（即

公有有限公司）模式占主导地位，这与行业规模化经营的要求与政府强有力的引导密切相关。供水运营管理的模式发展情况详见表6-3：

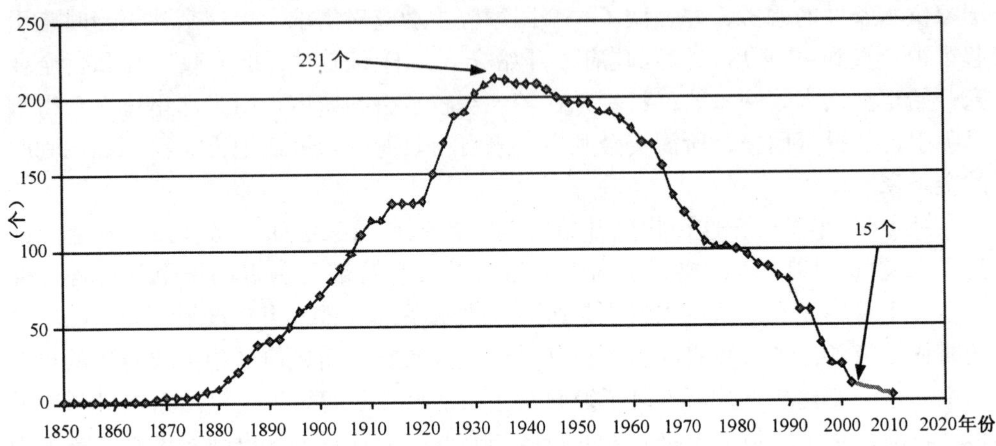

图6-2 荷兰供水公司数量的发展变化

荷兰供水企业规模化发展 表6-3

	运营管理模式	1938年	1994年	2002年	2005年
供水公司数量	——	231	40	16	14
由多个市政府提供服务	公有供水公司	32	32	14	13
由多个市政府提供服务	直接政府管理	158	6	1	0
	直接私营管理	41	2	1	1

6.3.3 供水管理模式——公有供水公司

（1）组织结构见图6-3。

（2）管理职责

荷兰《民法》规定正式的“大型”公有水务公司（PLC）必须包括四个参与方：总经理、董事会、股东以及工会。各方职责见表6-4：

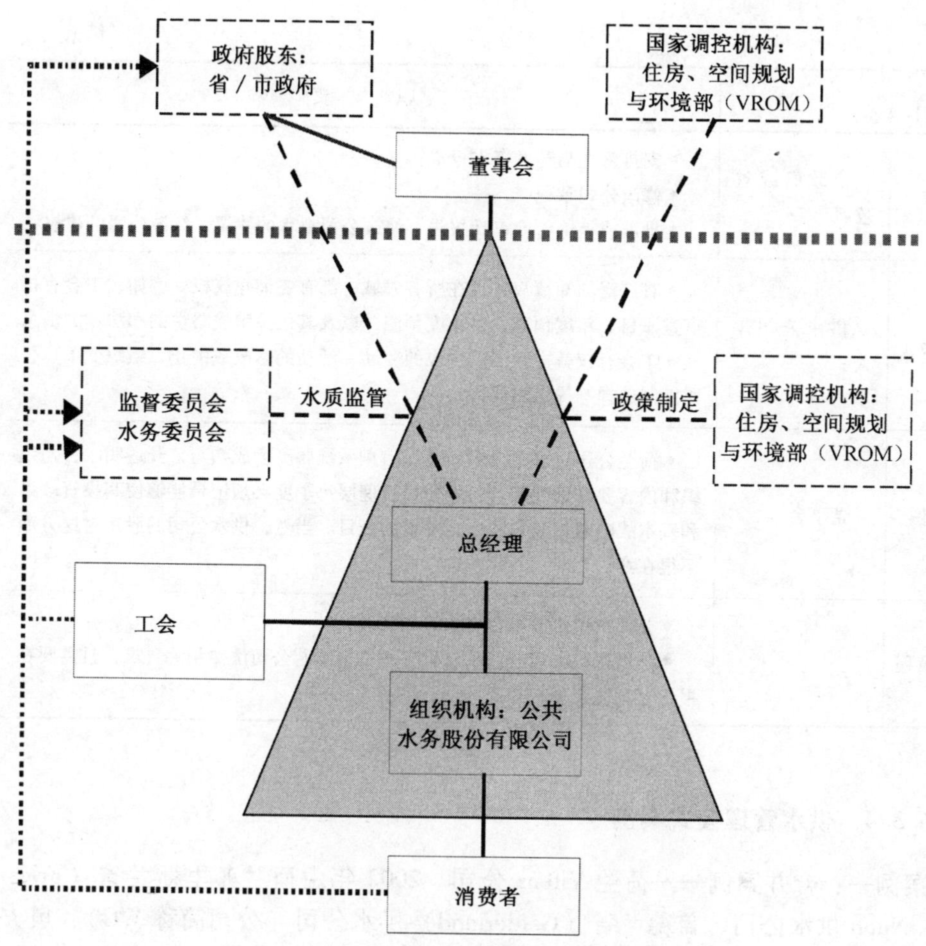

图6-3　荷兰公有供水股份有限公司组织框架

荷兰供水公司组织机构与职能　　表6-4

参与者	描　述	职　　责
总经理	法人代表	• 公司的日常管理工作； • 供水公司的运营； • 承担公司资不抵债的责任
董事会	市长或其他公共行政管理官员	• 监督公司的政策与管理； • 有权自由且没有范围限定地使用所有公司的设施与信息； • 指定、解雇和中止总经理； • 年度计划的批准； • 批准法律行动、项目、合同、财务，以及一定数额值上的财产交易、非标准的供水合同

续表

参与者	描 述	职 责
股东	市政府或省政府	• 安排管理与开发资本投资； • 修改公司章程； • 批准或拒绝年度审计报告、修改公司章程的建议、解散公司的建议
工会	供水公司工人	• 有广泛的知情权并且在所有领域中都有咨询建议权。例如，工会有权审查账目、年度预算、多年度预测，以及其他关键战略性的和法律的信息 • 工会有权就主管当局构成的变动、活动的修改或中止、组织变革、公司抵制选择等提出建议
审计	董事会	• 荷兰公司法规定内部和外部信息系统要高度成熟与公开透明。公司组织和内容要详细列明。另外公司管理层每季度必须记录能够使其投资政策和基本战略通过股东和工会要求的账目。当然，供水公司的股东对这方面不很在意
公司章程		• 公司章程由股东负责撰写和修改； • 公司章程必须经过政府批准并符合私营公司法律相关要求，且需要在报纸上刊登公告

6.3.4 供水管理模式案例

案例一：合并案例——荷兰 Vitens 公司。2002 年由荷兰弗里斯兰省（Friesland）Nuon 供水公司、盖德兰省（Gelderland）供水公司（公司简称 WG）、奥夫莱塞尔省（Overijssel）公有供水公司（公司简称 WMO）这 3 个供水公司合并产生了新的 Vitens 公司。

案例二：公有供水公司结构——荷兰林堡省（Limburg）供水公司（公司简称 WML）与欧洲港（Europoort，属于鹿特丹市的一部分）供水公司。比较见表 6-5。

荷兰 WML 与 Europoort 公司结构 表 6-5

	WML 公司	Europoort 公司
股东		
专营所有权	是，省与市政府	是，市政府与公司
股东数量	56 个市政府 +1 个省政府	29 个市政府
股本金	260 万欧元	790 万欧元
股份数	500	150000
最大股东持有的股份数	118（林堡省）	75000（鹿特丹市）

续表

	WML公司	Europoort公司
董事会成员		
成员的数量	9个	9个
是否规定成员人数	否	是
实际成员人数	6个市政府代表 1个省政府代表 2个专业人员	8个市政府代表 1个专业人员
董事会主席	由董事会成员决定	2个鹿特丹市代表之一

6.4 供水行业的投融资机制与收费体系

6.4.1 供水价格与收费现状

荷兰早在公元1000年即开始重视节水工作，重视水量控制。水务委员会（Water Board）早在荷兰政府成立之前就已出现。最初由农场主自发组织，当时水务委员会作为供水的管理部门，主要负责地表水的管理和水质管理。到现在，水务委员会主要负责地表取水管理和污水处理管理，而供水主要由市场及各市政府所有的供水公司进行管理。

随着中央政府和地方政府对饮用水标准法规的不断提高，以及社会对饮用水需求的不断增加，供水公司需要不断地进行投资。自1970年以来，荷兰供水能力的增长趋势和投资迅速增长，见图6-4，图6-5。比如，由于荷兰地表水硬度较高，因此，国家要求对饮用水进行软化处理。

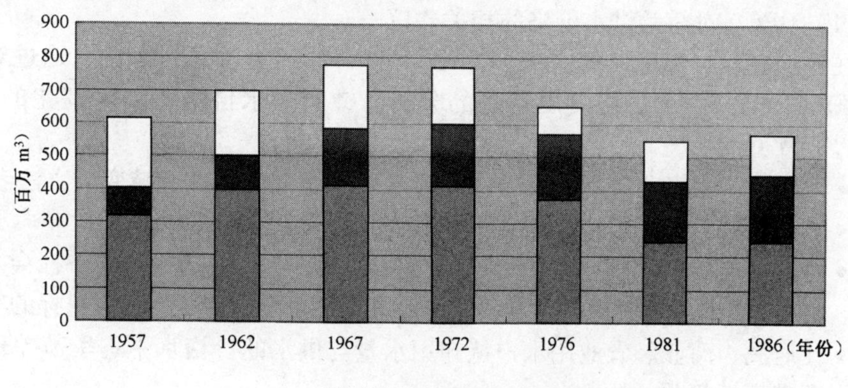

图6-4 荷兰供水行业发展趋势图（1957~1986年）

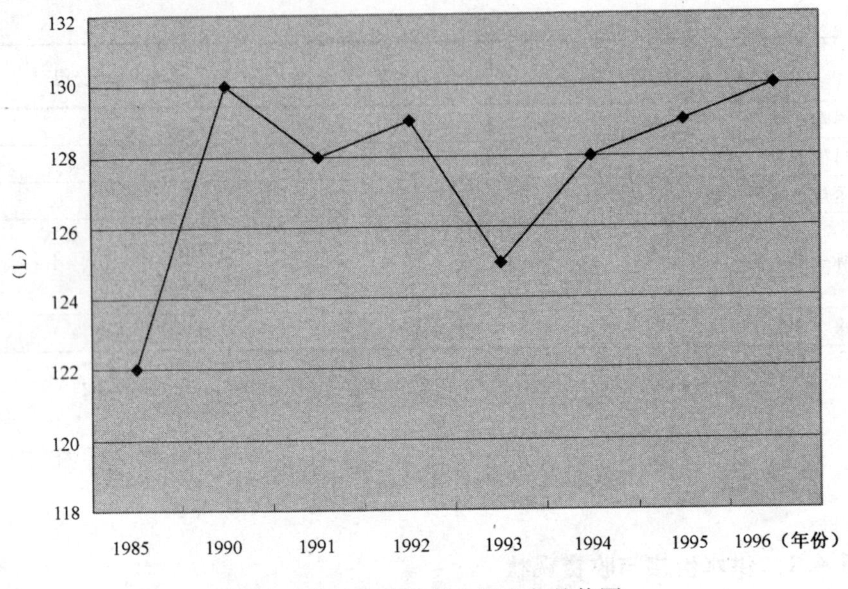

图 6-5 荷兰人均日用水量变化趋势图

在荷兰，供水公司根据服务区内的城市规划制订投资计划，并根据投资成本和运营成本制订相应的水价。不论是商业用户，还是居民用户，需要为供水公司的供水服务支付水费，以保证供水公司实现全回收成本。因此，现在荷兰所有的供水公司基本都能满足初期投资的摊销与运营成本的回收。荷兰的供水公司，在服务区内各市政府组成的股东的支持下，饮用水处理与供应需要满足“收入等于支出”的原则。

6.4.2 供水价格与收费

(1) OECD 对荷兰供水价格的相关建议

在经济发展与合作组织（OECD）的 1999～2000 年发展计划中，通过对过去 10 年 OECD 国家供水价格发展趋势的分析，针对供水价格更加合理化的要求，提出以下意见：

- 加强对供水事业垄断的管理，政府从供水服务的提供者转变为立法者；
- 在供水服务中，增加“全成本回收”的认知度；
- 更新供水事业政府补贴的观念：政府补贴并不是促进该领域经济社会发展的必要的最佳途径，有的时候政府补贴甚至还可能阻碍长期发展目标的实现；
- 让居民、商业、农业用水户认知用水量与供水的价格水平、季节差价等因素都直接相关；
- 各国的供水价格从累退式阶梯水价体系和统一水价结构，逐步转变为统一计量水价或累进式阶梯水价体系转变。并且还可采用两部制水价（包括固定水价和计量水价)。居民用水价格和污水处理费大部分持续上升，在有些国家特别明显。

(2) 价格与收费政策

荷兰的水价包括：

• 水的消费量（计量水价）；
• 水接入的固定费用（容量水价）。

根据荷兰税法的有关规定，供水行业的水价中应包含一定税费。包括：

• 增值税，税率为6%；
• 环境税，税率为0.15欧元/m^3；
• 如果是开采地下水，还需要征收0.17欧元/m^3。

(3) 现行水价状况

荷兰平均每个用户的水价以及相应的税费情况见表6-6。按照平均每户2.3人计算，每年直接饮用水费大约171欧元/户。

荷兰自来水费构成 表6-6

2001年水费	欧元/m^3	构成比例（%）
供水成本——支付给供水公司	1.27欧元	78.4
营业税	0.13欧元	8.0
水资源税和增值税	0.22欧元	13.6
用户支付的水费	1.62欧元	

6.4.3 供水领域的投融资

(1) 融资与收费的特点

由于运营费用的持续性以及投资费用的阶段性，因此，供水公司有时存在利润，有时可能需要从银行借款；

地方政府不会向供水公司提供政府补贴；

供水公司从银行借款，并将具有稳定来源的水费，作为还本付息的主要来源。

荷兰供水行业规模效益及成本估算 表6-7

年供水能力（m^3）	年总成本（欧元）	单位成本（欧元/m^3）
1 000 000	720 000	0.72
2 500 000	1 125 000	0.45
5 000 000	1 650 000	0.33
10 000 000	2 500 000	0.25

(2) 投资回收方式——收费

1) 荷兰城市供水服务收费的特点

- 与中国不同的是，荷兰一直以来对供水服务都要收费；
- 每个城市的居民用户或者工业用户无法选择自己满意的供水公司，只能选择本地的供水公司，并及时向该公司缴纳水费（包括弱势群体也不例外）；
- 如果用户没有及时缴纳水费，供水公司可以停止向该用户提供供水服务；
- 该用户所在的政府是该公司的股东，因此可以为该地区的用户争取权利，但政府不直接出面干预供水公司向用户收取水费；
- 水费中包含相应的税和利润。

2) 水价的制定与调整

- 供水公司从公司发展战略出发，根据地区的发展规划，提出供水设施的投资与更新计划，并根据投资计划核算供水公司的投资成本；
- 供水公司根据制定的投资计划以及运营成本确定水价；
- 水价包含基本确定的投资成本，以及根据用水量确定的运营成本；
- 水价的制定与调整不需要得到地方政府的批准，因为供水公司所服务区域的地方政府是供水公司的股东；
- 供水成本的透明化。对于股东来说，要求公司财务部门提供透明的财务数据，包括投资成本、风险等。

3) 收费方式

- 供水一般按照使用水量的多少进行收费。对大多数用户来说，户内均安装有水表，按照水表计量的水量进行收费。但是对于少数城镇，对家庭用户仍采用固定的收费方法，而没有按照水表收费。
- 对于工业（大型用户），不管他们从市政管网取水还是直接从水体取水，均按照他们的产品耗水率进行收费。
- 对家庭用户而言，在荷兰，水价大约1~2欧元/m^3，每人每年大约需要用水50m^3，水费约占人均净收入的0.2%。

6.4.4 供水行业成本体系

荷兰的供水行业基本没有政府的补贴。供水行业产业蓬勃发展也是由于供水公司能够从用户支付的水费中完全回收水的生产与供应过程中的所有的费用。“全成本回收”的定价制度确定了供水行业商业化运作的基础。荷兰供水行业的年销售额高达15.8亿美元，相比之下，近些年的投资额约为5亿美元。供水服务需要通过向用户收费回收所有的成本，即所有的运营成本、折旧、利息等都需要全部从用户手中获得。见图6-6。

相比之下，中国至今还没有根据市场机制建立合理的水价体系，用于水处理的正规管理和运行及设备维护的费用远远没有得到满足，成本得不到回收，亏多于盈。水作为一种具有战略意义的特殊商品，急需建立一个能根据市场机制来及时调整的水价体系。

（1）供水设施建设与运营成本

荷兰供水行业的投资主要来源于水价中的折旧部分、单位剩余利润以及商业贷款等。供水工业没有政府补贴来支持投资和运营费用，供水公司完全依靠用户以及资本市场来实现融资。供水行业利润非常低，股东只追求最低的回报率。

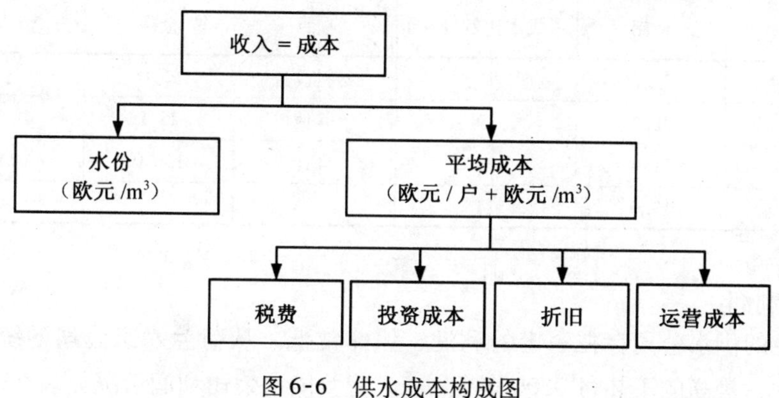

图6-6　供水成本构成图

（2）供水设施运营成本与费用构成

1）成本与费用构成

• 税费

这类成本主要包括与供水服务直接相关的税费，包括与环境相关的费用（如地下水开采税），管道损坏补偿（如租赁费）和增值税等。所有这些税费，大约占供水价格22%左右（包含自来水税、地下水税、省级地下水税、城市税等）。

• 投资成本

这里的投资成本主要包括贷款的还本付息（如利息），股东权益（如股息、红利）。

• 折旧

包括所有现有资产、无形资产（如声誉）、新投资的固定资产等都可以计提折旧。折旧可以根据历史的成本价格进行估计，并包含在成本中。

• 运营成本

与供水公司运营相关的成本，一般分为人员费用、第三方服务费、临时工作人员工资、材料费、原水购买费用。在确定每个流程的运营成本之前，一般要与其他供水公司作政策吻合度的比较。

表6-8、表6-9为WZHO供水公司1996年的收入和支出情况。

WZHO 供水公司 1996 年收入情况（百万荷兰盾） **表 6-8**

项目	金额	占成本比例（%）	项目	金额	占成本比例（%）
固定水费收入	26.2	17	其他收入	6.3	4
计量水费收入	131.1	84	合计	163.6	105

WZHO 供水公司 1996 年支出情况（百万荷兰盾） **表 6-9**

项目	金额	占成本比例（%）	项目	金额	占成本比例（%）
人员工资	25.7	17	材料设备	25.0	16
折旧	30.3	19	其他	25.1	16
利息	32.9	21	合计	156.0	100
税	17.0	11			

2）利润

荷兰的供水公司存在一定的利润，但非常低。从荷兰六家公司的统计来看，在水价中，最高的不超过 0.06 美元/m^3。荷兰供水公司利润情况如表 6-10 所示。

荷兰供水公司利润与价格比较 **表 6-10**

供水公司	WOB	WML	PWN	DZH	WLF	WBE
生产率（职工/1000 用户）	1.1	1.3	1.5	1.3	1.2	1.2
利润（美元/m^3）	0.03	0.18	0.06	0.06	0.06	0.18
价格（美元/m^3）	0.94	1.48	1.42	1.81	1.34	1.31

表 6-11 对荷兰 15 家供水公司 2000 年的单方供水成本进行了比较分析。

荷兰供水公司单方供水成本比较 **表 6-11**

供水公司	税	投资成本	折旧	运营成本	小计
WMO	0.16	0.19	0.21	0.56	1.12
PWN	0.05	0.21	0.33	0.85	1.44
WZHO	0.16	0.32	0.27	0.74	1.48
WMN	0.18	0.02	0.12	0.50	0.83
WMD	0.15	0.09	0.13	0.49	0.85
WOB	0.17	0.10	0.14	0.56	0.96
WG	0.16	0.03	0.18	0.69	1.06

续表

供水公司	税	投资成本	折旧	运营成本	小计
WML	0.16	0.38	0.19	0.57	1.30
WAPROG	0.17	-0.02	0.05	0.49	0.69
FDM	0.19	0.11	0.18	0.59	1.08
WLF	0.18	0.20	0.25	0.54	1.17
GWA	0.03	0.25	0.24	0.71	1.22
DZH	0.07	0.58	0.27	0.82	1.74
NUON	0.12	0.15	0.45	0.89	0.89
WNWB	0.22	0.14	0.43	0.95	0.95
平均	0.14	0.18	0.23	0.66	1.12

3）供水成本费用与用户数量的关系

图6-7表示了每户每年的供水成本和用户数量的相关性（假设只有一个供水公司，一个管网）。

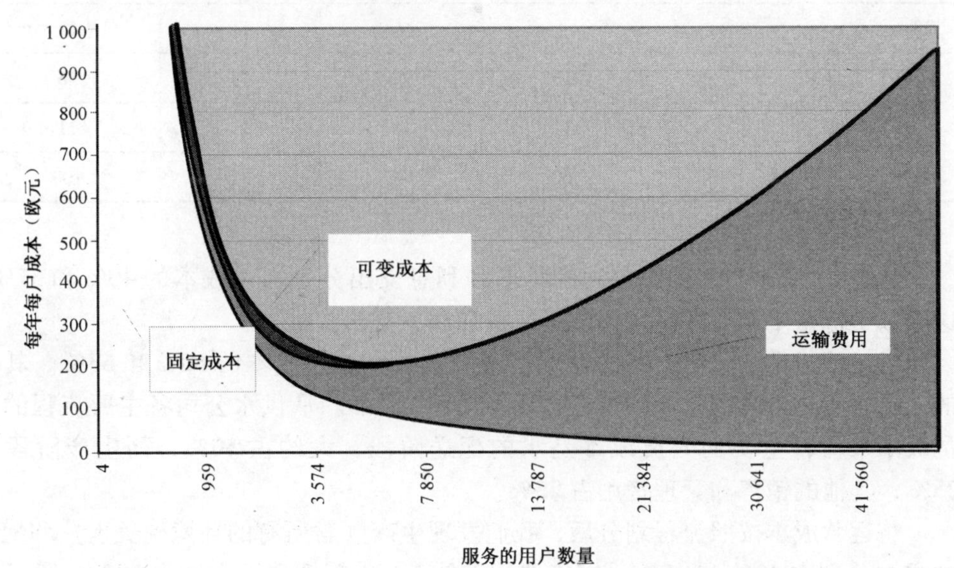

图6-7　每户每年的供水成本和用户数量的相关性

4）两个供水公司的财务管理状况比较

根据荷兰公司法的有关规定，供水公司每年都要出具审计单位的年度审计报告，这个报告应该包括损益表、资金平衡表和现金流量表。损益表包括了运营成本、折旧和利息支付等。以荷兰的弗里斯兰省（Friesland）供水公司和林堡省（Limburg）供水公司为例，这两家公司的相关数据详见表6-12。

荷兰弗里斯兰省供水公司和林堡省供水公司财务比较 表6-12

	弗里斯兰省供水公司		林堡省供水公司	
	百万美元	%	百万美元	%
收入				
（a）水费	57	90	100	94
（b）其他	6	10	6	6
小计	63	100	106	100
支出				
（a）运营成本				
人员费用	14	23	23	23
外购资源	9	15	15	15
地下水开采税	9	15	14	14
其他	4	7	11	11
（b）折旧	13	22	16	16
（c）利息	11	18	21	21
小计	60	100	100	100

从表6-12来看，两家公司的折旧和利息支出分别占总成本的40%和37%。这导致了价格中相对较高比例的折旧费和利息支出。

对运营成本细化后，我们发现运营成本分别占总成本的60%和63%。其中的人员费用是最高的，大约占运营成本总和的1/3。从供水公司各主要流程的人员成本来看，主要的人员成本是水的配送阶段，大约占50%，而生产阶段占25%，其他的销售和管理费用占25%。

将运营成本按照流程划分后，我们发现生产（含所有的环境税负担）和配送的成本分别占40%和45%，销售费用大约5%，管理费用大约为10%。除了政府征收的税费外，水的配送成本占的成本最高，大约为50%，而相比之下，生产阶段的成本大约为30%。

6.4.5 供水价格体系

（1）影响价格的主要因素

由于人民生活水平的提高和水质要求的提高，供水公司需要不断地更新现有供水设施，或者增加供水设施。同时，现有供水设施由于寿命周期的限制需要及时更新改造。所有这些投资都是阶段性的，不是持续的，但需要从基本保持稳定的水费中支出。

1）公司类型

主要与供水公司采取的饮用水生产的净化技术相关。地表水与地下水相比需要更好的净化技术。这也导致了税费、投资成本、折旧和运营成本的不同。

2）劳动生产率

一定数量的饮用水用户所对应的职工的人数和临时工人（每个职工的服务用户数量）是运营成本的重要部分。职工的生产效率影响公司的供水价格。

3）偿付能力

每个公司都有自己的股东，有自己的红利和股息分配政策，这也体现在了供水的投资成本和供水价格中。

4）单位管网的输水量

每公里管网输送的饮用水水量，也就是说用户的用水量也影响运营成本。

（2）水价账单分析

1）收费频率

荷兰水费收取一般每年4次，由各供水公司自己确定。如WOB的用户就是一年4次缴纳水费。前三次都以预付款的形式缴纳。到了年底根据实际结算的费用账单缴纳最后一次的水费。最后一次的水费根据前三次缴纳的预付款，以及本年该用户的实际水费的差额来确定。

2）账单的内容

每个水费账单都要包含实际的用水量、价格计算、平均用水量以及打印的付款的账单（要求自来水用户签字确认）。

3）案例分析

如某家庭年初用水量累计为136m^3，年底为252 m^3，使用量为116 m^3，根据该家庭所在供水公司提供的水价，计量价格为1.1141欧元/ m^3，该家庭本年的水费（计量部分）为129.24欧元。另外，该供水公司供水服务还需要用户支付容量水费，根据核定家庭的用水量，该家庭本年的容量水费为53.70欧元。因此，该家庭支付的水费为182.94欧元（不含税）。

在支付水费的同时，根据荷兰税收有关规定，居民用水需要缴纳水资源税。该家庭用水量为116m^3，需要支付水资源税为15.83欧元。

6.4.6 供水价格调整

（1）影响价格调整的主要因素

1）供水公司回收成本

供水公司在确定水价时会充分考虑回收全部的成本，包括每年基本相同的运营成本，以及过去、现在和将来的投资所需的还本付息费用。

2）人均可支配收入对价格调整的影响

对用户来说，要求供水公司的水价是合理的、公平的。向用户收取的水费应该基于实际的成本和费用支出。对价格的计算必须对用户透明，并且让用户清楚了解。价格的调整必须包含前景的预测。

（2）价格调整的程序

从国家层面来说，不干预水价制定的工作。目前参与水价制定的主要是供水设施的主管部门和地方政府。每年供水设施主管部门提供年度水价建议，提交公司股东批准。供水服务所在的省政府、市政府作为供水设施的股东对建议的水价进行表决。

以布拉班特省东部供水公司（公司简称 WOB）为例。在计算水价的时候，分别考虑小规模用户和大用户。对于需水量在 $6m^3/h$ 以下的确定为小规模用户（包含居民和商业）；第二类就是需水量超过 $6m^3/h$ 的大用户。其水价结构如表6-13所示：

WOB 公司水价结构 **表 6-13**

	小规模用户	大用户
容量价格	33 美元/（用户·年）	33 美元/（用户·年）
计量价格	0.53 美元/m^3	0.68 美元/m^3
超额费用	0	316 美元/（m^3·h）

对小规模用户，水价只要包含两个部分，每年的固定费用即容量价格，再加上计量价格。

对大用户来说，除了支付容量价格和计量价格外，还要支付超额用水的费用（按照每小时的用水量进行计算）。

荷兰供水价格 1990~1998 年增长趋势 **表 6-14**

类别	名义增长率	实际增长率
供水价格	73%	4.6%

从表 6-14 可以看出，水价看起来上涨不少，但扣除掉通货膨胀因素，实际增长并不高。

6.5 供水行业监管体系与方法

6.5.1 政府监管体系框架

荷兰供水行业的四级管理机构包括:

- 中央政府
- 省政府
- 地方政府
- 荷兰自来水厂协会(VEWIN)

(1)机构职能

供水行业中,政府的重要职能是协调和监管,并制定相应的政策,如限制对地下水的使用、使用地下水要收税等。中央政府主要负责全国范围内的主要水体管理,地下水由各个省负责,而地表水由水务委员会负责。省政府和水务委员会授权供水公司从地下水和地表水水体中取水,大型的需水用户经省政府许可后,可以直接从地下水中取水。具体的管理工作则由行业协会来完成。

VEWIN代表荷兰的供水行业,它要制定行业的规则和制度,并负责管理整个供水行业。它的一项重要工作就是做供水公司各个方面绩效的标杆管理(或称同行比较,Benchmarking)分析,并将比较情况及时向公众公开,采用的是完全透明化管理。

(2)监管程序

供水公司的监管体系框架如图6-8所示。由于供水公司的股东是政府,它代表了公众的利益,这就决定了供水公司不以盈利为目的。目前,荷兰有15家供水公司是公有私营的公有供水公司,按市场化原则运作,但公司的股份则属于地方政府(即市政府)和省政府,或者少数情况下还会出现中央政府代表机构也持有股份的情况。根据荷兰法律,供水公司的股票不能在市场上进行交易。

供水公司负责建设管网并生产、输送优质的自来水给用户,而有些工业企业等大型用户则自行取水、供水满足其正常运行的需要。政府每年委托专门的水质监测机构KIWA公司对供水公司水质进行1~2次的采样检测。如果用户对自来水的质量或服务不满,可以向政府或荷兰自来水厂协会进行投诉和抱怨。监管平台包括:

- 荷兰供水行业协会(VWN)——促进供水公司与正式或非正式团体间的交流;
- 荷兰自来水厂协会(VEWIN)——贯彻荷兰供水法令,促进荷兰供水的健康发展;

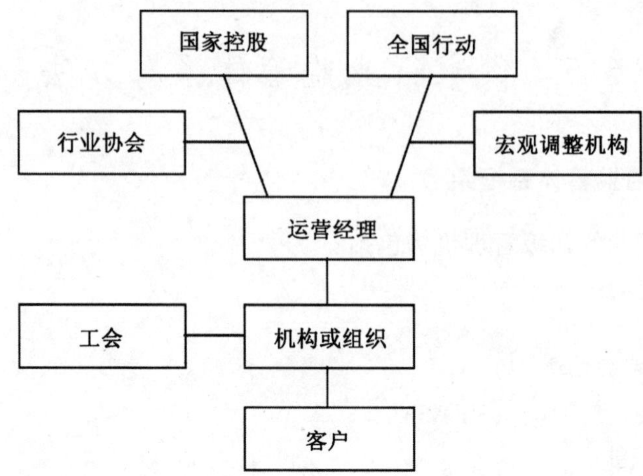

图6-8 供水的监管体系框架图

- 荷兰统计局——提供数据库；
- 荷兰企业协会——代表业主；
- 省级的水务委员会——负责土地利用规划法规；
- KIWA——是从 VEWIN 独立出来的科研机构，负责供水行业生产、处理的应用性科学研究与管理系统的质量认证；
- 荷兰住房、空间规划和环境部（VROM）——制定标准与政策。

6.5.2 对服务水平的要求

（1）供水水质

由于是政府控股，供水公司更多的是追求公共服务功能，公司要向客户提供完善的服务和优质的水，以保证客户的满意度和身体健康的要求。《公共供水法》（2000 年版）规定：公有的供水公司必须连续不断地向用户供应优质的水。供应的水质必须满足《饮用水水质法令》的 62 个指标和 47 个欧盟指标的标准要求。对供水进行综合质量监管，实施质量、安全和环境管理系统。由于是直饮水，因而要求对水要进行软化处理。

（2）供水水质保障

荷兰最大的供水公司——Vitens 公司利用信息管理系统对管道的老化情况进行监控，以便及时更换管道，从而保证良好的供水水质。供水公司每天 24 小时持续不断地监测从水厂各处理流程、输水管道和客户家里采来的水样，这样才能保证水质能达到气味、颜色、味道、硬度和卫生学所需的要求。VEWIN 也会将各供水公司的水质情况向用户公开，以保障供水公司的水质。

（3）居民的投诉

市政府要负责随时掌握供水公司的运营情况并了解公众的满意度。比如公众对供水公司的水质或服务质量不满意，就可以向市政府或向 VEWIN 投诉，市政府或 VEWIN 会立即处理问题，看公司是否按承诺办事。

6.5.3　供水行业绩效标杆管理（Benchmarking）

（1）供水行业标杆管理

1993 年供水行业非正式地开始实施标杆管理（又称同行比较），到 1997 年，供水行业标杆管理更加结构化和系统化。1997 年所有水务公司开始结构化的比较（不包括污水设施），每三年进行一次深度比较（供水水质、服务水平、环境影响、运营成本），每年仅对成本进行比较。供水行业标杆管理指标已经开发出 80 个子项。

（2）供水行业标杆管理实施情况

政府非常支持并积极引导这种同行业间的绩效比较行为。VEWIN 每年都要收集各供水公司的水质、服务、环境影响、资金和效率这四个方面的数据，这些数据是通过使用电子调查表、与各参与水厂的专家进行面谈以及电话调查得来的。数据收集完成后，每个供水公司的数据都要让各参评公司的董事会正式认可核准。荷兰的各供水公司都希望通过优质的服务及水质能获得 ISO 等资格认证，因为公司只有获得了相关资质才能在以后的激烈市场竞争中显出优势。标杆管理会促进各供水公司进一步提高服务水平和质量。

以 VEWIN 的一份 2000 年标杆管理报告来分析一下比较的内容及效果。参评对象由 15 个以地下水或地表水为水源的供水公司组成，几乎相当于荷兰整个供水行业的 90%，各公司的比较结果如图 6-9 所示。

标杆管理时选择的比较参数有以下四个：

1）供水水质

水质作为一个独立的评估参数，它的建立是基于《水法》规定的标准以及从供水公司检测的数据。图中所有公司的水质情况都要优于《水法》中规定的水质标准。

2）服务水平

即供水公司满足用户期望的程度，用户的满意度一般是通过电话调查得来的。用户对供水公司的满意度明显高于其他行业中用户对企业的满意度，有 60% 的供水公司专门为用户考虑而制定了更为严格的服务标准。荷兰供水公司还要阶段性地评估公司在为用户服务领域所作的成绩。

3）环境影响

作为一个独立评价因素，环境影响指数建立在最实用、最被广为接受和目前最可取的评价法——环境导向的全生命周期分析法之上的。以地表水作为原水的供水公司要使用和消耗更多的能量、辅助物质、化学品和过滤物质来洁净水，而以地下水作为原水的供水公司由于脱水会对环境造成影响。环境领域最重大的挑战就是用可持续的能量去生产和输送饮用水。

公司名称	水质指数（满分100）	服务评分（满分10）	环境影响指数	总成本（以欧元/入户管网计）	总成本（以欧元/m^3水量计）
Wgron	99.8	7.4	21.6	147	0.90
NUON-WF	98.0	7.5	20.8	196	1.23
WMD	99.9	7.6	13.5	165	1.06
WMO	99.5	7.8	28.8	199	1.27
Hydron-H	99.8	7.5	16.8	180	1.10
Wgeld	99.4	7.8	28.2	193	1.21
NUON-WG	99.8	7.4	16.1	166	1.01
Hydron-MN	98.6	7.6	24.0	152	1.01
GWA	99.8	7.5	25.7	198	1.30
PWN	96.4	7.7	38.3	241	1.59
WBE	86.9	7.6	22.0	228	1.17
DZH	97.8	7.5	23.6	229	1.78
WNWB	99.4	7.6	25.9	197	1.12
WOB	99.6	7.8	24.3	207	1.23
WML	99.7	7.7	25.5	221	1.44
平均得分	97.2	7.6	25.0	205	1.28

图6-9 供水行业的标杆管理（同行比较）

4）资金和效率

不同供水公司收费高低的差别可以用它们不同的成本来解释。成本比较在此被分成税、资本成本、折旧成本和运营成本四部分。

（3）标杆管理促进供水行业绩效改善和提高

四个比较参数中，最重要的应该是水质。通过2000年供水公司同行比较报告对水质情况的分析，如图6-10所示，可以看出2000年各供水公司的水质不仅好于1997年，更明显优于《水法》（如图6-10中Water Act一栏）要求的水质规定及VEWIN推荐的水质标准（如图6-10中VEWIN-recommendations一栏）。

荷兰的供水公司在二战后有250家之多，后来逐渐整合，公司数量锐减。目前荷兰的供水公司仍处在不断重新合并的过程中，只有提高自己公司的水平才能吸引更多公司注意，并且才能兼并更多的公司。供水行业的自律不是靠制定呆板的条文，而是依靠同行之间的相互竞争和比较来提高供水公司的服务水平。是否能让客户满意，是否能与国家的政策相吻合，是否有稳定的投资回报率，这些都是供水公司最关心的问题。随着欧盟成员国的增加，法国和德国等国的供水公司规模越来越大，欧盟未来的供水行业发展趋势难以预料，只有做好充分的准备，努力提高服务水平，减少环境污染，降低用户的水价，才能在供水行业占领更大的市场份额，否则就容易被淘汰出局。而充分的动力就源于"标杆管理"这种同行比较竞争机制。

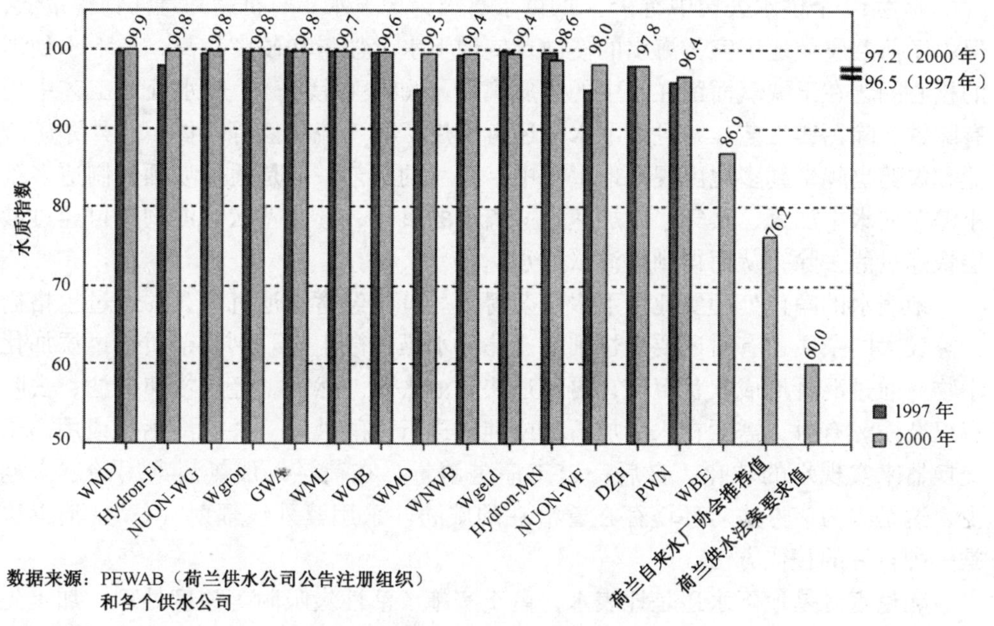

数据来源：PEWAB（荷兰供水公司公告注册组织）和各个供水公司

图6-10　各供水公司的水质评分图

标杆管理由行业自发组织，不是政府行为。每年由各水厂联合举办行业评比，这更有利于产生高质高效的服务。

6.5.4　供水行业标杆管理的效果

1997～2005年间，除服务和水质获得极大改善外，供水设施效率也提高了约13%。通过政府引导性的监管和协调，荷兰在市政设施建设方面取得了很好的成效。20世纪80年代到90年代间的政策实施是成功的。在这10年间，人均用水量下降10%，这与政府鼓励工业使用循环水、减少公共澡堂、建议家庭使用淋浴、提倡使用节水卫生器具是分不开的。政府支持各行业每年公布标杆管理的同行比较数据并定期或不定期检查其工作，在很大程度上激励了行业追求更高的服务质量，为公众提供更优质的服务。

6.6 供水技术应用与发展

6.6.1 主要供水技术

荷兰的水源一般都不能直接满足本国和欧洲饮用水标准，需要进行净化处理。地表水和地下水水质不同，所采用的净化工艺也不一样。

荷兰10个供水公司中有95%的供水水源为地下水，有机物和悬浮物含量低，但由于荷兰属低地国家，海水的侵蚀致使地下水含盐量和硬度偏高，地下水处理的核心问题在于缺氧而留在水中的金属离子（如铁和镁），一般水处理工艺中均有除铁、除钙镁工艺，并且地下水中还有甲烷、氨、硫化氢等气体。此外，硝酸盐和农药也越来越多地出现在地下水中。荷兰的工艺一般是通过喷洒和制造多级小瀑布向水中加氧、曝气，以加速这些离子的氧化，形成絮状沉淀物，再经过砂层快速过滤去除，从而得到清洁饮用水。

地表水的净化处理要比地下水复杂得多。首先经蓄水池沉淀，并通过粗格栅去除较大的杂质，有时还要通过细格栅滤除水藻等微生物。剩余杂质通过添加化学物质通过混凝形成絮状沉淀，再经过快滤池去除。然后，经过慢速砂滤，去除有机杂质。有时，需要在水中加石灰或纯碱进行去酸处理，并沉淀钙盐或用离子交换器来实现水的软化。最后一道工序是消毒。在荷兰，加氯消毒用的越来越少，这是因为该方法对环境存在着潜在的威胁。采用紫外线辐射（UV）消毒法是一种较好的替代方法。

无论水源是地下水还是地表水，由于实施了活性炭吸附等深度处理，加上先进的消毒系统，其整个净化过程自动化程度都很高。出厂水均为直接饮用水。

目前，荷兰还在探索新的净化技术，比如去硝酸盐技术、膜滤技术和先进的氧化技术。去硝酸盐技术目前还只有一个地下水抽水站采用。膜滤技术由于成本较高，尚处在试验阶段，没有被广泛应用，这种技术主要用来去除有机有害物质，此外还可用来降低钠和氯的含量并用于消毒。目前，已被广泛应用的一种最新的净化方法，就是采用活性炭过滤器吸附水中的杀虫剂等有害物质。

供水技术选择主要取决于原水水质，目前在荷兰广泛应用的技术主要有：

- 砂滤（主要去除悬浮物）；
- UV 处理（消毒）；
- 曝气（去除 Fe^{3+}）；
- 半透膜微滤技术；
- 水软化技术（去除 Ca^{2+}、Mg^{2+}）；
- 水质调节技术（加入化学物质以供特殊用途）。

6.6.2 供水设计的考虑因素与投资

饮用水管主要是为满足消防最小需求量而设计，当然有时候也不考虑消防用水量，而仅按生活和生产用水量进行设计。供水服务面积和服务人口是设计供水厂处理能力及其管网的基本参数。平均供水能力一般以最大日用水量作为标准，当然有时也考虑以最大时用水量作为标准。

供水水厂及管网的投资成本主要取决于原水水质和当地的地理条件。在很多情况下，经过曝气除铁后的地下水可以直接饮用。在荷兰，总投资的80%都用在给水管网的安装和维护上，其中只有20%用在处理设备和监测系统上。供水公司对于新用户收取200欧元的供水管网的接入费。

6.6.3 供水技术应用案例——荷兰 Vitens 水公司

2002年5月，通过合并重组，Vitens成为荷兰最大的水公司，设有工程技术部、财务部、资产管理部、材料部、检测实验室等部门，共有水厂85个。2002年，公司营业额3亿欧元，2003年达到3.5亿欧元，公司拥有供水管道4万km，160万用户，服务人口400万。2002年公司有员工1200人，水价1.41欧元/m^3（含税），年供水量达到2.6亿m^3。

该公司以地下水为水源，处理流程为：水源→深井泵房→超滤→曝气→过滤→活性炭吸附→消毒→清水池→水塔→用户。取水深度为20～160m，共有43口井供水。在使用超滤技术之前是采用砂滤池作为预过滤工艺，去除铁和颗粒物，当水质不好时才启动超滤和活性炭工艺。曝气主要是为了除铁，通过氧化生成三氧化二铁颗粒并以过滤方式去除。清水池容积为6000m^3。

荷兰Vitens公司是全世界供水水质最好的水公司之一，有非常严格的水质控制和检测措施，整个公司通过地理信息系统（GIS）对各个水厂进行动态管理，公司对各个环节，包括管网、处理单元过程以至用户水质的日常检测参数达数百个。公司每五年作一次投资计划，目前计划投资7000～8000万欧元，用于水质软化工程，以满足新的饮用水硬度标准。

6.7 供水管理的案例

6.7.1 Vitens 供水公司

（1）荷兰 Vitens 公司介绍

荷兰Vitens公司于2002年5月由荷兰弗里斯兰省（Friesland）Nuon供水公司、盖德兰省（Gelderland）供水公司（公司简称WG）、奥夫莱塞尔省（Overijssel）公有供水公司（公司简称 WMO）这三家小的供水公司合并而成，现共有 85 个水厂，1200 个员工。公司主要服务区域在弗里斯兰省、盖德兰省、奥夫莱塞尔省、荷兰东北部的围堰地区以及德伦特省（Drenthe）的几个城市，供水网络总长 4 万 km，连接了这几个地区的 160 多万户居民和公司，服务人口达 400 多万人，占荷兰供水市场的 22%。

同荷兰其他供水公司一样，Vitens 公司也是由省政府或市政府直接或间接所有。因此，公司在遵循最好的商业经营模式的同时，目标主要设定在发展社会公益事业。

荷兰 Vitens 公司有志于与荷兰的其他供水公司或国际上供水行业的知名公司进行竞争，以领导供水市场和设定市场发展方向为目标。同时，该公司也希望能与毗邻的其他供水公司进行合并，更加壮大自己。除供水市场之外，对 Vitens 公司而言，目前最重要的是进入污水处理领域，成为一个整合供水公司、地方政府（负责排污和污水收集）和区域性水务委员会（负责污水处理、水体管理）三方职能的综合“水链”（Water Chain）公司。

荷兰 Vitens 公司的组织结构如图 6-11 所示：

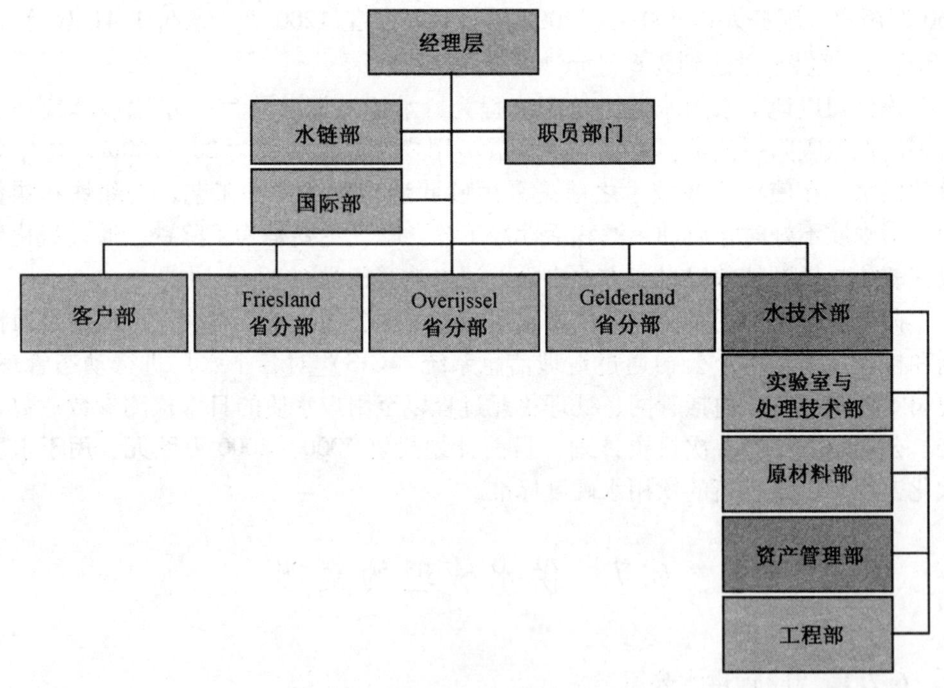

图 6-11 荷兰 Vitens 公司的组织结构

其中隶属于水技术部的资产管理部主要负责公司所有供水设施的建设、计划、维护和重置以及公司的新项目投资计划，它在供水设施项目管理方面的丰富经验带来了很多启示。

（2）战略管理

Vitens 公司在对荷兰和欧洲水行业发展趋势进行深入研究的基础上，提出了以下几个观点：

• 水公司合并的趋势将得到持续；

• 未来将形成综合的水链公司；

• 以顾客（价格和服务方面）和质量（产品的质量和确保不间断供应）为重心；

• 效率（通过标杆管理促进）和效率改善的持续性；

• 对社会负责的企业精神：加强对资源、垃圾和自然的管理；

• 节水行动（日常节水行为和使用节水设备）将成功地导向耗水量稳定且平缓下降。

基于对欧洲和荷兰水行业发展趋势的分析，Vitens 公司通过公司内部特殊的决策程序形成了公司未来的发展战略，即首先与荷兰境内毗邻的供水公司合并，进一步扩张；其次，重点放在整合污水处理行业，成为供水和污水处理一体化的水链公司；在成为荷兰水行业的领头羊之后进一步与欧洲市场上的知名公司进行竞争，抢占欧盟扩张后的市场份额。

在对发展战略进行决策时，Vitens 公司采用的是从上至下再由下往上的决策模式。首先董事会决定大的发展战略，即准备花多少钱，做什么事，达到什么样的质量要求。公司的各个部门再对大的战略进行细化，形成“便条策略”（Note Tactics，Vitens 公司用这个词是表示公司内部记录在便条纸上的分解细化了的战略），这些便条策略形成针对不同地区的多个商业投资计划，由公司的资产管理部进行落实，对完成这些战略需要购置哪些资产，做多少投资等进行预算。在资产管理部完成预算后，从上述多个商业投资计划中进行筛选，形成一个“概念性投资计划（Concept IP）”。公司的管理层将在“概念性投资计划”的基础上，形成公司最终的投资计划即一个五年期的总体投资计划，大约平均每年计划投资 8000 万~9000 万欧元，未来五年内 Vitens 公司的投资计划总额为 4 亿欧元。投资计划形成的过程如图 6-12：

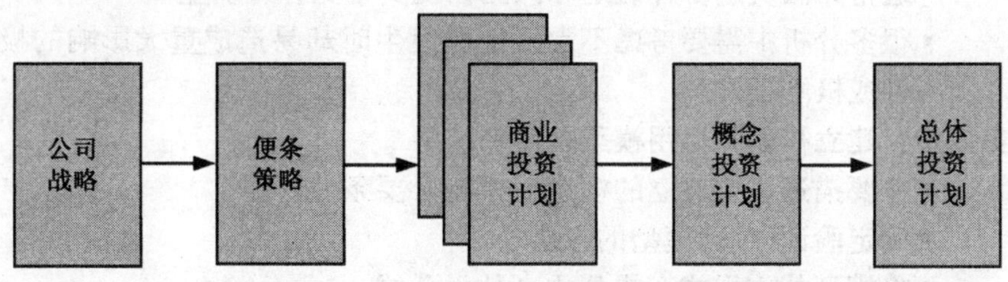

图 6-12　荷兰 Vitens 公司的投资计划形成过程

从上文描述的 Vitens 公司对开发新项目进行决策的过程中可以发现，它使用的方法和步骤正是 Findeisen 和 Quade 两人开发的适用于各种项目策划阶段的六步论。在项目策划阶段，由于需要确定项目的目标、项目需要解决的问题和项目总体的实施方案，可以依照六步论的步骤来分析项目目标并筛选项目方案。

第一步：找到问题

- 阐明问题的目标和障碍
- 识别决策者并分析其他潜在用户
- 确定有效的行动计划，即可选方案
- 对可能出现的各种结果进行预期
- 起草计划
- 确定系统的边界
- 选择需要重点解决的疑问
- 确定时间框架

第二步：对可选方案进行识别、设计和筛选

- 极大的可选方案范围，包括可从中得出或部分得出目标的所有方案
- 决策者可能直接提出可选方案
- 可选方案应是稳定可靠、无懈可击和灵活的，并对可选方案进行筛选
- 留下几个方案并对它们进行详细的分析

第三步：预测未来发展态势

- 系统分析主要涉及未执行的决定和未实施的方案，因此都是以未来为导向的
- 可以通过写下一系列假定或建立一个数学模型来进行预测
- 预测通常是基于过去和现在的数据、观察或测量结果以及对未来的假定进行的
- 运用定量模型进行预测通常不可行，那么写下主要的预测来源
- 预测技巧应适应已有数据的类型
- 假定的数目应为偶数以避免选择中间数
- 通常无法决定哪种假定和预测在现实中更容易发生
- 很多分析中需要考虑不常发生但发生时却易造成重大影响的极端事件或极端条件

第四步：建立模型并运用模型来预测结果

- 简要描述将要建立的模型（模型必要条件）
- 确定验证/校验模型的方法
- 将模型的方程式变成公式（数学公式）

• 选择分析工具
• 选择硬件和软件
• 建立程序（得到可操作模型）

第五步：对可选方案进行比较和排序

• 最易方法：重点放在可选方案的相同点和不同点上
• 对可选方案进行排序是可能的，但也比较困难，因为需要具体的标准
• 可以是环境标准、经济标准或其他标准
• “过度集中”即试图将过多的个体集中到一个指标中的行为将导致信息的丧失

第六步：沟通结果

• 提出结果
• 在系统分析的基础上可以提出下列两种类型的建议：
—基于（准定量）分析提出对政策的建议
—对开展下一步研究的建议

但是请注意：决定应由决策者作出!

在 Vitens 公司这个案例中，最后的发展战略和投资计划由董事会决定。

（3）资产管理

Vitens 公司的资产管理部处在一个十分重要的位置，不仅要在公司的策略和投资计划形成过程中起到至关重要的作用，同时还承担对水厂设施的建设和公司资产进行计划和管理。

在 Vitens 公司，资产管理设定的目标是在法律框架允许范围内，基于对公众健康风险和管理风险的防范以及对客户满意度的考虑，达到以最低成本管理资产的目的，并将投资回报作为再发展基金，促进公司的进一步发展壮大。由于资产管理涉及以上多个方面，资产管理人员需要从风险管理的观点出发，增进对固定资产维护和重新购置之间关系的认识。即：

• 尽量延长设备的生命周期；
• 尽量多的维护保养；
• 降低成本；
• 更好和更清楚明了的评估。

在开展良好的资产管理的基础上，资产管理部可以向股东们提供透明的成本信息，使股东能够清楚地了解到做出某项与资产有关决定的原因以及应该如何来执行这项决定。在公司内部也应形成对成本和风险的综合评估，时刻关注成本和可能的风险，尽可能地降低运营成本并防患于未然。

（4）成本管理

与资产管理同时也与项目的成功与否密切相关的是成本管理。Vitens 在进行资产管理时，对资产的维护和重置成本给予了充分的注意。对 Vitens 这么一个大规模的公司来说，成本管理不仅仅体现在资产管理方面，还体现在生产、运行和维护的各个方面。

成本管理最核心的问题即如何在法律法规允许和可能的范围内尽量降低成本。Vitens 公司非常重视降低成本，这一原则体现在公司的许多战略和具体做法中。如公司对固定资产的管理更重视平时的维护而非在设备使用到期时进行更换和重置，这种做法被证明对节省费用是更加有效的。此外，公司的水厂共有 85 个，分布在不同城市的不同区域，为节省人力资源成本、提高工作效率，全部水厂都实现了自动化控制，而每一个技术人员都同时负责同一区域几个水厂的管理和维护工作，通常一个技术人员会每天分几个时段去不同水厂进行维护和检修。通过全面应用自动化系统和人员流动管理，公司的 85 个水厂都得到了完备的维护管理，同时维护管理成本也降到了最低。

（5）质量管理

在荷兰，最普遍的质量管理方法是综合质量控制方法，即通过实施经过认证的质量、安全和环境管理系统，如 ISO9002 系统，达到全面综合控制质量的目的。

ISO9000 系列质量管理系统的八项质量管理原则：

原则 1：以顾客为中心

项目依存于其顾客。项目经理应理解顾客当前的和未来的需求，满足顾客要求并争取超越顾客期望。

原则 2：领导力

领导将本组织的宗旨、方向和内部环境统一起来，并创造使员工能够充分参与实现组织目标的环境。

原则 3：全员参与

各级人员是组织之本。只有他们的充分参与，才能使他们的才干为组织带来最大的收益。

原则 4：过程方法

将相关的资源和活动作为过程进行管理，可以更高效地得到期望的结果。

原则 5：管理的系统方法

针对设定的目标，识别、理解并管理一个由相互关连的过程所组成的体系，有助于提高组织的有效性和效率。ISO/DIS9000 列出了建立和实施质量管理体系的 13 个步骤（参见图 6-13）。

原则 6：持续改进

持续改进是组织的一个永恒的目标。

原则7：基于事实的决策方法

对数据和信息的逻辑分析或直觉判断是有效决策的基础。以事实为依据做决策，可防止决策失误。在对信息和资料做科学分析时，统计技术是最重要的工具之一。统计技术可以用来测量、分析和说明产品和过程的变异性。统计技术可以为持续改进的决策提供依据。

原则8：互利的供方关系

通过互利的关系，增强组织及其供方创造价值的能力。供方提供的产品将可能对组织向顾客提供满意的产品产生重要影响，因此，处理好与供方的关系，影响到组织能否持续稳定地提供顾客满意的产品。对供方不能只讲控制不讲合作互利，特别对关键供方，更要建立互利关系，这对该组织和供方双方都是有利的。

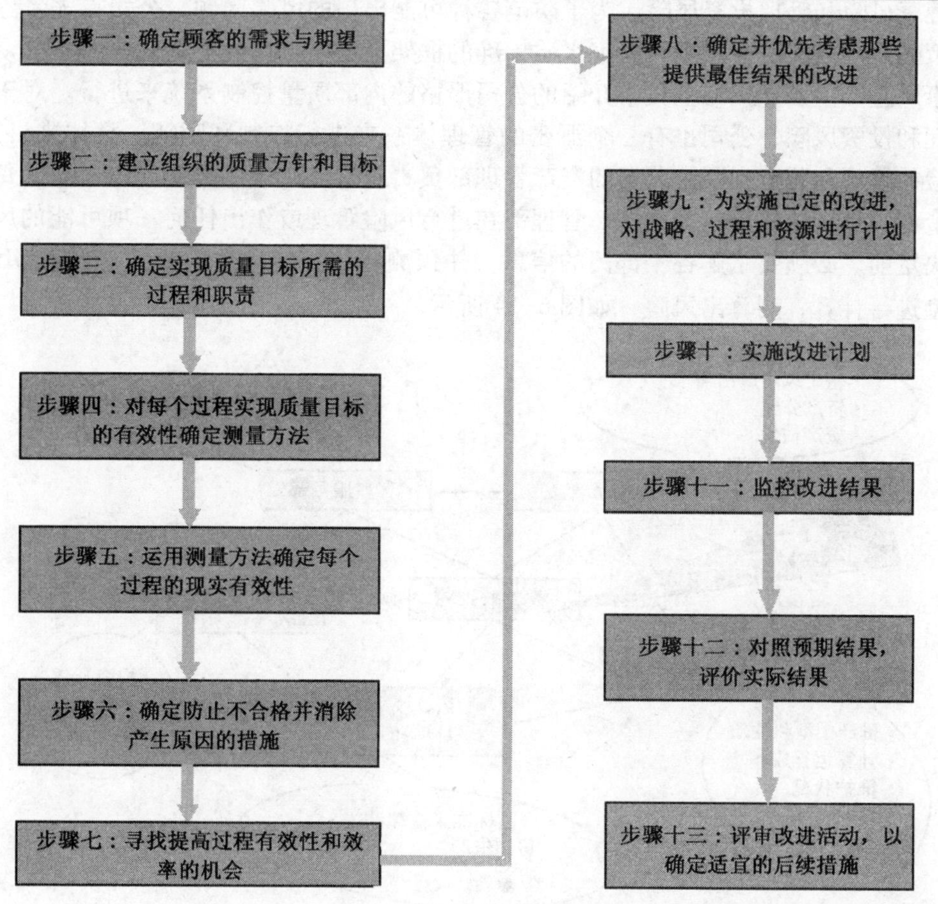

图6-13 ISO/DIS9000建立和实施质量管理体系的13个步骤

Vitens 公司同样也对质量管理提出了高要求。一方面，它通过日常的质量控制达到饮用水出水标准，领先于世界各国的要求，每天 Vitens 公司都会从供水链的各个环节中提取上千份水样在公认可信赖的鉴定实验室进行检验，这些水样可能来自从水源抽水的过程，也可能来自主管网，或者来自居民的家中。这种日常质量控制保证了公司出水水质能够完全达到对 288 种不同物质的标准要求，并保证水的色度、嗅和味指标以及对硬度和卫生指标的要求。通过与英法等几个大的供水公司进行标杆管理比较，可以发现 Vitens 公司的水价基本与它们持平，但水质却要高于这些国际知名公司。另一方面，由于该公司希望成为荷兰供水市场的龙头企业，它对生产的饮用水标准提出了更高的要求，并期待在 2008 年前实现所供应的饮用水全部为经过软化处理的水。

（6）风险管理

Vitens 公司作为一个服务于 400 多万人口的供水公司，它的主要风险在于公众健康风险和管理投资风险。为了防范各种可能出现的风险问题，公司首先考虑的策略是严格在法律法规和国家水质标准的框架下进行生产经营活动。对于公众健康风险，主要靠执行上文中介绍的公司严格的内部质量控制系统来进行。对于管理和投资风险，公司也有一个严密的管理体系来进行控制和防范。具体来讲，风险的管理和防范主要由公司的资产管理部负责进行。由于风险管理与公司的每一个部门都密切相关，因此资产管理部在进行风险管理或作出任何一项可能的风险决定前，必须要了解各个部门的信息，并预测各种可能发生的情况，利用 GIS 模型进行计算，测算出风险，如图 6-14 所示。

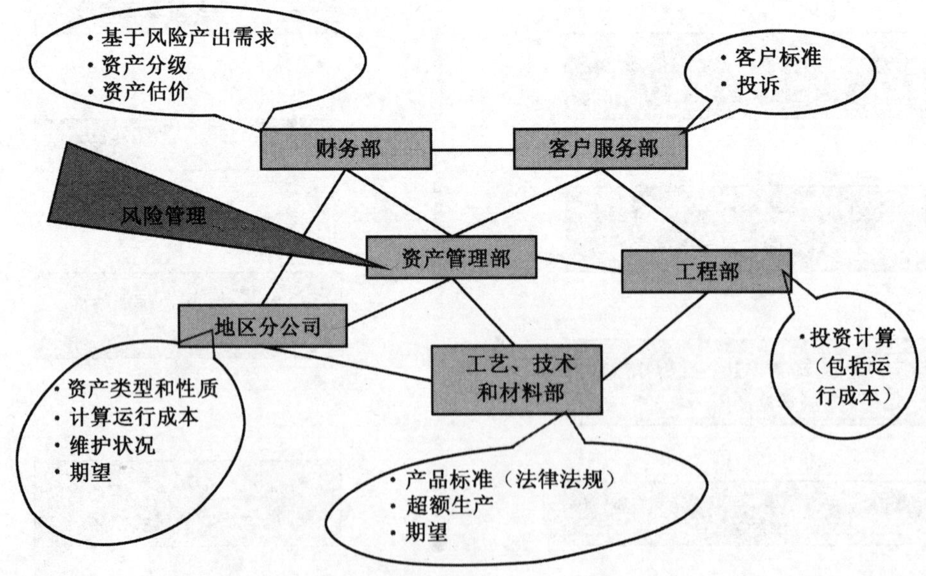

图 6-14 荷兰 Vitens 公司的风险管理

（7）客户管理

Vitens 公司设有一个专门的客户服务部门与公司的 400 万个客户开展联系并寄送账单。客服部工作人员通过电话和互联网与客户进行沟通，了解其需求或问题。客户也可通过电话和互联网向公司进行咨询或进行投诉，甚至也可通过电话或互联网来缴纳水费。

除此之外，Vitens 非常重视对客户满意度的管理。每年公司都会派出专门人员到客户住处进行调研，了解他们进一步的需求。在此基础上，公司还通过与同行进行标杆管理的类比，找出与其他公司的不同之处，这种类比评估手段也可间接得到客户信息。如有不足，公司可以及时加以改进，以达到使客户充分满意的目的。

（8）信息管理

在了解 Vitens 公司的信息管理模式之前，首先来了解一下公司的组织架构。公司最高管理机构为董事会，下设客户服务部、技术部、原料供应部、工程技术部、财务部等部门，其中资产管理部隶属于技术部，此外还在公司供水网络覆盖的三个省设有地区性机构。公司共有 85 个水厂，在荷兰的中西部、南部都有分布。分布在不同地域的如此众多的分支机构对公司信息管理和信息共享提出了高要求。

公司根据不断增长的管理信息要求，一直致力于信息管理的现代化和网络化。信息的储存由最初的纸张到计算机再到目前使用的 GIS 系统来管理整个公司，Vitens 公司的信息管理在荷兰水行业处于领先地位。公司还针对不同部门的不同信息管理需求，开发了不同的信息管理系统，包括财务管理系统、客户服务系统、技术系统、实验室信息系统和供水分配信息系统。不同部门的信息系统构成了网络和数据库，实现了部门间的信息共享。日常管理中由各部门分别管理各自的信息系统。公司的目标是通过互联网实现信息的全球共享。虽然信息化的过程中，花费了很高的成本来输入数据，但信息化的实现大大提高了公司的效率，对公司成为荷兰甚至欧洲市场的先导者将有很大的促进作用。

6.7.2　荷兰 WOB 供水公司

（1）概况

荷兰布拉班特省东部（Oost - Brabant）供水公司（公司简称 WOB）成立于 1936 年，2002 年与荷兰布拉班特省西部和北部（North - West Brabant）供水公司（公司简称 NWW）合并，现名为荷兰布拉班特省供水公司。但本案例研究仍主要反映合并前 WOB 的情况，因为 WOB 公司的特点是：它的服务区主要在农村地区，经济相对贫困。

19 世纪末，民营投资者主要在城市供水领域进行投资，而不愿意投资农村地区。1900～1925年间，供水系统多数在城市中心区。20世纪20年代之前，民营的供水系统被政府接管，以保证供水系统延伸至城市郊区、贫困地区甚至农村地区。1925～1950年间，农村地区自来水管网入户数出现大幅增长，公有有限公司的出现推动了这种增长，由于公有供水股份有限公司主要由政府建立和推动，因此可以把供水服务覆盖到农村地区。通过经济激励与经营许可制度，这种供水企业的组织架构更有利于政府移交供水系统的经营管理权。

布拉班特省东部地区过去及现在都是相对贫困、人口稀少，因此到20世纪30年代该地区大部分人口没能享受到统一的供水服务。1936年布拉班特省政府设立了荷兰布拉班特省东部供水公司（WOB），该公司的使命就是不断扩大供水服务的范围。WOB通过整合较小的市政管网并通过建立供水厂和输水管网系统逐步发展。WOB的股份由其服务区内的各市政府平均所有，各自治市持有的股票数量与它们的大小成比例。

供水系统的扩建中WOB获得了贷款支持，这些扩建以新的供水区域的预期收益为基础，且将预期收益通过公司与涉及的城市签署的供水购销合同方式获得担保，公司也与用水量大的农村工业签署类似合同。在20世纪60年代前，WOB在农村地区的70个城市已经增加了5万个供水管网入户数。20世纪70年代，中央政府鼓励供水行业并入省级供水公司，WOB是布拉班特省东部地区供水服务的合理选择。WOB在1985年扩大供水服务范围到25万个供水管网入户数，1997年超过55万个。在WOB与NWW合并成为布拉班特省供水公司后，该公司已经成为荷兰最大的三家供水公司之一。

尽管规模巨大，WOB仍然是一家区域性的供水公司，以面向农村客户而闻名。WOB供水量中较大部分都是出售给大中型（农业）用户，而且WOB的服务区相对来说人口稀少，每公里供水干管上管网入户数仅为43个，而荷兰平均水平是52个。

（2）收费

2000年，WOB收取的费用为平均每年每户209欧元（不含增值税）。每户缴费比例为：税15%、资本成本15%、折旧30%、运营费40%。在2002年合并后，WOB的资本成本与折旧方面出现了变化，导致上述比例发生变化，2003年的平均水费为185欧元/（户·年)，税占20%，资本成本占15%，折旧占15%，运营费为50%。

在确定水价时，WOB把大用户与小规模用户（主要是居民用户）区分开来。每个小规模用户支付的固定费用约为39欧元/年，计量水价约为1欧元/m^3；大用户支付的固定费用为120欧元/年，加上计量水价1.2欧元/m^3（以价格差异来平抑大用户的用水需求)。

WOB的用户每年交4次水费。前三次开出支付预付款的账单，最后一次在年底开出结算帐单，用以结算预付款与过去一年间实际款项的差额。每个账单都包括详细列明实际用水量、计量水价和平均用水量的表格以及需要用户签字的付款确认函。

WOB 的水费收缴率达到 99%，其中仅有 2% 的用户会拖延到收到账单 8 周后才支付。供水收费业绩良好还因为大约 80% 的用户允许供水公司自动从他们的银行账户划拨水费，仅有其余 20% 的用户采用随水费账单寄送款项划拨书的手工方式付款。每年平均有 100 个用户因不及时缴费而被停止供水（目前 WOB 公司总的供水管网入户数为 56 万个），大部分用户很快就会支付水费而重新恢复供水。

WOB 所有管网入户都要进行计量，所有账单都根据水表读数开出。WOB 遵循所有用户完全计量的方式，这保证了公司实现两个重要目标：一是实现全成本回收并减少水的浪费；二是保证自来水用户计费公平并发挥价格对用户消费模式的杠杆作用。为提高效率，一是水表读数实现了计算机化，使生产率提高了 20%；二是引入远程计量，通过电话指导用户自动传递水表数据，这样使管理效率更高并使用户感觉界面更友好。

新用户承担管道入户的所有费用，他们为每个水表支付固定金额 420 欧元，加上安装费与 14m 连接管的费用。如有其他额外费用，全部由新用户承担。在接入需要铺设新干管的农村地区政府会提供补贴，但最高补贴额为 7900 欧元/户。

第7章 荷兰排水与污水处理设施管理

7.1 概 述

荷兰的水资源管理已从中世纪到1800年的防洪阶段、1800～1950年的排水和供水阶段、1950～1985年的水质保护阶段，进入到1985年开始的第4个阶段——综合水资源管理和可持续发展阶段。20世纪70年代，荷兰水质管理的主要目标是：让水干净到适合人使用的程度。而如今，水管理当局已经将水当作生态系统的一个部分。因此，当今对水质管理的目标与途径变得更为广泛，但水质管理在很大程度上仍与减少水污染有关。

目前，荷兰已形成了先进的污水处理和循环再利用系统，污水处理率超过了90%。在4万km^2的国土面积上有400座以上的生活污水处理厂和近300座的工业废水处理厂。在处理厂内，所有入流污水经过分离、沉淀、净化等工序处理后排入北海或进入循环再利用，污泥则经发酵后用于产生沼气，供发电和取暖使用。

- 来自荷兰境内的污水已在水务委员会管辖下的450余座污水处理厂中进行集中妥善处理；
- 来自工农业和其他行业的污水通过排污许可证制度或其他立法的严格限制，直接排入水体的情况已大为减少。

通过上述措施已明显改善了地表水的水质。然而，对于各种面源污染还必须给予足够的重视。同时，河床底部污染与污染源头控制也是应该重点考虑的水质管理目标。

荷兰地表水具有自然净化400万人（目前总人口1610万）排出的污水量的能力。然而，早在19世纪这一自净容量便被突破。20世纪70年代末，《地表水污染法》开始生效。该法案禁止未经许可向地表水排放污染物和有害物质，工业废水向城市下水道排污也要有许可证。排放许可证制度对控制水体污染是一项最为有效的措施。各种相关立法措施对水务委员会兴建和扩建污水处理厂具有至关重要的推动力。

由于处理技术的不断改进，近年来荷兰污水处理能力几乎翻了一番。目前，410座污水处理厂处理着全荷兰90%以上的生活污水与工业废水。目前，荷兰污水处理发展趋势表现在以下几个方面：

（1）满足脱磷除氮需要。由于欧盟严格的排水标准出台，水务委员会必须新建或升级现有污水处理厂，以满足对氮、磷去除的需要。同时，水务委员会还要负责对污水处理过程中产生的剩余污泥进行焚烧、干化或堆肥处理，因为原本采用污泥作为肥料还田的传统方式因重金属、杀虫剂等产生二次污染已被禁止。

（2）农业径流污染控制。来自农业的径流污染属于面源污染，难以像生活污水那样在某一点收集后被处理排放，因此农业污染常常成为地表水富营养化中最难以消除的因素。另外，来自汽车、飞机的尾气，航运中泄漏的重金属和多环芳香族化合物也是难以消除的面源污染。降雨会将漂浮在大气中的许多污染物（如重金属等）带到地面形成面源污染。面源污染的消除虽然困难，但水务委员会也必须与其他政府部门一道，对此做出积极努力。

（3）河床清淤处置。在荷兰，很多河床底部已受到重金属和微量有机物（如多环芳香族化合物和杀虫剂）的污染。水务委员会目前正面临着在对河道、水沟等床底清淤的同时也一并清污的任务，这就需要对被挖出的淤泥进行妥善处理。按淤泥被污染的等级分类：1、2 类可直接堆积在堤岸两侧，3、4 类就必须进行除污处理或填埋。填埋需要大量空间，而淤泥除污处理又十分昂贵，对此，水务委员会不得不同省政府或中央政府合作，寻求妥善的处置办法。

（4）加强水污染源头控制。污水处理固然能在很大程度上消除污染，但水污染的源头控制也必不可少，否则常常会做无用功。目前，荷兰许多工业企业已改进了他们的生产工艺，以尽可能地避免有害物质进入废水并最终流入环境中。然而，全部工业都实现清洁生产还需要进行大量研究工作。对此，水务委员会和其他公共管理部门需要同工业企业以及农业生产单位一起探讨污染削减问题。为实现该目标，一些旨在合作解决环境问题的共同纲领已在许多涉及的工业企业及农业单位达成一致。居家生活也必须对污染源头控制做出应有的贡献，而不应只是一味地将所有污染物全都排入下水道。

7.2　排水与污水处理行业政策法规

荷兰颁布了一系列关于污水管理和控制的法律。1970 年《地表水污染法》是荷兰防止地表水污染的总法，进一步明确了对向地表水体排污的行为实行许可制度，根据污染者付费原则实行有偿排污，并规定了违法、违规的处罚办法。1982 年的《地下水法》规定了在国家监督下各省对地下水开采的主要责任，确定了地下水开采的注册、许可、上诉及对地下水开采征税的制度。1986 年的《土壤保护法》规定对土壤恶化和地下水污染进行控制，要求制定各省的地下水质控制规划。1989 年的《水管理法》规定，国家、省政府和水务委员会负责规划水资源的开发和治理，每 4 至 8 年要重新修订一次全国水管理政策文件，省政府和水务委员会也应制定相应的水管理措施。1992 年的《水务委员会法》明确了水务委员会的组成、管理机制、权限以及与地方政府和中央政府的关系。至此，荷兰形成了一个完整的水务管理与治理的法律体系，见表 7-1。

生活污水基本上都排入城市下水道，每个市政府对城市下水道拥有所有权，并对每家住户征收一定的排污费。水务委员会负责实施污水的处理，每家住户需缴纳一定的污水处理费，并对大型的排污单位规定了一定的排放标准，按“污染者付费”原则进行收费。

荷兰污水领域管理机构与职能 **表 7-1**

各级机构		职责
第一级	中央政府	• 框架行动规划与总的行政措施； • 战略性国家政策； • 可操作性政策以及北海与主要河流的管理； • 对省、水务委员会和市的总体监管
	住房、空间规划和环境部（VROM）	• 主要负责荷兰的总体环境政策的制定、规划与协调，包括污水相关法规及其环境影响评价，负责排污等规划
	交通、公共工程和水管理部	• 主要负责荷兰综合的水法规和政策的制定，以及对国有的水域和水资源进行规划和管理；负责国有地表水管理
第二级	省级政府	• 战略性地表水与地下水政策； • 可操作性地下水政策与管理（并负责荷兰两个省的地表水质管理）； • 对水务委员会与市政府的总体监管
第三级	水务委员会	• 地表水及地下水水量和水质管理； • 污水处理厂的规划、建设、运营和管理
	市政府	• 主要管理城市排水系统，并将收集到的污水送至水务委员会管理的污水处理厂进行处理

7.3 排水与污水处理行业管理模式

7.3.1 排水与污水的水链管理

在水链中，污水系统的管理包括：

• 用户或工业企业排放污水至排水管网；

• 市政府负责通过排水管网收集污水并输送至污水处理厂；

- 水务委员会负责污水处理厂的规划、建设、运营与管理，经处理达标的污水排放至水体。

图 7-1 为荷兰污水链管理框架

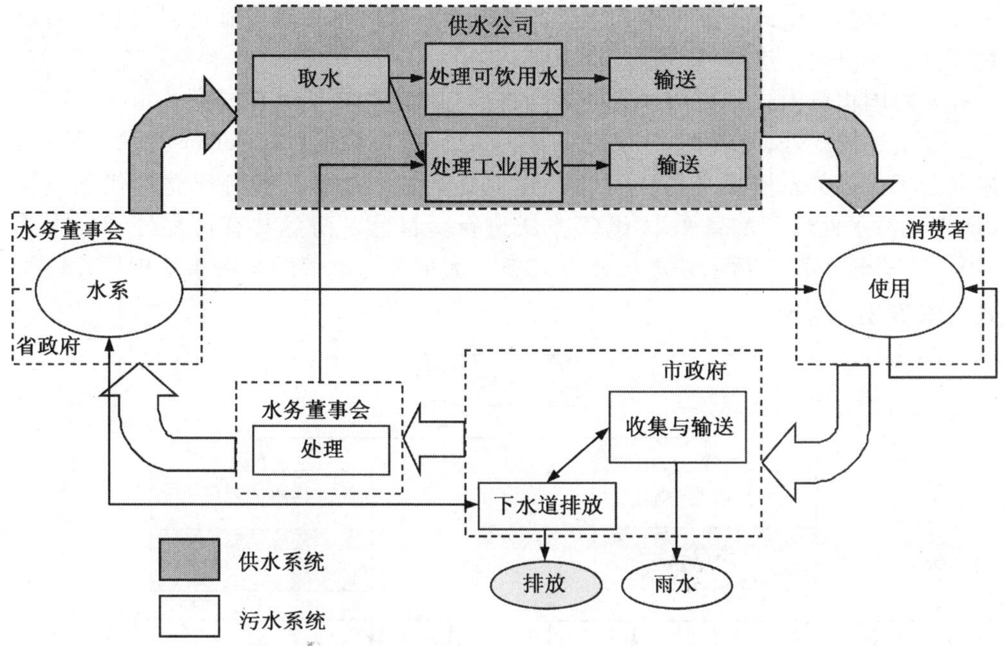

图 7-1　荷兰污水链管理框架

7.3.2　排水与污水行业管理模式

荷兰排水行业的管理分为两个部分：排水管网与污水处理厂。

（1）排水设施由市政府负责，包括：

- 市政府通过专门银行贷款对排水设施工程进行融资；
- 市政府负责对排水设施进行规划、设计、建设、运营与管理。

（2）污水处理设施由水务委员会负责，包括：

- 水务委员会通过专门银行贷款对污水处理设施建设进行项目融资、规划；
- 水务委员会通过公开招标方式委托咨询公司对污水设施进行设计、建设；
- 污水处理厂建成后，水务委员会负责运营与管理，并收取污水处理费。

（3）污水处理设施建设与管理的主要模式

由于污水处理设施属于资金密集型，投资成本很高，资金成本在整个运营费用中所占的比重很大。通常情况下，无论在投资还是运营阶段，大型污水处理设施的单位成本都要比小型污水处理设施便宜。

水务委员会用于污水处理设施的基建费用由利率、折旧年限和可能获得的补贴决定。巧妙的融资可以大幅度降低投资成本。荷兰2/3的水务委员会通常采取下述方式融资建设，可节省数百万欧元。

- 水域基金模式：此种模式下，水务委员会在污水处理设施建设过程中可以免交部分增值税，这样可节省投资10%左右；
- 跨国租赁模式：荷兰水务委员会将部分设施租赁给其他国家。

除上述模式外，在荷兰，仅有一家污水处理厂（Harnass Polder 污水处理厂）采取公私伙伴关系模式（PPP 模式）建成并运营。据悉，即将建立的代尔夫特（Delft）污水处理厂准备采取 BOT 方式进行。目前，荷兰共有污水处理厂大约450个，处理了荷兰污水处理总量的90%，大部分污水管网与污水处理厂建设模式见图7-2。

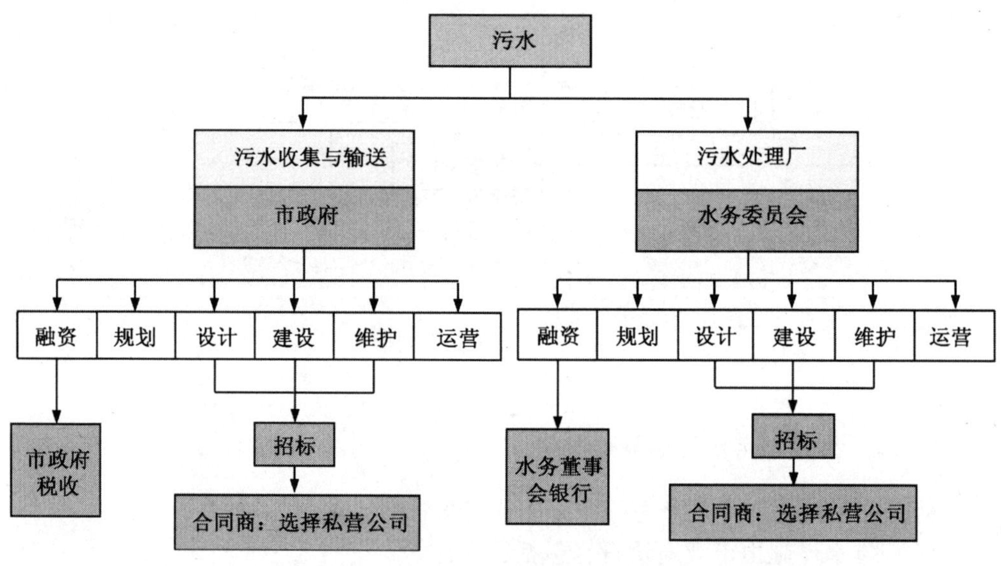

图7-2 荷兰污水管理主要模式

7.4 排水与污水处理投融资机制与收费体系

7.4.1 排水及污水处理收费政策

（1）有关价格与收费的法律、规章

欧盟及荷兰政府关于污水处理的相关法规和标准明确指出污水排放需要达到

二级处理标准。荷兰 1970 年颁布的《环境质量控制法》就已明确提出了“污染者付费”的原则。

（2）价格与收费政策

- 荷兰污水处理行业免征增值税等税费；
- 根据荷兰现行各市政府排水费征收方法，一般都根据管网投资与运营的成本以及服务人口来确定人均成本，并根据每户的人口数量核算每户每年的排水费用；
- 在污水处理成本增加的情况下带来的污水处理费的增加，具体的费用核算方法同排水费用。

（3）污水资源化的水价政策

根据污水资源化需求的不断增长，欧盟及荷兰政府对污水资源化的价格提出了相应的措施，以保证资源化的污水能够满足市场需要，能够为用户所接受。并促进小区内部、甚至住宅内部回用水在冲厕、洗车以及绿化等市政用水领域代替饮用水的使用。

7.4.2 排水与污水处理收费现状

排水及污水处理，主要是对排放的雨水、污水进行收集，并对污水进行处理所需的设施，包括雨水管网、污水管网设施和污水处理厂。荷兰的雨水和污水的收集设施主要由各市政府负责；而污水处理设施主要由水务委员会负责规划、建设和运营维护。随着中央政府和地方政府对污水排放标准法规的不断提高，以及社会对污水排放需求的不断增加，水务委员会将对污水处理设施进行持续的投资建设。

根据欧盟以及荷兰政府对污染者付费的有关要求，荷兰对污水排放进行收费。荷兰污水处理费包含了所有的污水（包括雨水）收集与运输、处理（欧盟要求实现二级处理标准）成本。2002 年荷兰污水处理收费总额达 11.82 亿欧元〔200 欧元/（户·年）〕，收费构成见图 7-3。

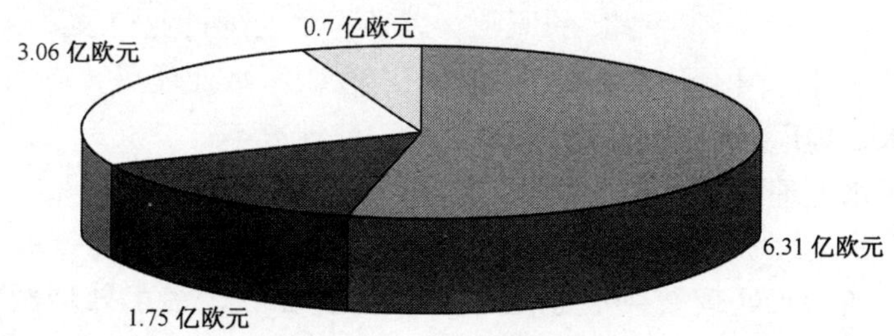

图 7-3　荷兰污水收费构成

污水处理费包括三个部分：

• 污水收集与输送。全部成本的17%用于污水的收集与输送。

• 污水处理。全部成本的55%用于污水处理。全部为生物处理，包括过滤、沉淀和活性污泥处理技术。

• 污泥处理。全部成本的28%用于污泥处理。污泥处理包括干化处理与按垃圾处置方式处理（焚烧或填埋）。

7.4.3 污水处理收费的特点

据统计，荷兰全国各地所有的水务委员会平均每年所需污水处理设施运转费用达20亿荷兰盾（约合12亿美元），这些资金部分来自水务委员会依法征收的“水利管理费”和“污染税”。水利管理费主要用于水量控制、水质管理和水道建设等方面，它主要面向普通居民征收，这些居民是水务委员会管辖范围内土地或财产的所有者或使用者，且征收的费用多少跟拥有土地或财产的数量成正比。谁拥有的土地面积越多，需要缴纳的费用就越多；谁的房子越贵，需要缴纳的费用也越多。荷兰的《地表水污染法》中规定：任何排放污水的人或单位都要按照“污染者付费”的原则缴纳税费。一般来说，普通家庭每年付的税费多在平均水平，单独居住的人比普通家庭付的钱要少一些，而那些大公司等单位付费最多，要根据他们排放污水量和排污物数量征收排污费。

另外，根据“污染者付费”的原则，向用户收取的污水处理费也是污水处理设施投资建设的重要资金来源。该部分资金来源是可靠的、稳定的。

由于污水处理费这种可靠的、稳定的资金收入，使得银行乐意将资金投资到这个低风险的行业，因此，银行贷款也是荷兰污水处理设施投资建设的重要资金来源（当然低风险意味着利息也要低于普通商业贷款）。

7.4.4 投资回收方式——收费

（1）荷兰城市排水及污水处理服务收费的特点：

• 根据“污染者付费”的原则，以及污水处理行业持续发展的需要，污水处理行业的管理部门——水务委员会向用户收取污水处理费，以回收全部的污水管网和污水处理厂的投资、污水收集成本、处理成本；

• 污水处理费随着污水处理成本和质量的提高而提高；

• 污水处理费由水务委员会收取。由于污水排放量和排放物的指标难以计量，荷兰的污水处理费按照家庭的人口数量征收，污水处理费不包含任何增值税、资源税等（在供水价格中包含）；

• 雨水处理费是指对收集的雨水进行排水的费用。由于难以统计，一般按家庭人口数量计算；

• 污水处理公司制定或调整的污水处理费、雨水处理费方案应得到市政府或水务委员会的批准（污水处理费需要得到作为主管部门的水务委员会的认可，雨水排放和污水收集费需要得到作为主管部门的市政府的批准）。

（2）排水费及污水处理费的制定与调整

• 污水收集费和雨水费

各地市政府从当地实际出发，根据地区的发展规划及地区供水需求的发展趋势，提出污水收集设施和雨水收集设施的投资与更新计划，根据投资计划核算投资成本；并根据制定的投资计划以及运营成本确定污水收集费和雨水收集费的征收标准。

• 污水处理费

水务委员会从行业发展战略出发，根据地区的发展规划及地区供水需求的发展趋势，提出污水处理设施的投资与更新计划，并根据投资计划核算污水处理厂的投资成本；水务委员会根据制定的投资计划以及运营成本确定污水处理费征收标准；污水处理费包含基本确定的投资成本，以及根据污水排放量确定的运营成本；污水处理费由水务委员会制定与调整，不需再得到地方政府的批准；对于股东来说，要求财务部门提供透明的财务数据，包括投资成本、风险等。

荷兰污水收费的对象和标准见表7-2。

荷兰污水收费的对象和标准　　**表7-2**

收　费　对　象	收费标准（欧元）
居民（每户）	39.92
房产主（每2268欧元房产价值为单位）	0.67
土地主（每公顷）	62.02
污染费（每个污染当量）	53.76

（3）污水收费方案

对污水而言，一般通过单位费用乘以排放污染物负荷来计算所需征收的排污费。其中的污染物一般用耗氧指标和重金属含量来计算。

• 不大于5个污染当量（p.e.）的家庭和商业排污费

一般而言，一个家庭排污费为3个污染当量，若一个家庭只有一个人，则其降为1个污染当量。这些费用由水务委员会收取。荷兰政府一年收取的家庭和商业排污费不超过45欧元（占人均纯收入的0.2%）。

• 5~1000个污染当量的工业用户的排污费

这些用户排污费的计算通过收费标准乘以污染程度系数来确定。这些费用由水务委员会收取。

• 超过1000个污染当量的工业用户和污水处理厂的排污费

有机物排放量超过1000个污染当量的工业用户必须比较精确地计算其污染物排放量，并将其折算为应收的排污费。污水处理厂的尾水排放也必须向有关部门缴纳一定的费用。

在排污收费系统中，主要考虑的污染指标包括：BOD和COD、凯氏氮、重金属（Hg、Ca、As、Cu、Zn、Ni等）和EOX（可萃取有机卤化物）。

7.4.5　污水处理设施建设与运营成本

荷兰在对污水处理的巨额投资上采取了很好的收费政策，即使用者支付或污染者支付的原则。

在荷兰，市场机制在污水处理中应用得非常成功。除一些重大水工程，建设资金由中央政府财政支付、省政府分配外，其他的水控制、供应和污水处理的管理运行及设备维护所需的全部费用完全由向水使用者征收的费用来确保，并做到略有赢余。荷兰每年的水管理成本，其中大约28%来自居民，12%来自工业，12%来自农业，38%来自中央政府补助，10%由社会其他部门支付（如服务部门、商业和交通行业等）。

7.4.6　污水处理设施运营成本与费用构成

（1）税费

这类成本主要包括与雨水收集、污水收集或处理服务直接相关的税费，包括与环境相关的费用、管道损坏补偿等。

（2）投资成本

这里的投资成本主要包括贷款的还本付息（如利息），股东权益（如股息、红利）。

（3）折旧

包括所有现有资产、无形资产（如声誉）、新投资的固定资产等都可以计折旧。折旧可以根据历史的成本价格进行估计，并包含在成本中。

（4）运营成本

与雨水收集、污水收集、污水处理设施运营相关的成本，一般分为人员费用、第三方服务费、临时工作人员工资、材料费等。在确定每个流程的运营成本之前，一般要与其他同行进行政策吻合度的比较，见表7-3。

荷兰全国平均供水、雨水收集与污水收集、污水处理成本　　**表7-3**

行业	每户年费用（欧元）	国家总费用（欧元）	增长幅度（%）
供　水	150	15亿	0
排　水	100	10亿	6

续表

行业	每户年费用（欧元）	国家总费用（欧元）	增长幅度（%）
污水处理	125	11亿	2~3

注：1. 按照每户平均2.4个人计算；通货膨胀率大约为2%~3%；根据核算，以上三部分支出大约占荷兰人均收入的2%；

2. 人均排污费=排水管网投资与运营年均费用/服务总人数；

3. 户均排污费=人均排污费×用户家庭人数；

4. 人均污水处理费=污水处理总费用/服务总人数；

5. 户均污水处理费=人均污水处理费×用户家庭人数。

7.4.7　影响排水及污水处理费征收标准的主要因素

（1）污水处理的深度

根据国家有关要求，为了保证处理后的污水达到国家或地区的污水排放标准，需要采取相关处理技术。不同地区的污水成分不同，相应的处理技术也有很大区别。这也导致了污水处理设施投资建设相应与运营投资的不同。从而使得污水处理费中的税费、投资成本、折旧和运营成本有所不同。

（2）劳动生产率

在处理技术和处理规模不变的情况下，处理一定数量的污水（或者服务一定数量用户）所对应的职工的人数和临时工人（每个职工的服务用户数量）是运营成本的重要部分。职工的生产效率影响公司的污水处理费。

（3）偿付能力

每个公司都有自己的股东，有自己的红利和股息分配政策，这也体现在污水处理设施的投资成本和污水处理费中。另外，公司为实施投资计划而向银行借款，需要支付相应的利息，这也是污水处理费中投资成本的组成部分。

（4）单位管网的污水收集量

每公里管网收集的污水水量，也就是说相同设施所服务的污水排放量也影响运营成本。如果污水处理能力很高，而服务区内的污水排放量和收集量很小，则浪费相当的处理能力，直接增加了投资成本和运营成本。

（5）服务对象

在荷兰，政府确定的低收入人群（或者说是弱势群体），可以减免雨水、污水收集费和污水处理费。

7.4.8　污水处理费账单分析

（1）收费频率

与水费收缴一起，污水处理费在水费收缴的同时每年4次缴纳。一般前三次都以预付款的形式缴纳。到了年底根据实际的账单缴纳最后一次的污水处理费。最后一次的污水处理费根据前三次缴纳的预付款，以及本年该用户的实际污水处理费的差额来确定。

（2）账单的内容

雨水和污水收集费用由市政府收取，是独立的账单。根据每户家庭人数，根据市政府确定的人均雨水和污水收集费用进行收费。

污水处理费用由水务委员会收取，也是独立的账单。与雨水、污水收集费用类似，也是按照每户家庭人数，根据水务委员会确定污水处理费征收标准进行收费，见图 7-4。

每个水费账单都要是打印的付款的账单（要求用户签字确认）。

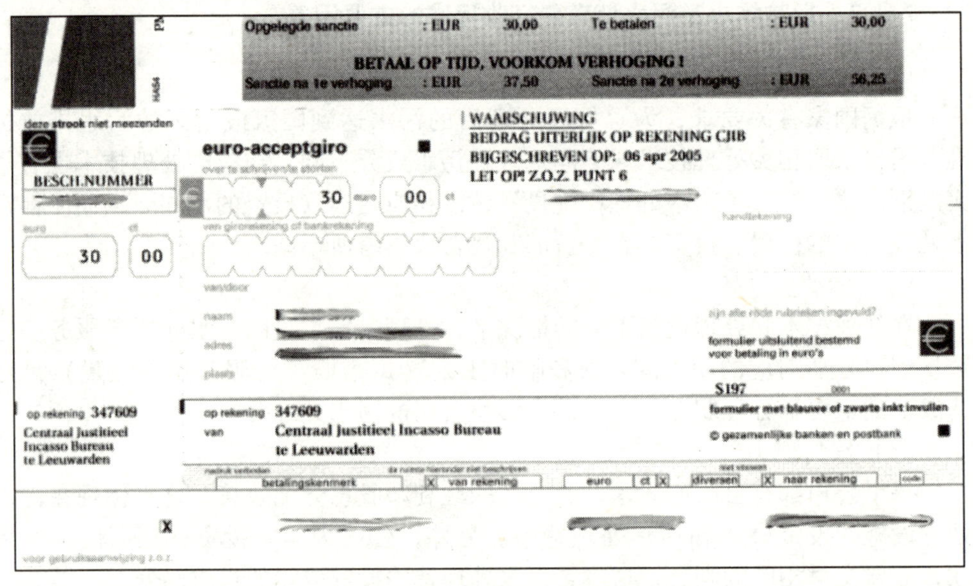

Opgelegde sanctie : EUR 30,00 Te betalen : EUR 30,00

BETAAL OP TIJD, VOORKOM VERHOGING !

Sanctie na 1e verhoging : EUR 37,50 Sanctie na 2e verhoging : EUR 56,25

deze strook niet meezenden

BESCH.NUMMER

euro 30 ct 00

euro-acceptgiro

over te schrijven/te storten 30 euro 00 ct

van girorekening of bankrekening

van/door

naam

adres

plaats

WAARSCHUWING
BEDRAG UITERLIJK OP REKENING CJIB
BIJGESCHREVEN OP: 06 apr 2005
LET OP! Z.O.Z. PUNT 6

handtekening

zijn alle rode rubrieken ingevuld?

formulier uitsluitend bestemd voor betaling in euro's

S197

formulier met blauwe of zwarte inkt invullen

© gezamenlijke banken en postbank

op rekening 347609
Centraal Justitieel Incasso Bureau
te Leeuwarden

op rekening 347609
van Centraal Justitieel Incasso Bureau te Leeuwarden

betalingskenmerk | X | van rekening | euro | ct | X | diversen | X | naar rekening | code

X

voor gebruiksaanwijzing z.o.z.

图 7-4 荷兰污水处理费账单

（3）例子

还是以上述家庭为例，根据账单来看，假设该家庭的人数为 2，该家庭在该年度支付的污水处理费为 175.17 欧元。在支付污水处理费的同时，根据该用户所在代尔夫特市的有关规定，居民用水需要缴纳污水质量管理费 33.37 欧元。

另外，每个用户需要支付雨水和污水收集费，根据市政府确定的单价，该用户需要缴纳雨水费 58 欧元。

7.4.9 影响价格调整的主要因素

（1）污水处理厂的全成本回收

污水（雨水）收集、污水处理设施对污水处理服务进行定价的时候将充分考虑回收全部的成本。包括每年基本相同的运营成本，以及过去、现在和将来的投资所需的还本付息。

（2）人均可支配收入对价格调整的影响

由于用户不可能选择污水处理设施，因此，对用户来说，只能要求污水处理厂提出的污水处理费是合理的、公平的。向用户收取的污水处理费应该基于实际的成本和费用支出。价格的计算必须对用户透明，并且让用户清楚了解。价格的调整必须包含前景的预测。

同时，对于政府确定的低收入人群（弱势群体），可以减免雨水、污水收集和污水处理费。但这些人群必须是政府认可的人群。因为，政府要将这部分弱势群体的费用追加到第二年能够承受费用的人群身上。

7.4.10　价格调整的程序

对国家层面来说，不干预污水处理费的制定工作。

目前参与污水处理费制定的主要是污水处理设施的管理部门（即水务委员会）和地方政府。每年水务委员会提出年度污水处理费建议，提交服务区各市政府在该水务委员会中的委员的批准后即可执行，无须再经政府主管部门审批。

目前参与污水收集、雨水收集的是当地市政府。市政府会征收排污费并用于管网的建设和维护。该部分费用标准由各个市政府确定，但受全国不同地区的标杆管理比较结果约束。一旦某个城市的费用征收过高，将会面临用户抱怨，甚至会有起诉的危险。

7.5　排水与污水处理行业监管体系与方法

7.5.1　政府监管体系框架

水务委员会（Waterboards）以一种独特组织管理形式与三级政府平行存在，见图 7-5。

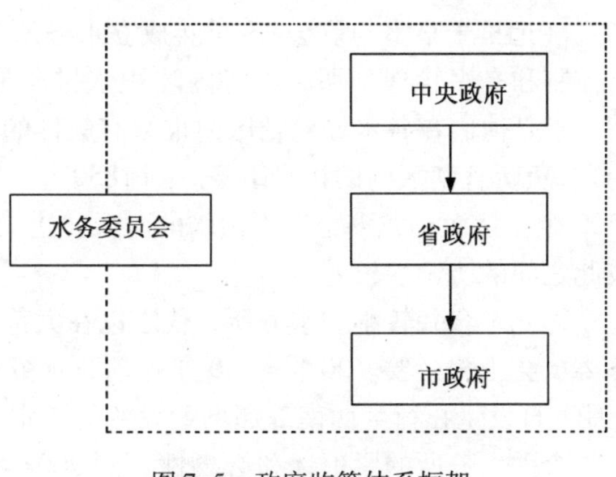

图 7-5　政府监管体系框架

7.5.2　排水与污水处理设施管理机构与职能

（1）中央政府和省政府

在污水方面，中央与省政府决定大部分政策内容。荷兰交通、公共工程与水管理部负责水管理的立法。中央政府签署有关水的国家政策；省政府有权设立和废除水务委员会，确定其从事工作的范围、区域，决定其管理机构组成与人员选举办法。省政府也负责监督水务委员会的工作与财政收支情况。除监督水务委员会的工作外，省政府还制定区域性水政策。

（2）城市政府

2005 年，荷兰共有 483 个市政府，比 1950 年的 1015 个减少了 47.5%。荷兰的《环境质量法》规定：排水管网是市政府的责任，即市政府负责当地排水管网的建设、维护，并收集、输送污水到污水处理厂。市政府还有权合并缺乏污水收集、运输能力的小城市的排水管网。

（3）水务委员会

1）水务委员会职能

荷兰的水务委员会主要负责进行污水处理的管理工作，它与政党无关，该组织的委员是从所代表的民众、业主和地主中直接选举产生的。它在政治上是属于国家化的非赢利专门管理机构。类似于地方政府，水务委员会也具有非集中式的组织形式，它与政府部门的区别就在于各自职能范围不同。政府部门负责一般性的事务，如教育、文化、环境、城市规划等，是综合性管理组织，而水务委员会的任务就是管理辖区内的水，实际上是专业性管理组织。按荷兰宪法与水权协定规定，水务委员会只是分管地方与区域性的水管理工作；中央政府（荷兰交通、公共工程与水管理部）则负责全国范围的水管理工作。水务委员会有权制定居民应遵守的法规及水务委员会征税办法。水务委员会的管理人员属于国家公务员。

2）水务委员会的发展历程——不断合并的过程

历史上，荷兰人为了治水，在中世纪（约 13 世纪）便在小范围的水域管辖区的基础上自发形成了管水的合作组织——水务所，这便是荷兰最早的民主管理形式（远早于皇室与议会）。早年成立水务所是为了对各个水域管辖区内的水进行控制和有序管理。那时，将内陆积水排向外海是每一位荷兰人都感兴趣的事情，于是他们在各水域管辖区内推举有威信的地主或业主组成管理委员会（管委会），负责管辖区内的排水事务。到 1850 年，全荷兰合作形式的水务所已发展到 3500 个。然而，龙多也有不治水的时候，主要表现在各个水域管辖区各自为政，彼此之间的协调性较差。

因此，合并较小的水务所，代之以在大范围水域管辖区内组建较大规模的水务委员会十分必要。20 世纪 50 年代前，水务委员会已被合并为 250 个。1953 年 2 月 1 日发生在荷兰西南部那场毁灭性的海水入侵灾害，使荷兰人充分意识到进一步合并水务所的紧迫性和必要性。到 2003 年 1 月，原有众多的水务委员会已被逐渐合并为 48 个，员工约 9000 人。2005 年水务委员会合并到只有 37 个，只有 1950 年的 1.5%，员工约 8000 名。

3）水务委员会的组织机构与选举办法

水务委员会具有民主选举的管理机构，包括管委会、行政管理会和堤坝水督（沿用古老称谓）三级管理体系。管理机构由对水务委员会事务感兴趣的各方代表组成。参与者感兴趣的程度决定他们对水务管理所需财力贡献的大小，因此也就决定了他们的参与程度（席位数）。水务委员会法规定，感兴趣者可以向管理机构推荐候选人及参与人数。居民、地主、业主等方面的代表由民选直接选进管委会，工业排污者（企业主）由当地商会选进管委会。各方代表在管理机构中的席位数由省一级政府事先确定，所以选举结果可直接显示拥有席位的个人，见图 7-6。对水质控制方面的席位也应留给其他一些感兴趣的参与方，如环境保护部门。管委会（约 30 席）由水务委员会管辖区内民众每 4 年选举产生一次；行政管理会（约 5 席）从管委会中产生；而堤坝水督由中央政府直接任命，任期 6 年。民众投票（一般通过信函或电话方式进行）选举的方式不是针对某一个政党，而是直接面对参与方的个人。水务委员会的管理机构由技术服务与管理服务共同支持。这些服务的范围及任务由各个水务委员会的任务、管辖区域的大小以及管理现状决定。

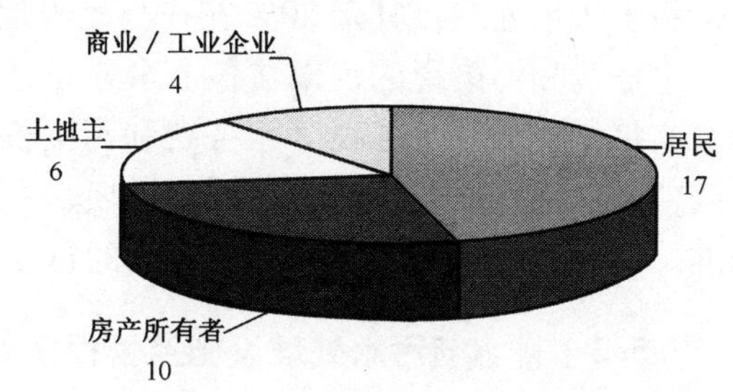

图 7-6　水务委员会的代表构成

4）水务委员会的经费来源

水务委员会各项活动均需要一定的开支。荷兰所有水务委员会 2002 年的财政预算总和为 26 亿欧元，其中，73% 用作运行管理费用（其中又有 60% 用于包括污水处理在内的水质管理），27% 用于投资（兴建基础设施）。水务委员会的财政收入来自于对相关企业和个人所征收的两项税收：水务费和污染税。两项费/税的收入可以涵盖水务委员会各项工作总费用的 95%，剩余 5% 的费用由中央和地方财政补助。

水务费被用于征收地区的排水、水量保持、道路与水路的修建与维护。这项税收可根据水务委员会权限，向居民或财产与土地拥有者征收。对土地拥有者的征收额度依土地多寡而定，即拥有较多土地的人需付较多的水务费。这个原则同样也适用于房产业主，拥有较多房产的人需缴付较多的水务费。总之，对水务工作关心的程度决定着各自的税率。平均而言，1 个家庭本身每年需缴纳 30 欧元水务费，并为其私宅每年缴纳 44 欧元水务费；农民为其每公顷土地每年需缴纳 65 欧元水务费。

水质管理的费用则从污染税中支出。污染税依据污染当量（p. e.）进行征收，1个污染当量相当于1个人每年的污水排放量。2002年，1个污染当量的污染税平均为48欧元（各水务委员会税率在40～62欧元之间），1个家庭按3个污染当量计算，即144欧元。企业则按它们排出污水的量和成分交税。污染税的80%用于污水处理，其余20%花在与改善地表水有关的项目中。

水务费和污染税的税率在各个水务局是不一样的。一般来说，一个拥有私宅的家庭每年要缴纳水务税（水务费和污染税之和）约240欧元。税率每年都会有所调整，一些特殊的措施，如加固堤坝、去除氮磷、处置污泥等，都会提高征收标准。另外，未来新的水政策所采取的行动也必然会增加污染税。

7.5.3 排水与污水处理设施监管程序

（1）排水管网

市政府的基础设施环境局（Department of Infrastructure Environment）负责排水管网的建设、维护和运行管理，并将收集到的污水送到污水处理厂。具体的咨询、规划、设计和建设工作由市政府委托招标公司进行公开的招投标，中标的公司将按市场化原则来运作。欧盟对此有相应的规定，要求政府必须按招投标程序来选择排水管道公司。荷兰住房、空间规划和环境部（VROM）代表中央政府对市政府的工作进行监督。荷兰的老城区还存在一些合流制污水系统，但中央政府正逐步取消合流制而要求建分流制系统。荷兰的一些小城市没有能力维护和更新旧管道，因而达不到环保要求，VROM要求提高8%的收费率来改善现状。根据荷兰《水污染控制法》（1970年）的制污者付费的规定，各级政府在污水方面没有任何补贴，所有费用都由制污者承担。对于大型的排污单位，对其规定了一定的排放标准，也按“谁排污谁付费原则”进行收费。排污收费系统的建立对家庭和工业排污起到了一定的控制作用。

（2）污水处理

水务委员会负责污水处理的管理工作，对排入城市污水管道的工业废水有标准要求。水务委员会有两重性，它既是负责污水处理厂建设的执行部门，也是负责发放排污许可证的监督部门。水务委员会既有政府职能又有污水处理厂的运营管理职能，由于水务委员会既是管理者又是执行者，这使得它有时候效率低下，且政务不透明。这种模式是欧盟不提倡的。

7.5.4 对服务水平的要求

（1）污水厂的出水达标要求

水务委员会按排放许可证制度严格控制污水排放，特别是对容易污染的河流和土壤的指标。欧盟对一些重要指标的规定见表7-4：

欧盟污水处理厂排放标准　表 7-4

处理程度 / 指标浓度(mg·L)	一级处理	二级处理	三级处理	四级处理（2015 年）
TSS	<20	—	—	<10
BOD	—	<20	—	<10
N	—	—	<10	<10
P	—	—	<1	<0.1

（2）污水处理程度

政府要求，荷兰的污水处理至少采用二级处理，有些特殊情况下还必须进行三级处理。欧盟规定：到 2015 年，污水处理将要采用四级处理。四级处理后的出水可以直接作为工业的生产用水。

（3）居民的投诉

市政府要负责监管排水公司和污水处理公司的运营情况并了解公众的满意度。如果公众对公司提供的服务质量不满意或觉得对水体造成了污染，可以直接向市政府或水务委员会投诉，市政府或水务委员会将立即将居民投诉直接反映到污水处理厂，让运营管理者加以改进。

7.5.5 行业自律

（1）标杆管理（Benchmarking）

为提高污水行业的服务质量及水平，水务委员会也要在行业内部进行比较，并根据运营管理水平包括排放水质、财务、服务等加以比较排名，每年的排名公开发布，接受公众监督。

（2）标杆管理的效果

按照欧盟的规定，水务委员会应按大江大河流域来进行分区管理。根据河流数量，荷兰只应该保留 4 个水务委员会，但目前荷兰实际有 37 个。在这种发展趋势不明朗，存在被兼并的危机下，各水务委员会之间也有激烈的竞争，都希望排名靠前。只有提高工作效率、完善服务水平和降低处理成本，才能在同行中立足。

7.6 排水与污水处理技术与运营管理

7.6.1 污水处理工艺技术概述

污水处理技术与水力负荷、污染物浓度以及处理后排放水体的环境要求密切相关。象荷兰这样人口密集的地方，水体的环境要求显得特别地突出，它成为决定技术发展的主要因素。此外，污水回用于绿化等也是污水处理技术的一个重要的发展方向。

污水处理技术一般分为物理处理过程、化学处理过程和生物处理过程。这些过程的组合构成了不同的污水处理工艺。

（1）物理处理过程

依靠物理作用去除污染物的方法称为物理处理，例如筛滤、混合、絮凝、沉淀、气浮、气体传递等都是典型的物理过程。

（2）化学处理过程

通过添加化学物质或通过化学反应去除污染物的方法称为化学处理。化学沉淀、吸附和消毒等在污水处理中的常用技术均属于化学处理。在化学沉淀中，有化学沉淀物的生成。在大多数情况下，这些化学沉淀物既含有与化学添加物发生反应的成分，也含有化学添加物和从污水中去除的污染物的成分。

（3）生物处理过程

依靠生物的活性去除污水中的污染物的过程称为生物处理过程。生物处理主要用于去除污水中的可生物降解物质（胶体物质和溶解性物质）。一般情况下，这些可生物降解的物质被转化为生物合成所需要的物质以及 CO_2 和 N_2 排入大气。生物处理还可用于对污水的脱氮除磷。经过适当的控制，污水基本上都可以进行生物处理。

污水生物处理是全球运用最多的污水处理技术。在污水生物处理中采用最新的理念、技术和方法，一方面可以改善卫生条件和地表水水质，另一方面可以减少能耗和 CO_2 排放量。

一是通过减少污水的处理量可以减少能耗。这可以通过把生活污水和雨水分流、减少家庭用水量和工业耗水量来实现。分流后的雨水等可以通过收集后回用于灌溉或其他用途。

二是可以采用不同的技术。例如，传统的曝气生物处理系统（向污水中充氧）与厌氧生物处理系统（依靠厌氧生物去除污染物）相比能耗较高。

7.6.2 污水处理工艺技术的研发与应用

（1）荷兰应用的主要污水处理工艺（见表7-5）

在污水处理领域，荷兰作为欧洲先进技术的主要贡献者，一直处于世界领先水平。目前中国废水处理中广泛使用的氧化沟工艺、UASB 工艺等，都是由荷兰首先开发使用的。在污水处理技术领域，目前荷兰乃至整个欧洲，以单一去除 COD 为目标的污水处理工艺已不多见，取而代之的是以除磷脱氮为主要对象的生物营养物去除工艺。这一方面是为了满足不断提高的污水排放标准，另一方面，是为了在提高水质水平的同时，最大限度地降低COD消耗量并使过剩的COD甲烷化，即尽量避免COD降解过程中过多的能量消耗，而让一部分COD降解与除磷脱氮结合起来，这是对传统除磷脱氮工艺的一种挑战，荷兰在这方面已作出了很多探索，有些技术已做了工程示范。不断提高的污水排放标准是促进荷兰污水处理技术发展的外部动力，而尽量避免COD降解过程中过多的能量消耗才是其技术领先的内在动力。虽然荷兰是经济发达国家，但节约运行费用、物质循环利用、变废为宝永远是荷兰科学家的追求。

传统的除磷脱氮技术（也是目前中国普遍采用的技术）中，COD和氨氮的去除，一般由生物氧化过程和硝化/反硝化过程完成；磷的去除主要靠好氧过程中聚磷菌的吸附过程完成，或者通过污泥厌氧放磷过程加上化学沉淀去除。传统除磷脱氮工艺存在的主要问题是COD的氧化、硝化以及吸磷过程中能量消耗大，且由于曝气设备效率低，更加大了能耗；另外剩余污泥量大，污泥处置费用高也是弊端。

在这种背景下，提高处理后出水水质、降低COD氧化、减少剩余污泥产量以及实现处理水的回用等，就成为了新技术研究的方向。新技术的研究，不仅需要满足水处理的要求，而且要考虑污水中所含污染物的资源化和能源化。

荷兰应用的主要污水处理工艺　表7-5

工艺名称	工艺特点
上向流厌氧污泥床（UASB）反应器	一种操作相对简单且投资低的工艺。污水温度必须在15℃以上。适用于中、高浓度污水，但抗冲击负荷能力弱，在其后段采用好氧曝气，提高了出水水质
传统活性污泥法	一种操作相对简捷和投资低的工艺。适用于低浓度的污水，该工艺抗冲击负荷能力弱。反应池可以建成沟渠状，脱氮与排泥同时进行，整个过程无硝化阶段，且产泥量大
传统完全混合活性污泥法	一种成熟的工艺，同时具备好氧和混合的特点，抗冲击负荷能力强，应用广泛
生物脱氮工艺	非常先进的工艺，因为存在污泥回流，因此需要专门的工艺流程控制系统；
膜生物反应器（MBR）	具有脱氮功能，且第二个滤池具有澄清池的功能。这是一项新工艺，可应用于用地紧张和污水需要回收利用的情况

（2）荷兰关于污水处理技术的研究开发

1）厌氧生物处理系统

厌氧生物处理系统（例如lagoon和UASB反应器）适用于高气温地区（15℃以上）的污水处理，与好氧系统相比产泥量低。好氧生物处理系统的特点是可以比较彻底地去除营养物质，且系统灵活，易于操作。厌氧生物处理系统灵活性稍差，且在必要情况下需要一些辅助单元，才能去除氮、磷等营养物质。

可以去除营养物质的新工艺的发展使得厌氧生物系统处理生活污水越来越具有竞争力，这些技术有 Sharon 和 Anamox 工艺。在厌氧生物处理系统中，污水厂污泥的厌氧消化不仅可以节省能耗，减少 CO_2 的排放量，其产生的生物气体（沼气）可以替代木炭等作为燃料。

在目前的处理系统中（包括正在准备修建的污水厂），可采用高效的设备（如泵和鼓风机等），这样可以提高污水厂的效率。

2）生物脱氮技术

在污水脱氮方面，荷兰代尔夫特技术大学（TU Delft）最近研发了一种中温亚硝化技术—Sharon，在亚硝化/反硝化脱氮途径中，亚硝酸氮为仅有的中间过渡形态；这一途径无论对氮的氧化（$NH_4^+ \rightarrow NO_2^-$）还是还原（$NO_2^- \rightarrow N_2$）均能起到最小量化的作用，意味着 O_2 和 COD 消耗量的双重节约。此外，TU Delft 的研究人员几乎在同一时期还试验确认了一种新的氨氮转换途径，这使得氨氮以亚硝氮作为电子受体而被直接氧化为氮气成为可能。这种厌氧条件下的氨氮氧化与亚硝化过程（如 Sharon 工艺）相结合在工程上能够实现氨氮的最短途径转换，这就意味着生物脱氮过程中能源与资源消耗量的最小化完全存在可能。目前，世界上 Sharon 工艺的首例工程应用已在荷兰鹿特丹的 Dokhaven 污水处理厂实现；它被用于污泥消化液〔含有 1000～1500（mg·N/L）〕反硝化的前处理（亚硝化）。几年的实际运行情况表明，这个亚硝化处理单元性能良好，亚硝化率几乎可达 100%（需控制 pH）。

3）生物除磷技术

在污水生物除磷研究中，南非开普敦大学（UCT）研究人员最早发现专性好氧细菌不是唯一对磷的生物摄/放起作用的菌种，兼性反硝化细菌（DPB）也有着很强的生物摄/放磷现象。反硝化细菌的生物摄/放磷作用被 TU Delft 和日本东京大学研究人员合作研究确认，并冠名为“反硝化除磷”。在磷的生物摄/放过程中，反硝化除磷细菌以硝氮取代氧作为电子受体，也就是说反硝化除磷细菌能将反硝化脱氮和生物除磷这两个原本认为彼此独立的作用合二为一。显然，在结合的除磷脱氮过程中，COD 和氧的消耗量均能得到相应节省。比较传统的专性好氧磷细菌去除工艺，反硝化除磷细菌能分别节省约 50% 和 30% 的 COD 与氧的消耗量，相应减少剩余污泥量 50%。

兼性反硝化细菌生物摄/放磷作用被确认不仅拓宽了磷的去除途径，而且，更重要的是这种细菌的生物摄/放磷作用将反硝化脱氮与生物除磷有机地合二为一，解决了以往除磷脱氮工艺条件的矛盾，使污水处理运行条件控制简单且高效。

7.6.3 污水处理工艺的选择与应用

工业污水处理厂的设计要根据当地的污染负荷（p.e.）和水力负荷（m^3/

d)。对于城市污水处理厂，还必须考虑暴雨时期的雨水水力负荷、地区面积等其他相关信息。

设计参数可以显示出一些需要的数据，例如投资和能量消耗。对于采用生物处理方法的污水处理厂，其设计参数主要取决于各地气温和污水的差异。

在实际工程中，为最大程度地从工艺角度创造反硝化除磷菌（DPB）的富集条件，一种新工艺——BCFS 在荷兰应运而生。实际上，BCFS 是改良的 UCT 工艺，该工艺已在荷兰多个工艺改造中应用。工艺流程如图 7-7 所示。

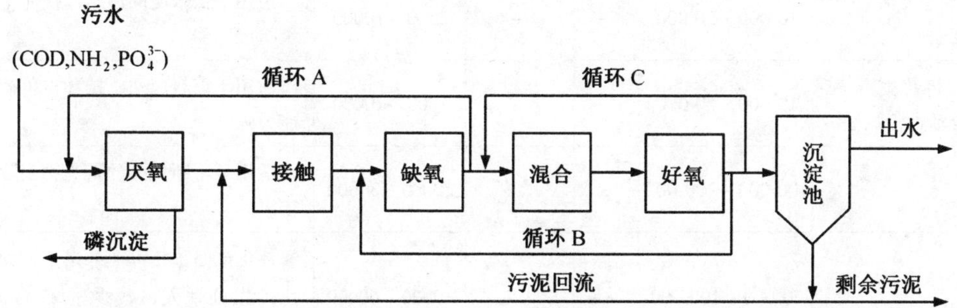

图 7-7　BCFS 工艺流程

总之，在做出工艺上的选择之前，对当地或整个地区进行调研是非常重要的，调研包括下列相关细节：

- 气温，特别是污水温度
- 地表水系的特点
- 行政支持
- 法制水平
- 财政手段（税收、缴费、罚款）
- 科技能力
- 供水的方式及类型
- 卫生及居住条件
- 工业状况
- 农业状况

7.6.4　污水处理工艺投资情况

和供水处理一样，荷兰用于污水处理厂的投资取决于水厂的规模、水力负荷和污染负荷。由于污水中存在难以生物降解的物质，这将增加污水厂的投资。因此，有些污水厂只有投入较高的资金才能达到规定的水质要求。

表7-6为一个适用于100万人口城市生物处理方式的污水处理厂方案

适用于100万人口城市生物处理方式的污水处理厂方案　表7-6

工艺方案	处理量 (m^3/d)	脱氮	有机物去除	投资（万欧元）	备　注
上向流厌氧污泥床（UASB反应器）	10 000～25 000	—	+	2500～10000	污水温度大于15°C，适用于中、高浓度的污水，抗冲击负荷能力弱
传统活性污泥法	10 000～50 000	—	+	2500～10000	适用于低浓度的污水，抗冲击负荷能力弱
传统完全混合活性污泥法	10 000～50 000	—	+	5000～10000	适用于综合应用，抗冲击负荷能力强
生物脱氮工艺	100 000～200 000	+	++	20000～30000	适用于不断增强的营养物去除需求
膜生物反应器（MBR）	50 000～100 000	++	++	40000～60000	最大的膜生物反应器污水处理厂可以处理人口数少于25 000的城市污水

7.6.5 污水处理设施运行管理

荷兰一般污水处理设施可处理40000居民的排污量，每位居民每天产生污水130L，此外还加上雨水排放。一般荷兰污水处理厂只有1～2名员工轮流值班。这种规模的污水处理设施投资约1200万欧元。荷兰已建成450余个污水处理厂，全职职工1800余人，总投资将近8亿欧元。

7.6.6 案例分析——荷兰鹿特丹Dokhaven污水处理厂

荷兰鹿特丹Dokhaven市政污水处理厂始建于1979年，1981年开始施工，1987年11月3日正式开始运行。该厂负责处理来自鹿特丹市中心、南部与西部部分地区的城市污水。当时因地形限制，其主体污水处理工艺构筑物完全置于附近大量居民住宅的地下，使之成为荷兰，乃至世界污水处理厂建设史上为数不多的经典工程之作。该厂工艺采用AB法，占地面积仅为传统工艺的1/4。随着氮、磷等排放标准的不断提高，处理工艺不得不逐渐升级。工艺升级时不断采用世界上最先进的工艺流程，如Sharon（中温亚硝化）与Anammox（厌氧氨氧化）等，从而使它成为世界上技术装备最为先进的污水处理厂。此外，在尾气处理、自动控制、防振消声、安全运行等方面也具有独具匠心的工程设计。

完全地下式的污水处理工艺构筑物占据两层，总平面面积为4公顷。处理能力为47万人口当量，其中大约30%来自于服务区域内的商业污水。处理规模为旱季9100m^3/h，雨季19000m^3/h，B段最大进水量为14250m^3/h。

处理工艺为AB法，处理出水用泵抽入地上的新马斯河。处理厂的主要投资用于防护性措施，以保证周围居民免于臭味、振动或噪声的干扰。污泥用泵送往600m以外的另一处约1公顷的地上场地单独处理。污泥首先浓缩，然后进行消化。消化过程产生的甲烷用于发电，供应处理厂用电。每年从甲烷中产生的电量相当于2750个荷兰家庭的用电量。最后，消化后的脱水污泥被运往鹿特丹以南的一个专用焚烧厂做最终焚烧处置。

消化上清液（消化液）原设计为回流到污水处理工艺流程再行处理。但因2006年后对氮的控制将完全改用总氮标准，所以原设计不能满足要求，必须寻求新的方法进行升级。由于原污水处理工艺场地根本无余地再行扩建，所以Dokhaven污水处理厂经过长时间的技术比较，最终选定了以Sharon + Anammox工艺处理消化液中高浓度氨氮的方案。

（1）污水处理工艺

污水处理工艺如图7-8所示：

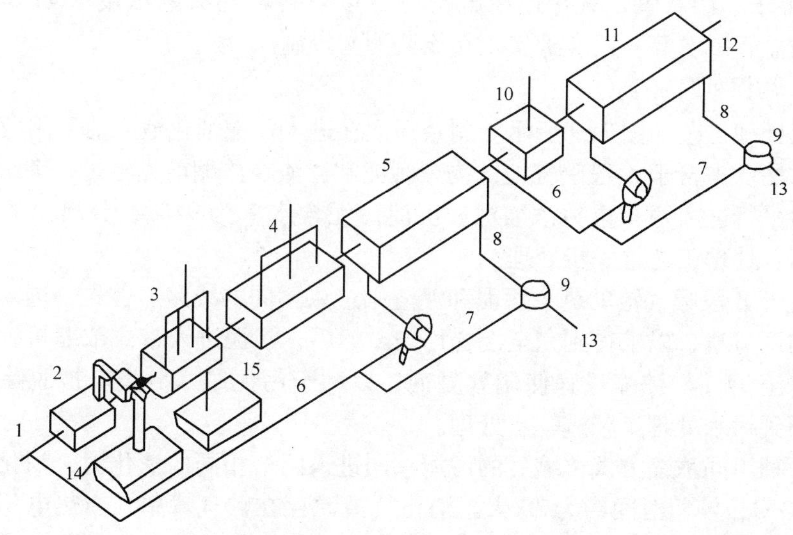

图7-8　Dokhaven污水处理工艺流程

1—进水　2—细格栅　3—沉砂池　4—A段曝气池　5—中间沉淀池　6—回流污泥　7—剩余污泥回流　8—浮滓去除　9—污泥调节池　10—B段曝气池　11—最终沉淀池　12—出水排放新马斯河　13—剩余污泥至另一处理厂　14—格栅截留物排除　15—沉砂排除

整个污水处理工艺流程的水力停留时间为12h，而传统工艺（如在荷兰广泛采用的氧化沟系统）的停留时间往往需要48h，两段曝气总有机物去除率为96%。

（2）运行与控制

在运行控制方面，水泵的开启、在线水质/控制参数测量与仪表控制都通过计算机实现。计算机实际上负责着Dokhaven污水处理厂大部分日常运行与监测工作，它们协调着污水与污泥处理工艺，控制着水泵站，保持着与鹿特丹市负责管理的排水系统的中心通讯与控制室的联系。原则上，Dokhaven污水处理厂的污水与污泥处理部分均不需要人工操作。因此，全厂包括工人在内的管理人员编制仅为27名，并实行正常的周末与假日休假制度，无轮班工作的必要。污水处理厂遇故障或事故时完全能以失灵后安全运行模式工作。同时，监视服务系统自动通过计算机报警。中心控制单元为分散式，总控制系统被分成8个子系统。这些子系统全都装备有大量的可编程逻辑控制器（PLC）。一旦总控制系统瘫痪，每一个子系统仍可独立工作。

自1987年Dokhaven投产运行以来，随着信息技术的发展它的自动控制系统不断得到更新和优化。新自控系统于1999年开始使用，控制理念已现代化，从而保证了满意的出水水质，并使之不断得到改进。目前，处理过程中的各种控制参数（如pH、溶解氧、氧化还原电位等）以及各种污染物浓度（如COD、氨氮、磷酸盐、硝氮等）已全部实现在线监测与控制。

（3）污泥处理工艺

污泥处理工艺如图7-9所示。剩余污泥在进入污泥消化池之前采用两种不同的浓缩方法。来自于A段曝气池的剩余污泥和浮渣在浓缩前先经过一个细格栅过滤，然后平行进入两个重力浓缩池。沉淀污泥含水率为94%；分离出的上清液再回到污水处理工艺进一步处理。

来自于B段曝气池的剩余污泥和浮渣则进入不同的线路。首先，进入一个带搅拌器的调节池，以求得到完全混合均匀。然后，污泥进入带式浓缩机，使污泥含水率降至94%。浓缩过程使用絮凝剂，以利于污泥脱水分离。被脱除的水分同样再回到污水处理工艺进一步处理。

经两种不同浓缩方式浓缩后的污泥一同进入两个相同的消化池。消化池温度保持在33℃，停留时间约为30天。消化气被贮存在贮气罐中，由热电厂发电和供热。自发电力被用于本厂污水与污泥处理过程电力供应。热电厂也具有应急发电厂的功能。当由消化气产生的电力不足时，发电厂补充天然气进行发电。若消化气过剩，多余的气体则被燃烧后通过大烟囱排放。热电厂产生的余热用于加热消化污泥和冬季办公室取暖等。

消化后的熟污泥进入调节池，并在此投加絮凝剂以利于最终脱水。最终脱水

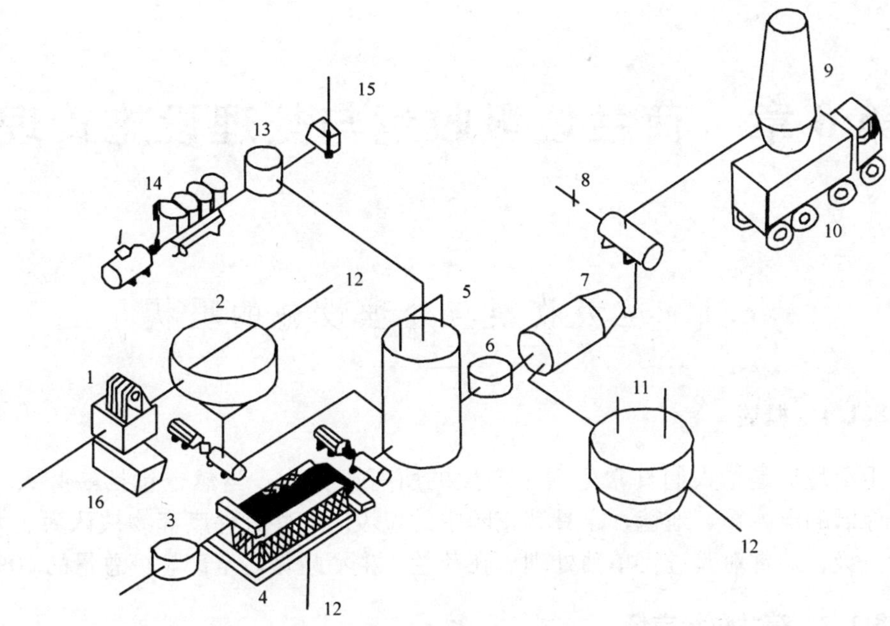

图7-9 污泥处理工艺流程

1—细格栅 2—重力浓缩池 3—调节池 4—带式浓缩机 5—消化池
6—调节池 7—离心机 8—污泥泵 9—贮泥罐 10—运至污泥焚烧厂 11—Sharon 反应器
12—至 Anammox 反应塔 13—贮气罐 14—燃气发电机 15—高空燃烧烟囱
16—被去除固体处置

靠两台离心机完成，每台离心机的处理能力为 $40m^3/h$。离心脱水后的污泥含水率为70%，被贮存于两个贮泥罐中，等待运出场外焚烧处置。

污泥消化液含有相当高的氨氮浓度〔最高可达1500（mg·N/L）〕，水温为28℃。如此高的氮负荷进入污水处理工艺会加重氮的去除负担。正因为如此，采用最新的SHARON与Anammox技术对污泥消化液实施单独脱氮处理是近年来Dokhaven污水处理厂升级的最新措施。世界上第一座生产性Sharon反应器于1998年10月开始在此运行，世界上第一座Anammox反应塔也在2002年6月投入运行。

第8章　荷兰垃圾收运与处理设施管理

8.1　垃圾收集与处理设施的现状

8.1.1　概述

生活垃圾是指人们日常生活中产生的所有废弃物，当然也包括一些大件物品，像旧的电冰箱、地毯、家具和花园中的垃圾。这些大件废弃物被认为是大型生活垃圾，通常对其进行单独处理。在荷兰，生活垃圾占全部垃圾总量的10%。

8.1.2　荷兰垃圾市场

（1）垃圾市场概况

2002年，作为二次燃料回收的垃圾出口急剧增加，粗略估算为260万t。当2000年对垃圾填埋的禁令发布后，建筑垃圾与拆卸垃圾的出口量开始增加，这部分垃圾主要出口到德国，2000年的出口量为94万t，其中80%回收，20%处置。

2002年荷兰垃圾市场总量为46亿欧元，其中收集市场20亿欧元，垃圾处理18亿欧元，再使用/再生利用8亿欧元。5家公司占有荷兰垃圾市场大于40%的份额。这些公司在垃圾收集与填埋或焚烧的处置方面起到非常重要的作用。其他垃圾如纸、玻璃、塑料和纺织品通常由更小的公司进行再使用/再生利用。

图8-1　荷兰垃圾收集桶

图 8-2　荷兰垃圾运输车

表 8-1 为 2001 年、2002 年荷兰垃圾市场情况。

荷兰垃圾市场情况　**表 8-1**

单位（亿欧元）	2001 年	2002 年
市场总量	40.7	46
垃圾收集	4.7	20
垃圾处置	30	18
回收/再生利用	7	8

（2）垃圾市场的规模

处理垃圾代价是昂贵的。垃圾管理占荷兰总环境费用的 40%。2000 年荷兰垃圾市场总量为 46 亿欧元，比 1999 年相比增长了 13%。这些钱主要花费在收集、处理与再生利用等市场单元〔荷兰统计局（CBS）的统计〕，但不包括垃圾材料的运输。政府企业的数量与营业额只能大致估算，因为 CBS 只陈述了根据私法体系组建的公司的相关数据结果，相关营业额数据见表 8-2。

不同市场单元的营业额　**表 8-2**

市　场　单　元	2000 年营业额（百万欧元）	1999 年营业额（百万欧元）	公司数量（个）
垃圾收集	2011	1762	约 340
• 私营公司	1463	1245	200
• 国有企业（生活垃圾）①	498	470	约 140
• 国有企业（工业垃圾）②	50	47	/

续表

市 场 单 元	2000 年营业额（百万欧元）	1999 年营业额（百万欧元）	公司数量（个）
垃圾处理	1830	1628	178
• 垃圾分捡厂	215	184	/
• 堆肥	124	119	26
• 危害废物处理	309	271	/
• 填埋	309	296	34
• 焚烧③	644	596	11
• 废物处理的其他公司	229	162	/
再使用/再生利用	768	677	161
总计	4609	4067	

①政府垃圾管理（2000 年为 213 欧元/户）费用的⅔是用于收集和运输。政府垃圾服务收集的垃圾来自于 650 万户家庭。

②据估计，政府企业从工业垃圾收集中取得了 10% 的市场份额。

③包括阿姆斯特丹市政服务（不包括在 CBS 统计数据中）。

图 8-3 显示了垃圾不同市场单元的情况。从图中可以推断在垃圾领域中，垃圾收集是最大的市场单元。

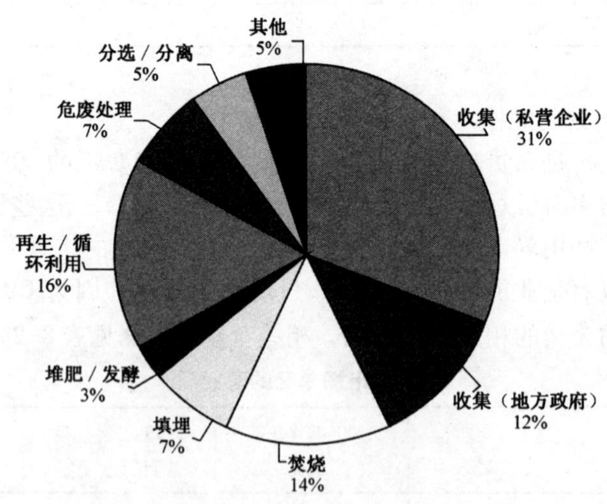

图 8-3 荷兰垃圾不同市场单元的市场状况

(3) 垃圾收集与处理的收益状况

各种不同垃圾市场单元的收益率（税前）见表 8-3。除了危险垃圾处理以外，与前几年相比收益率尽管有所下降，但每一个市场单元都是有利可图的。

荷兰垃圾不同市场单元收益状况 表8-3

市场单元	运营收益率（%）		
	2000年	1999年	1998年
垃圾收集			
●私营公司	5	4	3
垃圾处理			
●垃圾分类/分离厂	0	3	-2
●堆肥厂	3	4	2
●危险废物处理厂	-7	-1	-11
●填埋场	17	23	23
●焚烧厂	4	0	5
●废物处理的其他公司	4	-9	未知
再使用/再生利用	4	2	2

（4）最大的垃圾公司

在荷兰有5家大型垃圾公司：SITA、AVR、Essent、Van Gansewinkel与Shanks，它们在每一个市场单元中都很活跃，从事垃圾的收集、处理、焚烧、填埋等多项业务。2001年，这5家公司的总营业额为20亿欧元，占整个荷兰垃圾行业市场的40%。

（5）垃圾市场发展趋势预测

由于欧盟的可再生能源与垃圾领域相关政策和规则，以及持续开展的欧盟一体化的政策目标，预计未来几年垃圾市场将发生较大变化。根据荷兰、德国、法国、比利时生活垃圾的对比，显示：

●在荷兰与其他邻近国家，生活垃圾的收集与处置属于公用事业单位的职能；

●比较的所有国家都致力于减少填埋，同时每一个国家都面临垃圾处理能力的短缺（特别是焚烧的能力）；

●生活垃圾收集与处置的私有化以及放宽对生活垃圾收集与处置的限制，这种趋势显然仅在荷兰存在。在法国、德国或比利时尚没有这种趋势。

近年来在垃圾处理市场，荷兰国内垃圾市场最大的变化有以下三点：规模增加；集中度、纵向整合、综合公用事业公司增加；许多欧盟垃圾公司的加入。除此之外，垃圾市场也受到其他方面发展的影响。政府放宽了对能源市场的限制，对荷兰国内与欧盟垃圾市场产生了相当大的影响。作为一种能源资源，一方面，垃圾（可以用作产生能源）会导致 CO_2 的排放增加；另一方面，垃圾产能也是电站和水泥工业的收入来源。

（6）垃圾处置的目标

1999 年荷兰有1600 万人口，680 万个家庭，产生的生活垃圾总量是670 万 t，大型垃圾总量是170 万 t，总计是840 万 t。这个数量相当于每人0.525t，每户1.250t。

荷兰垃圾处置的目标是使生活垃圾再利用率达到60%，见表8-4。每一类垃圾的再利用率也相应有了特定目标：一次性玻璃包装90%，纸张/纸板85%，纺织品50%，化工垃圾是90%。

荷兰垃圾处置目标（百万 t） **表8-4**

年　份	垃圾总量	再生	焚烧	填埋
2000	51	41	6	4
2010	56	45	9	2

8.1.3 垃圾行业发展历程

垃圾收集与处理公司当前的组织架构体系属于混合性，而不单纯是由当地主管部门为主负责的垃圾处置体系。垃圾收集与处理公司的发展关键在于四个方面的发展：规模、集中度、纵向整合、业务内源化。市场单元包括四个部分：填埋、焚烧、堆肥、收集与再生利用。

（1）生活垃圾的收集与处置是公用事业部门的职责

政府的立场表明“确保垃圾以一种满足环境卫生要求的方式加以处置是政府的一项职责，政府以各种方式致力于该职责：通过制定明确的目标，起草法律规章并加以执行。另外，这需要制定一些专门的政策来保证垃圾以满足环境卫生要求的方式得到处置，也包括保证垃圾管理的可持续性。特别是生活垃圾的收集与最终处置是最为紧迫的一项工作。在私营企业缺乏积极性的极端情形下，政府必须意识到自己的这种职责。”（该立场来源于1996 年12 月3 日荷兰住房、空间规划和环境部的“垃圾处置未来组织架构委员会”发表的公告。）

没有地方政府的财政补贴，焚烧厂就不可能建成。除此之外必须说明的是：尽管从地方政府那里可以获得的财政补贴比政府征收的焚烧税率要高，但由于垃圾处置市场具有高资金投入、低回报与高风险压力，所以直到现在仍旧很少有人对其感兴趣，焚烧市场则更少。大体上，地方政府通过建设和运行填埋与焚烧厂，承担了垃圾收集与处置的职责。为了再生利用生活垃圾中的“干货成分”，建立了垃圾收集与再生利用的共有职责计划：地方政府负责垃圾的收集，而生产商、进口商与零售商具体负责垃圾的处理。

(2) 工业垃圾的收集与再生利用市场活动

工业领域自行处理垃圾，在各种市场单元中，私营企业对于工业垃圾与可再生利用的废纸、纺织品、金属有很高的积极性。在其他再生循环市场（如有机垃圾、白色与褐色垃圾等）单元中，私营企业没有足够的积极性，收集与处理设施由地方政府建设和完成。为了鼓励再生利用，减少对产品二级市场价格与私营企业的积极性两者之间变动关系的依赖，政府起草了关于生产商责任的政策（根据“污染者付费”的原则）。生产商对其产品永久负责，即使当产品被认为是垃圾时，也要确保有收集与处置设备。

(3) 从地方到全国范围的垃圾处置行动

起初，垃圾处置或多或少是单纯属于地方政府的行动职责，每一个市镇都有自己垃圾堆放地，并且几个大城市也有自己的垃圾焚烧场。

根据《减少垃圾行动计划》(1979 年)，荷兰所有的省均需要制定一个规划任务，而执行在很大程度上需要地方政府联手协同承担垃圾收集与处理的职责。垃圾行业管理组织出现增长的原因是“从环境卫生、空间使用与对景观造成损害和影响等多个角度来看，垃圾堆放必须终止（未加控制的）倾倒行为。因此，很有必要大规模地处置垃圾，以使得减量化所需技术的应用能够实现经济上的合理性即产生规模效应，并且以此经济效益来引导新技术能够被采用（引自《〈减少垃圾行动计划〉的说明文件》)”。这样，关键问题就在于如何实现将满足环境卫生要求的垃圾处理方式保持在合理的成本内，这需要通过合理的管理规则来激励，但当时尚缺这方面的规则。

十年以后的《推进垃圾政策改革》(1989 年，垃圾政策国家统筹委员会）最终报告（1989 年 7 月）中使用了同样的推理逻辑：“目前的垃圾处理相关组织架构不完整、分散、规模小。随着对能源回收的要求以及更为严格的环境卫生要求，大规模垃圾焚烧需要全国性的组织架构来引导，即使该机构仅能维持处置成本。”为推广焚烧方式及推广垃圾链管理，随后拟订了将全国分成 5 个垃圾管理区的政策以实现规模效应。

7 年以后的 1996 年，垃圾处置的未来组织架构委员会（CTOA）观察到：“垃圾处理行业的规模化进一步加强，而且在许多实例中，其组织规模甚至比一个省或附近几个省组成的区域面积规模还要大。现有垃圾处置的组织架构不再适应这种新情况，因为现有组织架构会导致许多问题，包括：行政与管理成本比重升高、阻碍了进一步的技术进步与经济发展、现有组织架构无效且花费高、现有组织执行力低下等问题。”

因此，随后出现了垃圾处置（管理）组织架构的三种转变：一是在处置规模方面，出现了根据技术与经济发展状况调整管理力度的特征。在执行垃圾政策时，已有不少垃圾管理机构采取了必须执行的更为严格的标准（如国际建筑规范（IBC）推荐的《填埋标准》、《垃圾焚烧厂焚烧导则》以及《缺陷行动计划与土壤保护填埋导则》），采用兰新克（Lansink）7 步垃圾管理模式、垃圾分类收集、再生利用以及制造商的现代化等措施。

二是环境规章的引导使得资金支持力度增强。由于管理规模化增长、各省的行政边界影响降低、欧盟范围内某种程度上边界的消失而产生的放宽限制条件等，都引导了市场化运营的发展、出现了价格竞争与专业化运营等特点。而这种趋势又促进了垃圾处理规模化和集中度的提高、垃圾链的整合与国际化。

三是几个大型企业在他们国内市场中难以继续增长，于是瞄准向全欧洲甚至世界范围内的扩张。目前的垃圾处置模式是一种特许权制度，该模式必须适应当地特定的环境（要在某地建立一个垃圾处理厂，不仅需要许可证，还会面临人们对其必要性和可行性的争论）。这就会造成地域区别，如必须接收来自某些特定地区的所有垃圾但同时却不允许接受所管理范围之外的垃圾，这种跨境转移的禁令是省环境法令中明确规定的。在该体系下，地方政府的投资原则上不易遭受风险。因为，垃圾的供应需求可以获得承诺（从适用性角度来看，垃圾量与分布状况决定了该地区垃圾处理设备的规格能够满足本地区的供应需求现状），并且价格水平也是不考虑其他垃圾厂定价水平而是根据本地实际确定的。

8.2 垃圾收集与处理的政策法规

8.2.1 垃圾管理政策制定的原则

垃圾的随意堆放严重影响城市环境和人们的健康。因此，荷兰政府把制定关于垃圾处理的环境保护政策看成一项刻不容缓的任务。

垃圾管理政策集中控制垃圾的来源，尽量减少垃圾的产生。对不可避免要产生的垃圾，则需要进行回收利用处理。垃圾经过回收后做成产品是回收再利用的最佳方法；用垃圾作燃料是回收利用的第二选择。对于不能再利用的垃圾，一定要在不污染环境的前提下进行处理。垃圾填埋和焚烧等处理方式是最后才考虑的方式。

在垃圾管理政策的优先层级体系中，垃圾填埋的数量应该尽量做到最小。这是因为垃圾填埋要考虑到许多因素，包括选址（垃圾填埋需要永久占用一块地方）、资源的损失、填埋后散发出的污染性气体（填埋气占产生温室效应气体来源的 5%）等问题。荷兰是世界上人口密度最高的地区之一，很注意节约空间。

8.2.2 垃圾管理的法律

1993 年颁布的《环境管理法案》考虑了与环境的各种不同特点相关的多个

因素，提出了与环境相关的综合整治方法。该法案的一个主要贡献就是提出了必须取得综合环境许可证的要求，该许可证中包括了与环境相关的6个单项指标。

《环境管理法案》有关垃圾的章节中首先要求严格控制垃圾的产生，同时又规定严格控制垃圾的堆放和收集以及后来的处理、再处理、减量和最终处置。其中重要的一点是要求公司或垃圾收集者在垃圾处理之前必须将垃圾严格分类。

8.2.3　垃圾管理的法规

许多法规都对垃圾管理作出了强制性规定。例如《废弃物法令》规定垃圾在可以再利用或可焚烧的情况下禁止填埋，并规定了32种禁止填埋的垃圾类型；《垃圾焚烧炉法令》对生活垃圾的焚烧炉做了规定；对于垃圾进行回收再利用则在《建筑材料法令》和《有机肥料法令》中做了规定；对于建立垃圾填埋场则在《垃圾填埋法令》中做了规定。

8.2.4　垃圾产生者责任

垃圾产生者的责任是指垃圾产生者必须对产生的垃圾的管理负责，并负责承担因处理该部分垃圾所产生的费用。该费用实际已包括在新产品的价格中。垃圾产生者的责任是在自愿的基础上履行“谁污染谁付费”的原则。必要时，垃圾产生者会和垃圾收集部门达成协议，为垃圾处理费用而增加额外费。荷兰住房、空间规划和环境部（VROM）有权利宣布这类项的决议并在全国范围内执行。因此，即使垃圾产生者和收集者不愿意加入，也会被强制承担该项费用。

垃圾产生者责任已经在欧洲范围内采用，近几年，关于制定垃圾政策的焦点已经从国家范围内扩散到整个欧洲范围。垃圾管理政策现在主要在布鲁塞尔制定。

8.2.5　政策实施的效果

20世纪80年代到90年代间的政策实施是成功的。在1985~1998年间，垃圾产生量增长率已经控制在低于同期经济增长率的水平。在该时期，国民生产总值增长43%，而垃圾产量增长23%，垃圾回收再利用率从50%提高到75%。

而在新世纪里，政策实施范围进一步扩大、垃圾链管理等新理念进一步得到认同、公众参与也不断加强，效果进一步得到巩固和发展。

8.3　垃圾收集与处理设施建设与管理模式

8.3.1　垃圾收集与处理设施建设与管理模式综述

（1）垃圾市场化的优点

①商业原则 ②对改革与新技术的应用采取更加开放的态度 ③所需投资资金利用更加灵活 ④更强的市场驱动力 ⑤更具灵活性 ⑥更少管理方面的限制 ⑦脱离行政干预，更多的自由	• 目标有限且高度集中，便于执行； • 具有财务和管理自主权； • 强有力的预算控制； • 对消费者责任明确 • 基于市场推动力：责任与竞争； • 为了满足合同条件（声望） • 人员雇用； • 根据业绩支付工资； • 解雇； • 根据服务需求调整工作时间 • 在获得备用件方面； • 在高峰时期出租设备或分包决策方面。 • 优化劳动力； • 所需的资源更集中。

（2）市场化运行的效果

• 在香港、美国和加拿大的有关城市发现，公共事业的垄断经营可导致比合同制经营增加25%到41%的费用。马来西亚国家级研究证明合同制运营可使费用减少23%以上。

• 但是：市场化应视为一种可能的机会，而不是一种万能药。重要的是，是否、让谁和如何让个人或私营企业介入。

（3）垃圾运营的主要模式，见表8-5。

荷兰垃圾运营的主要模式　　表8-5

模式	运营收入来源	服务领域是否垄断	业务类型
委托合同	政府	是	服务
特许经营	消费者	是	服务
私人订购	消费者	否	服务
BOT，BOO，BOOT等	政府和消费者	是	土地填埋+处理
公有有限公司（PLC）	消费者	否	服务+焚烧

• 委托合同

政府授予私营公司一个有时间期限的合同，要求其提供以下服务： •垃圾管理服务的某一特定部分（服务合同）； •全部服务+管理（管理合同）； •设备（租赁合同）。	政府根据私营公司所提供与交付的任务对其付费的案例： •垃圾的收集和运输（吉隆坡、印度的班加罗尔）； •设备（玻利维亚的圣克鲁斯）； •转运站（委内瑞拉首都加拉加斯）； •垃圾填埋场（智利首都布宜诺斯艾利斯、哥伦比亚首都波哥大）

• 特许经营

政府准予某个私营公司在某一特定的区域内提供一种服务惟一专营权，该公司从消费者那里获得它自己的收入。公司向政府支付一定的特许许可费用。由于收费增加的工作量，其费用要比合同应付的更贵（占总服务费用的15%）。	特许经营模式实例： •工业垃圾收集（老挝、尼日利亚） •商业垃圾收集（美国） •也适用于非标准模式的特许经营（印度尼西亚、哥伦比亚、埃及）

• 私人订购服务

政府允许得到许可的私营公司自由竞争向客户提供垃圾管理服务，在地域与价格没有受限制的领域，没有任何企业有专营权。用户直接向该公司付费。由于客户是分散的，这种情况下服务价格通常比特许经营模式要高。	私人订购服务模式实例： •垃圾收集（尼日利亚的伊巴丹） •在私营车间维护与维修（曼谷、汉城） •垃圾填埋（美国） •垃圾回收（基本上完全是非正规的小型公司）

• BOT/BOO 等

政府允许私营公司为了营利的目的而提供垃圾管理服务。私营公司可以建造、拥有和运营（BOO）一个垃圾处理设施，且/或最终把它转让给政府（BOOT）。政府也许支付清运费、服务费或购买产品。但这类模式要求有非常清晰的权力与义务规定。	BOT/BOO 等模式实例： •转运设施（香港）； •堆肥（布宜诺斯艾利斯）； •在垃圾填埋场维护和垃圾回收（与拾荒者合作，墨西哥）。

（4）垃圾行业不同类型合作方及其间小型私营公司可参与的领域

垃圾行业不同类型合作方	小型私营公司可参与的领域
• 大公司及跨国公司； • 典型的中介公司； • 微型公司与小公司； • 民间社会组织； • 非正式小型公司参与者的联合。	• 清扫街道或公共场所； • 垃圾处理设备的供应或修理； • 居民或商业垃圾的收集； • 建筑垃圾的收集； • 大型工厂工业垃圾的收集； • 传染性医疗垃圾的收集； • 垃圾处理（堆肥、回用）； • 转运站和处理站的运行； • 用户垃圾费或税的收缴

（5）垃圾市场化过程中应注意的问题

①竞争	• 竞争（私营－私营竞争或私营－国营竞争）； • 竞争提供了一个绩效比较的标准； • 竞争不断地提醒公司，它可能会被其他公司取代。
②责任	• 私营公司对用户及当地政府的责任； • 在监管与控制方面当地政府对用户的责任； • 通过良好的契约协议、有效执行及财务罚则规定责任。
③透明度	• 财务及决策透明可减少腐败及任人唯亲； • 透明有利于公平竞争，进而降低费用，提高服务质量； • 透明可增强公众的支持力度，有利提高税费收缴率，确保长期运营。
④注意的问题	• 如要裁员，应同工会谈判协商，争取分阶段进行，以减轻社会负面影响； • 为实现最适宜的竞争环境，设立公平的、可开展竞争的私营业务领域； • 保证获取服务的公平性：为弱势团体提供补助； • 设定合理的合同期，使投资实现成本回收； • 将管理的规模和地域范围控制在成本经济区间； • 开发城市垃圾监测方法：标准、惩罚措施； • 政府应签定有关监测能力建设的合同和执行； • 根据完成工作的表现对运营管理服务付费； • 鼓励私企联合投资，以使所采用的技术得到优化和本地化。
⑤最好的选择	公私合营是垃圾市场化的最好选择，该模式可以： • 激发公共部门的工作更加高效； • 调控私营公司的执行效果并监控价格水平。

8.3.2 垃圾收集与处理设施管理模式

（1）政府主管部门及其责任

1）垃圾收集

地方政府主管部门负责垃圾的收集，而且必须将垃圾严格分类：厨余垃圾、庭院垃圾、玻璃、纸张/纸板、纺织品、小剂量化工品垃圾。1999 年，43% 的垃圾被分类和再利用。

地方政府主管部门负责收集生活垃圾。城市内的垃圾至少每周收集一次；在特定的条件下，地方主管部门也可以提高或降低垃圾收集的频率，或者要求将垃圾集中到统一的容器中，而不是挨家挨户的收集。市民必须把大型垃圾运送到特定的垃圾收集站。对于某些垃圾源，市政部门自己组织了运送和收集的体系。

2）垃圾分类收集

荷兰不少全国性的法律都要求地方政府主管部门对生活垃圾中厨余垃圾和庭院垃圾单独收集。省级法令则要求地方政府主管部门将垃圾根据来源不同分类成纸张/纸板、纺织品和小剂量化学品垃圾。尽管荷兰的政策规定所有生活垃圾都要焚烧，但不对金属分类，至少有 80% 的金属垃圾经过焚烧后可以再利用。通常，塑料制品并未要求与生活垃圾进行分离，但在现有的 11 个焚烧厂中，有两个垃圾处理厂在垃圾焚烧前开展了塑料制品的分拣，并把分拣后的塑料制品用做焚烧所需的一部分燃料。

3）垃圾处理

2001 年以前，各地区只负责对本地区产生的垃圾进行处理，直到 2002 年，以省域为垃圾清运界限的方式被取消。《国家垃圾管理方案》出台，原有的省级政府权力被集中到中央政府。荷兰住房、空间规划和环境部（VROM）已经起草了《国家垃圾管理规划》，至此，垃圾处理转变成了国家、省和地方主管部门共同负责的管理方式。

VROM 还颁布了几个重要的法令，如：关于危险废物的定义和分类，关于禁止填埋、关于电池、汽车轮胎处理和废油处理等方面的法令。

省级政府制定了详细的环境法令，包含相关工业垃圾和危险废物处理的规定，而且规定市级主管部门有权颁布更详细的执行条例等。

市级主管部门也制定了环境法令，包含相关生活垃圾处理，例如哪些垃圾应分类收集，由谁收集以及收集的频率等。

（2）垃圾管理的方法与策略

荷兰对垃圾处理采取以兰新克（Lansink）7 步垃圾管理模式为基础的综合处理方式。为更好地对垃圾进行处理，应遵循最后填埋的垃圾量最小化原则，这 7 步包括：

- 垃圾预防；
- 垃圾回收再生利用设计；
- 产品循环利用（再利用）；
- 材料循环使用（再生）；

- 回收用作燃料；
- 焚烧处理；
- 填埋处理。

整个垃圾链集中在预防与循环再生利用上，垃圾管理越来越环保，这应归因于玻璃、纸张、有害化学品、电池、有机垃圾和残余生活垃圾等的分类收集与处理。

(3) 垃圾行业引入竞争的模式

1980～1999年期间，荷兰中央政府及开发机构开始大力鼓励私人或私企提供市政方面的服务。目前荷兰的垃圾处理行业已经部分引入了竞争。通过对荷兰垃圾企业运营管理的分析结果表明，垃圾管理公司无论国有还是私营，该行业都可以盈利。除了危险废物处置以外，其他的处置方式都可以盈利，利润率最高的是填埋，平均达到30%。荷兰垃圾行业市场的主要情况如下：

1) 垃圾收集

与2001年相比，荷兰垃圾收集行业的集中度与规模化增长的趋势放缓。在生活垃圾与危险废物收集方面，地方政府扮演着非常重要的角色。而在垃圾收集市场中，私营公司主要在工业垃圾、建筑垃圾收集方面发挥作用。

A 生活垃圾收集

与前几年相比，2002年在生活垃圾收集服务方面几乎没有发生变化。生活垃圾收集市场包括残余生活垃圾、有机垃圾、用过的电器、玻璃、纸张与纸板垃圾、纺织品等。

图8-4表示2002年荷兰生活垃圾收集服务的分布情况。在地方政府自己提

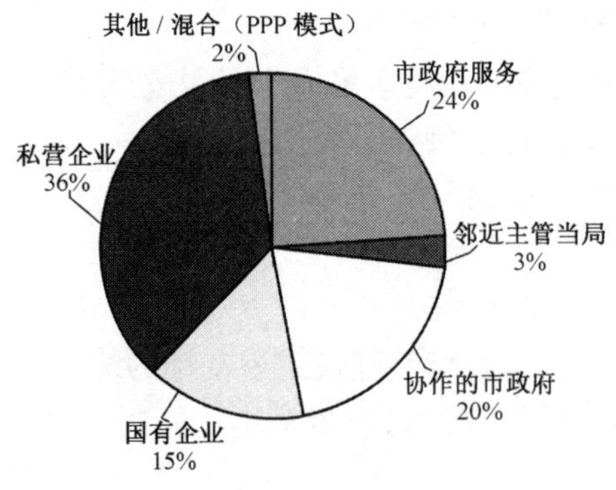

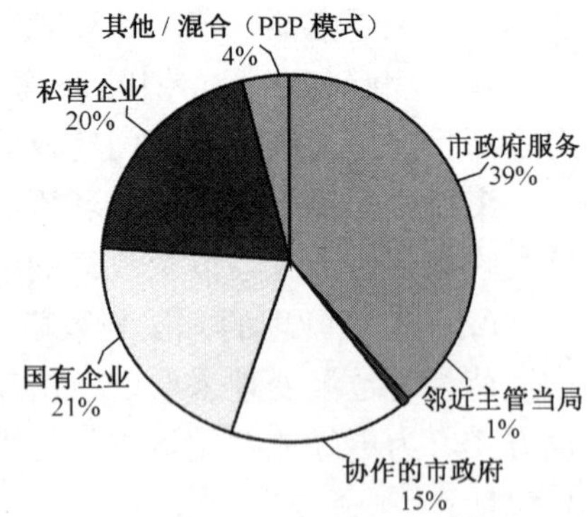

图8-4 荷兰生活垃圾收集市场状况

供的收集服务、半政府机构、地方政府联合体、私营收集商或国营企业〔以公共（公司）或私营有限公司的形式〕之间加以区别，这些组织既包括私营化的政府服务又包括大型垃圾公司的子公司如 Essent 与 AVR 公司，见表 8-6。在这些企事业单位中，地方政府所拥有很强的控制权。其他的/混合的类型如市政府将垃圾收集分包出去，自己承担剩余部分工作。

从图 8-4 可以看出，2002 年当地政府提供的收集服务百分比下降至 24%。同时，36% 的生活垃圾是通过私营企业提供的服务进行收集的，这些私营公司在较小的城市更为活跃。

2002 年荷兰生活垃圾收集商概况 **表 8-6**

垃圾收集服务商	组织类型	服务的城市数	服务的家庭数	垃圾收集市场份额（%）
SITA	私有	98	765 816	11.4
Van Gansewinkel	私有	48	498 020	7.4
Amsterdam Environmental Service	地方政府服务	1	401 355	6.0
AVR	公有有限公司	16	373 465	5.6
ROTER	地方政府服务	1	274 000	4.1
ROVA	公有有限公司	14	225 052	3.3
Twente Milieu	公有有限公司	5	153 392	2.3
Fryslan miljeu	公有有限公司	14	137 992	2.1
RD4	联合体	9	124 169	1.8
Circulus BV	公有有限公司	3	112 636	1.7
GAD	合资	8	95 571	1.4
Brabants Afval Team*	公有有限公司	2	92 500	1.4
Netwerks*	合资	4	86 769	1.3
CAW	合资	14	82 737	1.2
Irado*	公有有限公司	5	82 468	1.2
Van Kaathoven	私有	9	80 672	1.2
Cyclus	合资	11	80 631	1.2
Saver*	合资	4	78 649	1.2
AVRI	合资	9	75 654	1.1
Meerlanden	公有荷限公司	5	72 183	1.1
DAR*	公有有限公司	2	68 650	1.0
Afvalcomb. De Vallei	公有有限公司	3	66 304	1.0
Reinunie	合资	3	60 800	0.9
Avalex	合资	2	59 000	0.9

注：这几家带星号的公司已经合并成荷兰中部垃圾公有有限公司（Midwaste NV）。

B 其他垃圾收集

收集工业垃圾、建筑垃圾、危险废物的公司在类型与规模上与生活垃圾收集公司大不相同。虽然SITA公司、Van Gansewinkel公司与Shanks公司占有较大的市场份额，但更主要的市场份额由许多规模较小的区域性垃圾收集商所占据。

工业垃圾。SITA公司（18%）、Van Gansewinkel公司（13%）与Shanks公司（11%）是工业垃圾收集市场中主要的参与者；Essent公司与AVR公司是这个市场中较小的参与者；属于公有有限公司类型的公司占有市场的5%；小型垃圾收集商则占有其余市场份额。

建筑垃圾。在建筑垃圾收集方面，SITA、Shanks与Van Gansewinkel三家公司占有的市场份额大约是40%；小型垃圾收集公司则占有其余市场份额。

危险废物。地方政府收集了近50%的危险废物；SITA、Shanks与Van Gansewinkel三家公司占有25%的市场份额，而剩余的市场份额由小型收集公司占有。

C 垃圾分类收集的成效

荷兰垃圾分类收集的主要成效为：

一是垃圾分类收集目标已经基本实现。如表8-7

荷兰垃圾分类目标实现情况 表8-7

	目标（%）	实际结果（kg/户）
有机垃圾	55	88.0
玻璃制品（单一包装途径）	90	21.0
纸张和木材	75	62.0
纺织物	50	3.3
小型有害废弃物	90	1.3
白色和灰色物品、电子产品	90	/
合计	60	53

二是垃圾分类取得了较好的效果，见图8-5。

2）垃圾回收

A 有机垃圾回收

在荷兰，共有26个处理设施通过堆肥或发酵方式处理来自于家庭的有机垃圾。基于许可的容量，图8-6给出了有机垃圾市场份额的情况。由市政府负责管理的设施占到79%，其中，Essent公司占有最大的市场份额（44%），其他公有处理设施拥有36%的市场份额；私营公司仅占20%市场份额。有机垃圾处理市场总额达1.24亿欧元，利润为360万欧元。该利润额水平已保持多年，尽管有机垃圾处理并不是垃圾处理市场中最有利可图的部分。

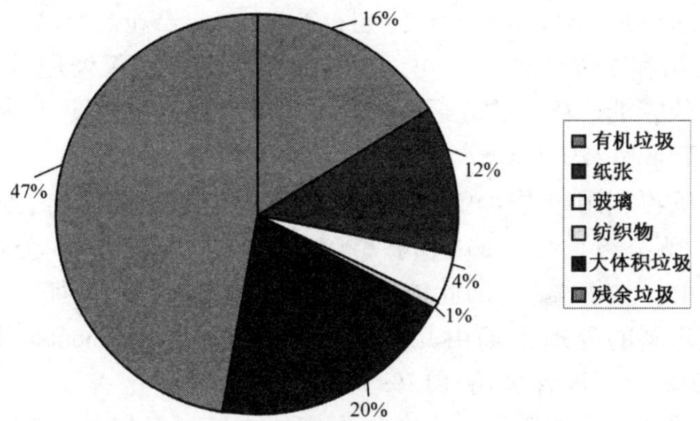

图8-5 荷兰垃圾分类收集效果

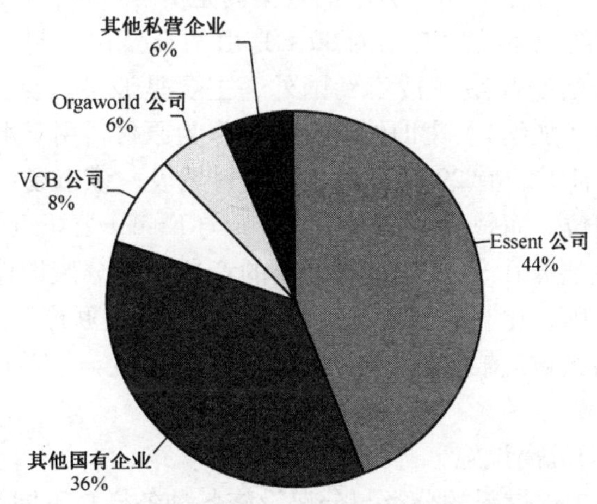

图8-6 基于许可容量的有机垃圾处理设施的所有权

B 其他垃圾回收

纸张。2000 年，荷兰废纸的收集量为 260 万 t，其中 100 万 t 来自于家庭。由于与当地政府进行合作，VOAP 公司废纸收集量为 35 万 t，其他较大的废纸收集商是：AVR 公司（7 万 t）；Essent 公司（5 万 t）和 SITA 公司（主要是商业废纸，20 万 t）。

废纸处理（这里“处理”是指为实现再利用或再生处理而所需的分类/打包处理）市场主要由 8 家公司主导，其废纸处理量占到整个市场的 80% ~90%。这 8 家公司分别是：具有全国性收集网络的 VOAP 公司（废纸收集量 35 万 t/年）、Scherpenzeel 公司（50 – 60 万 t/年）、Sita 公司（20 万 t/年）、Parenco/

Reparco 公司、Huhtamaki/Reitsma 公司；Nijssen/de Vries/VOAP 联合体；Van Gansewinkel 公司和 Van Puyflik 公司。上述公司中多数不仅处理荷兰的废纸，而且也处理进口的废纸。荷兰的废纸市场中进出口贸易十分活跃：每年废纸进出口量大约为 130 万 t 和 120 万 t。

荷兰的废纸再利用和再生市场主要由 4 个大型废纸加工厂占据，包括 Kappa 公司（25% 市场份额）、arenco 公司（20%）、SCA – De Hoop 公司（20%）及 Smurfit 公司（15% ~20%），因此该市场呈现出寡头垄断的特征。

木料。废木料的处理市场由几家大型企业占据：Vierhouten 公司（23%），PMG 公司（23%），EPON 公司（12%）。

玻璃。废玻璃收集市场是一个高集中度的市场。每年大约 35 万 t 废玻璃由市政府收集，6 万 t 由公有公司收集；VOAP 公司 10 万 t；Van Gansewinkel 公司废玻璃收集市场份额大约 30%；较小的收集商是 Dusseldorp 公司（1 万 t）。

纺织品。废旧纺织品处理市场的 80% 是由两家公司控制：Boer 集团与 Text-trade 公司。大部分纺织品最终被卖到国外，主要是波兰、捷克、匈牙利、罗马尼亚、中东与非洲（加纳）。废旧纺织品主要作为原材料用于水泥与其他工业。

塑料垃圾。在荷兰，有 29 家公司收集塑料垃圾，该市场由 Lankhorst 公司与 Kras 公司占主导地位。而曾经由 DSM、Wavin 与 Essent 公司组建的合资公司 Arena 公司破产了，主要是由于来自亚洲市场的竞争。部分废旧塑料（有时与废纸混合）被供应到德国、比利时和瑞典的水泥工业与热电联产厂（1998 年大约 1.2 万 t)；大多数塑料则被运输到亚洲（香港/中国，印度与巴基斯坦）与东欧进行再生利用。

3）垃圾分类与分离设施

将垃圾转化成二次燃料的分类与分离设施各种各样。不同类型垃圾的最大输入量共计 277 万 t/年。但目前垃圾分类与分离的处理能力足够充分：一些设施几乎没有任何的垃圾供应。

4）垃圾处置

A 填埋处理

荷兰 34 个垃圾填埋场中，27 个是在省政府与地方政府主管部门直接控制之下的，这部分占荷兰全国经再利用和再生分拣后剩余垃圾填埋处理能力的 81%，即 6370 万 t（2001 年数据），图 8-7 显示了以剩余垃圾填埋处理能力计算的市场份额（即垃圾填埋处理规模的各单位比例）。其中，国有企业市场份额为 76%；其余 24% 的市场份额由拥有 7 个垃圾填埋场的 7 家私营公司占有（Sinink、Vink、VAR 及许多规模更小的其他私营公司，小型私营公司的市场份额范围为 0.2% ~5.8%）。2002 年，根据 1995 ~2005 年的十年垃圾规划的第三次修订，特例允许荷兰泽兰省（Zeeland）与阿法尔佐格省（Afvalzorg）在北部与中部扩大垃圾填埋规模。尽管 Essent 公司仍旧占有填埋处理能力的最大份额（30%），但其竞争者的行动已使得 Essent 公司市场份额下降了大约 10%。

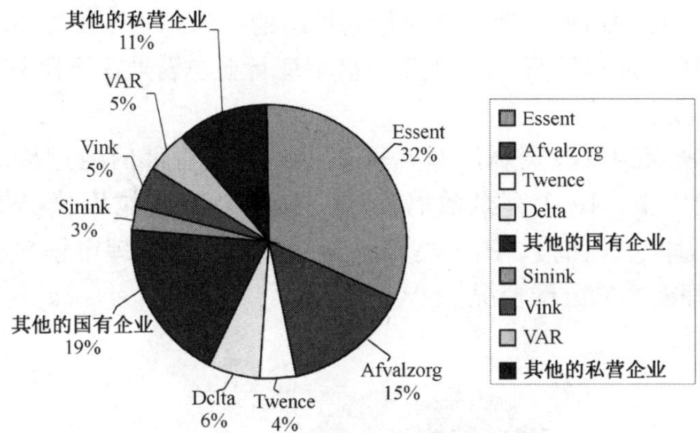

图 8-7　以剩余垃圾填埋处理能力（规模）计算的荷兰填埋场所有权分布图

而如果根据垃圾供应量（即实际的用于填埋的处理量）来计算市场份额，荷兰填埋场所有权分布情况详见图 8-8：

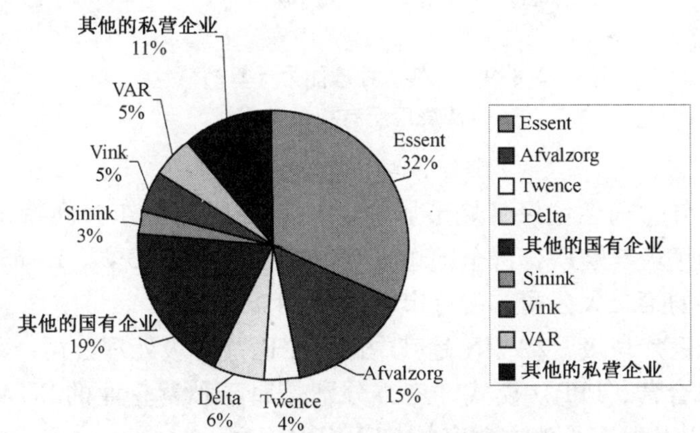

图 8-8　以垃圾供应量（实际填埋处理量）计算的荷兰填埋场所有权分布图

从图 8-8 可以看出，与 2000 年相比，以垃圾实际处理量计算，Essent 公司的市场份额仍旧只有 21%。2000 年，填埋市场的总营业额为 3.09 亿欧元（1999 年 2.52 亿欧元），增长 22.6%；利润额 5100 万欧元（1999 年 6900 万欧元），下降26%。尽管与前些年相比，填埋场运营绩效下降了，但填埋仍然属于垃圾相关市场各类型业务单元中利润率较高的单元。由于2000年大幅提高了填埋处理的环境税，到2002年，对于易燃垃圾与可再利用/可再生垃圾等属于禁止填埋的垃圾供应方面，填埋市场遭遇了供应量的持续的下降。基于平均填埋费用30~40欧元/t（包括环境税）计算，2002年垃圾填埋行业总营业额下降约4000万欧元。

B 焚烧处理

在荷兰，所有的垃圾焚烧厂基本都是由政府主管部门通过持股方式来控制的。11个焚烧厂中，10个都是政府控股，占有99%的垃圾焚烧处理能力（规模）；由于高成本、低回报、高风险，民营企业对焚烧处理市场兴趣不大。图8-9表示焚烧处理能力的分配情况。

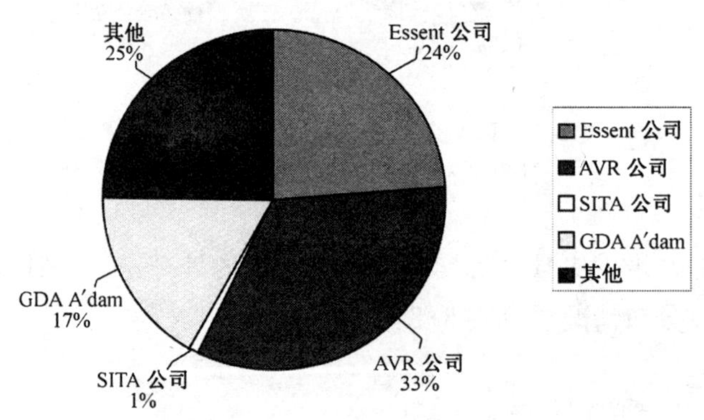

图8-9 以焚烧处理能力计算的荷兰焚烧厂所有权分布图

由图8-9知，荷兰垃圾焚烧市场中，AVR控股（股东为鹿特丹市政府）拥有荷兰最大的垃圾焚烧厂，占全国垃圾焚烧市场份额的33%。Essent公用事业公司是焚烧市场的第二大公司，占有市场份额24%。

对于特殊医疗垃圾，ZAVIN是其中的一个医疗垃圾处理公司，采取公私伙伴关系（即公私合营，PPP）模式，三方分别是属于私营企业的SITA和Van Gansewinkel公司以及股东是地方政府的GEVUDO公司。

荷兰危险废物处理商包括：AVR、GDA与ATM。这些都是国有企业。2002年，荷兰政府采取特许经营的模式，与AVR缔结了一个合同期为5年的“公用事业合同”来确保危险废物处置的连续性。该合同明确了荷兰政府同意AVR享有的相关权利，但AVR必须负责接收C2处理场的垃圾与其他企业丢弃的危险废物。

（4）荷兰垃圾行业案例

案例一：关于合并——Essent 公司

Essent 公司是 1999 年由 PNEM－Mega 集团与 EDON 集团合并而成的。当时合并的背景：一是对能源市场的限制进一步放开；二是垃圾市场国际化。

荷兰 Essent 公司活跃在荷兰垃圾链的所有阶段，并为政府部门和私营公司提供服务见表 8-8，表 8-9。

2002 年 Essent 公司的基本情况　　**表 8-8**

营 业 额	5.34 亿欧元
职工总数	1219 人
垃圾处理量	518.2 万 t

荷兰 Essent 公司在垃圾方面的业务领域包括：

- 分离、筛选与堆肥；
- 建筑材料销售；
- 原材料的销售；
- 二次燃料的生产与销售；
- 垃圾最终处置（焚烧、填埋）。

2003 年 Essent 公司关键数据　　**表 8-9**

职 工 总 数	294 人
垃圾供应量（即实际处理量）	137.7 万 t
• 堆肥	28.35 万 t
• 焚烧	83.15 万 t
• 填埋	25.25 万 t
产品	
• 电力	3820 万 kWh（11 万户家庭）
• 天然气	390 万 m^3（2500 户家庭）
• 燃料	15.25 万 t
• 建筑材料	17.15 万 t
• 混合肥料	14.6 万 t
• 铁/罐	2.65 万 t
合同	
• 政府	50%（超过 5 年）
• 商业	50%（自由市场）

案例二：关于股份结构——Essent 公司

表8-10为2003年Essent公司股份结构。图8-10为Essent公司股东及股份分布图。

2003年Essent公司股份结构 表8-10

股　东	股份比例（%）
省政府	74
格罗宁根省（Groningen）	6.0
德伦特省（Drenthe）	2.3
奥夫莱塞尔省（Overijssel）	18.7
福利佛兰省 Flevoland	0.02
布拉班特省（Brabant）	30.8
林堡省（Limburg）	16.1
市政府*	26

注：*包括上述省份中几乎所有市政府以及弗里斯兰省（Friesland）的几个城市。

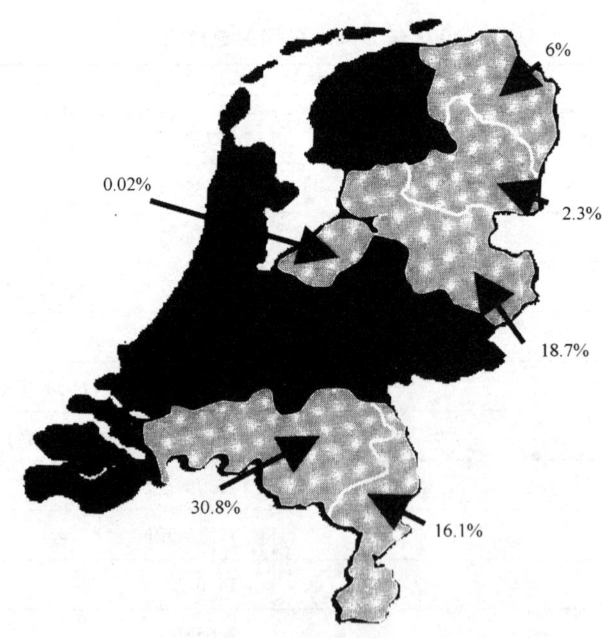

图8-10 Essent公司股东及股份分布图

案例三：从服务到产品的业务模式——荷兰Essent公司，见图8-11

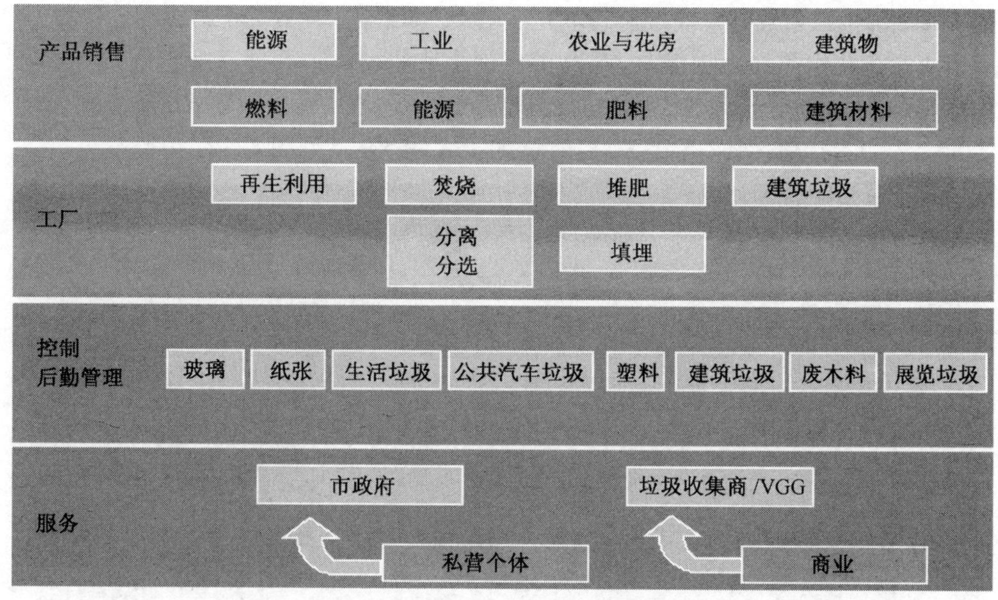

图 8-11　荷兰 Essent 公司业务模式图

8.4　荷兰垃圾收运与处理投融资机制与收费体系

8.4.1　垃圾处理收费现状

随着荷兰中央政府和地方政府对垃圾处理标准法规的不断提高（如要求减少垃圾填埋量的有关规定），社会对垃圾处理需求的不断增加，对垃圾回用的需求的不断提高，垃圾处理设施需要不断地进行投资。

根据欧盟及荷兰政府对垃圾处理的有关要求，荷兰对垃圾排放实行收费制度。由于“垃圾资源化”存在很大的商机，因此，荷兰实行了垃圾分类收集的方式，并对不同的垃圾采取不同的收费标准，如分类收集的废纸、废弃的金属等可回收的垃圾可以得到补贴。没有做到分类收集的垃圾收费标准将远高于分类收集的垃圾。

在荷兰，城市生活垃圾占垃圾总量的 10% 左右。各城市地方政府负责不同种类垃圾的收集工作，并且严格要求按照可堆肥厨余及庭院垃圾、玻璃、纸、纸箱、纺织品、日常小计量化学品垃圾等不同种类分类收集。到 1999 年，43% 的生活垃圾实现了分类收集以满足回用的需要。

1999 年荷兰生活垃圾排放总量为 668.5 万 t（荷兰人口大约为 1600 万，计 680 万户家庭）。其中大约 43%（287.5 万 t）是按照回用的要求分类收集的（包括 144.1 万 t 厨余及庭院垃圾、103.9 万 t 废纸和纸箱、4.6 万 t 纺织品、2.2 万 t 日常小剂量化学品污染物以及 7000t 的其他生活垃圾)。

2000 年私人用户支付的垃圾处理费大约为 470 荷兰盾/（年·户），到 2001 年，大约为 490 荷兰盾/（年·户），增加了大约 5%，见图 8-12。

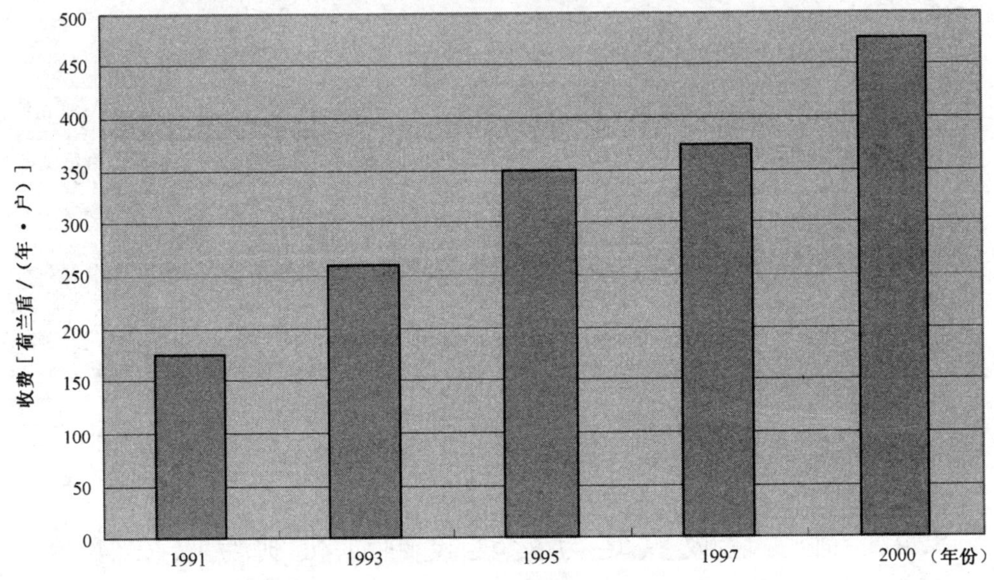

图 8-12 荷兰垃圾处理收费变化趋势图

2004 年，荷兰不同垃圾处理方式的投资与费用如表 8-11：

荷兰 2004 年不同垃圾处理方式的投资与费用 **表 8-11**

	规模（万 t）	设施数量（个）	国有股份（%）	投资（亿欧元）	收费（欧元/t）
焚烧	560	11	99	40	75～145
填埋	510	28	75	15	45～135
堆肥	150	27	80	8	15～80

8.4.2 融资与收费的特点

（1）市政府对各城市垃圾收运和处理费的征收管理

• 根据本地区的垃圾排放量，委托私人部门或公共部门进行本地垃圾的收运和垃圾处理费的征收工作；

• 按照垃圾分类收集的有关要求，要求本地居民、商业用户对垃圾进行分类；

• 与垃圾处理公司签定垃圾处理合同，保证收运的垃圾及时按照国家有关标准进行处理；

• 对于分类的垃圾，根据与垃圾处理公司的合同，制定不同的垃圾处理费征收标准，并包含相应的税费，如废纸等实现分类收集还可获得相应的补贴；

• 向用户收集垃圾，并征收垃圾处理费，以保证回收垃圾分类、收集、运输和处理的成本。

（2）垃圾处理阶段的融资与收费

• 垃圾处理厂采取的预算和成本会计系统要符合实际需要，并要求透明化；

• 综合估算系统各部分的成本效益，以核算垃圾处理成本；

• 体现“污染者付费”原则，制定垃圾处理费标准，并随时根据全成本回收原则进行收费标准的调整；

• 用户主要以城市、地区或商业企业为单位，垃圾处理厂根据与各城市、单位的垃圾处理合同，将它们收运的垃圾按照国家的处理要求进行处理；

• 保证用户能承受垃圾处理费，并乐意支付垃圾处理费；

• 根据投资计划，除了垃圾处理费收益留存外，通过银行贷款等方式进行融资，实施投资计划。

8.4.3　投资回收方式——收费

（1）承担垃圾收运和处理费用的五种方式

1）玻璃包装、纸张/纸板

政府和行业达成一致：玻璃包装和纸制品收集是地方主管部门的职责，并由其负担相关费用；而从收集点到处理地的运输费用和处理费用将由相关行业负担，如果垃圾处理后能够带来效益，地方权力机构将获得回报，否则政府不收取费用。

2）纺织品

一直以来慈善机构负责对废弃的纺织品进行收集。近几年，回收公司对纺织垃圾收集也越来越有兴趣。通常，这类垃圾具备再利用价值，收集此类垃圾的费用将由再利用产生的市场利润支付。

3）电子设备、电器、电池和汽车轮胎

垃圾产生者和收集者将承担此类垃圾的集中管理和处理费用。居民在购买新产品时，其价格中包含此类附加费。

4）其他生活垃圾、厨余和庭院垃圾，小剂量化学品垃圾

每个地方的主管部门将确定下一年居民的付费标准。收费方式有多种，一

是固定价格收费：以每人或每户为单位，收取固定费用。而越来越多的地方引进多种机制来收取不同费用，市民可以自己选择家里垃圾箱的容量大小。容量越小，付费越少；或者市民按垃圾箱清理的次数付费。有时地方主管部门把这些不同收费方式综合到一起。近几年，已有一些地方主管部门按照垃圾的重量来收取费用，市民按公斤为单位付费。这些不同付费方式更好地促进了垃圾分类，减少了垃圾数量，并更合理地实现了不同类别的垃圾采取不同的收费标准。

5）大型生活垃圾和特殊垃圾

每户必须自行将大型生活垃圾放到指定垃圾收集点，如旧家具等，其付费方式多是根据重量计算收费单位。而对于一些特殊的垃圾通常免收费用，如庭院垃圾、金属、石棉和小剂量化学品垃圾等。

2000 年，荷兰平均每户缴纳的垃圾处理费用是 500 欧元，占户均纯收入（1999 年是 23 500 欧元）的 2%，通常是在市民把垃圾运送到指定垃圾点时和购买新产品时收取。平均每户收取的垃圾处理费分布情况如图 8-13：

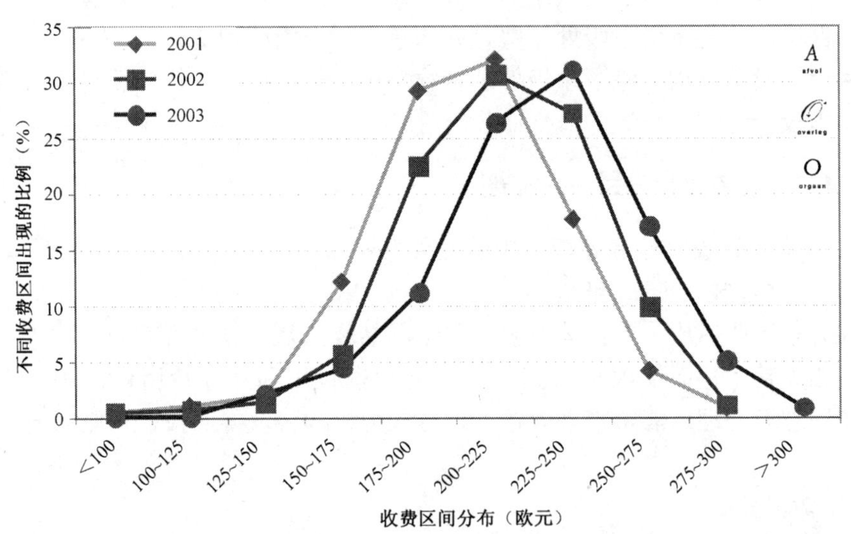

图 8-13 2001～2003 年荷兰垃圾处理平均每户收费情况

（2）案例——Esssent 公司（2003 年情况）

1）产品与服务情况

该公司涉及能源行业（燃料）、工业（能源）、农业（堆肥）和建筑业（建材）等四个领域，包含垃圾分类、循环再用、焚烧、堆肥、减量以及填埋等工艺。

该公司处理的垃圾包括玻璃、纸张、生活垃圾、商业垃圾、建筑垃圾、木材等。

2）垃圾收集与处理服务合同及收费

公司每年与不同城市签订服务合同，包括：处理各城市收集的垃圾，并收取相应的处理费用；与这些城市签订电力供应、天然气、燃料、肥料的服务合同；处理商业企业的垃圾，与商业企业签订垃圾处理服务合同，并收取相应的垃圾处理费；与商业企业签订原材料供应的服务合同，销售垃圾资源化后的产品。

8.4.4　垃圾处理设施运营过程中的成本体系

荷兰垃圾处理厂的责任是按照与各地方政府签订的垃圾处理合同，把各地方政府分类收集的垃圾进行处理。根据各厂的特点，可以作废纸循环利用、金属循环利用，或者焚烧、堆肥、填埋等处理。而具体的成本核算需要根据具体公司而确定。表 8-12 为荷兰垃圾收集与处理成本构成。

（1）通用的垃圾处理厂财务指标

- 垃圾处理总量；
- 处理总成本；
- 运营总成本；
- 分项运营成本（包括人员费、设备费、材料费等）；
- 销售可循环材料的收入；
- 运输成本。

（2）通过不同城市垃圾处理财务指标的比较，可确定每个城市垃圾收集与处理的效率

荷兰垃圾收集与处理成本构成　　**表 8-12**

成本种类	垃圾的收集与处理成本（欧元/t）		
	城市 A	城市 B	城市 C
管理费	5.00	10.00	8.33
设备折旧	6.25	8.00	10.00
燃料费	0.38	0.67	0.50
设备维护费	0.25	0.67	0.33
人员费用	10.00	7.33	10.00
填埋所需成本	0.63	0.67	0.50
每吨总成本	22.50	33.33	29.66

8.4.5　垃圾处理设施运营成本与费用构成——以 Essent 公司为例

（1）该公司的收入与花费

销售收入主要来自能源的产生和供应过程、获得的税费优惠等；花费则主要包括：所在区域的电缆和通讯设施服务，与环境和垃圾处理相关的过程等。

（2）运营成本

利用政策允许的会计核算系统，通过历史成本确定该年的费用。并将相应的费用加入到这个财年。

（3）利润

在垃圾处理厂提供产品与服务的同时，可以有一定的利润。亏损也可以在未来的年度内进行用利润弥补。

（4）表8-13为该公司1999年财务数据

ESSENT公司1999年财务数据 **表8-13**

	1999年		1998年	
	百万荷兰盾	百万欧元	百万荷兰盾	百万欧元
毛利	3 175	1 441	2 729	1 239
人员成本	1 064	483	979	444
运营利润	932	423	660	300
日常业务净利润	599	272	440	200
净利润	1 579	716	567	257
现金流（不包含额外收入与支出）	1 672	759	1 428	648
股东权益	4 752	2 156	3 663	1 662
总资产	16 905	7 671	14 052	6 376

（5）表8-14为该公司1999年分项财务数据

ESSENT公司1999年分项财务数据（百万欧元） **表8-14**

	毛利	其他收入	运营成本	运营利润
能源部分	1 052	568	1 274	345
通讯部分	150	24.5	160	14
环境部分	246.9	2.9	186	63

（6）表8-15为该公司成本数据

ESSENT公司成本数据（百万欧元） **表8-15**

类 别	成 本
人员费用	483
——工资	388

续表

类　　别	成　　本
——社会保险	39.1
——养老金	38
——其他人员成本	17.9
折旧和摊销	486.6
——摊销无形资产	1.9
——折旧有形资产	484.7
外包合同及其他花费	505.7
——材料费	92.3
——外包服务	221.1
——临时人员和兼职人员	48
——其他	144.3
其他运营成本	99.9
——向城市主管部门缴纳的税费	16.6
——追加服务的成本	63.7
——其他	19.6

8.4.6　影响价格的主要因素

（1）垃圾处理的深度

根据国家有关要求，为保证处理后的垃圾达到国家或地区垃圾排放标准（如荷兰要求尽量减少填埋量的要求），需要采取相关处理技术和处理工艺。不同地区的垃圾成分不同，不同的垃圾成分需要相应的处理技术。这也导致了垃圾处理设施投资建设与运营相应的投资的不同。从而使得垃圾处理费中的税费、投资成本、折旧和运营成本的不同。

（2）劳动生产率

在处理技术和处理规模不变的情况下，处理一定数量的垃圾（或者服务一定数量用户）所对应的职工的人数和临时工人（每个职工的服务用户数量）是运营成本的重要部分。职工的生产效率影响公司的收费。

（3）偿付能力

每个公司都有自己的股东，有自己的红利和股息分配政策，这也体现在垃圾处理设施的投资成本和垃圾处理费中。另外，公司为实施投资计划而向银行借款，需要支付相应的利息，也是垃圾处理费中投资成本的组成部分。

（4）垃圾分类收集的程度

垃圾是一种资源，附属着巨大的财富。分类后的垃圾可以作为一种原材料继续投入到工业、农业等生产领域。分类收集了可循环利用的垃圾，可以获得补贴，没有分类收集的垃圾需要将重新分类所需费用计入到征收的垃圾处理费中。因此，垃圾分类收集的程度也直接影响垃圾处理成本和垃圾处理费。

8.4.7 处理费账单分析

(1) 收费频率

荷兰处理费收取一般每年4次，由各城市自己确定。一般前三次都以预付款的形式缴纳。到了年底根据实际的账单清算。最后一次的垃圾处理费根据前三次缴纳的预付款，以及本年该用户的实际垃圾处理费的差额来确定。

(2) 账单的内容

每个水费账单都要包含垃圾桶的种类及相应的垃圾量、垃圾收集费用、垃圾处理费、费用退减（可循环垃圾）、以及打印的付款账单（要求用户签字确认）。

(3) 表8-16为某单位有关的案例

某单位垃圾排放量和垃圾处理费缴纳情况（欧元） **表8-16**

日期（日·月）	垃圾桶	数量	重量	收集费	费用退减	处理费	税	小计
04-07	240L	15个	610kg	45.75	-68.02	41.97	16.67	36.37
11-07	240L	15个	501kg	45.75	-55.86	34.47	15.24	39.60
18-07	240L	15个	359kg	45.75	-40.03	24.70	13.39	43.81
01-08	240L	21个	293kg	73.76	-32.67	20.16	17.84	79.09
05-09	240L	17个	332kg	61.56	-37.02	22.84	16.04	63.42
合计				272.57	-233.6	144.14	79.18	262.29

8.4.8 影响价格调整的主要因素

(1) 垃圾处理厂的全成本回收

垃圾处理厂对垃圾处理服务进行定价的时候将充分考虑回收全部的成本。包括每年基本相同的运营成本，以及过去、现在和将来的投资所需的还本付息等成本。

(2) 人均可支配收入对价格调整的影响

由于用户不可能选择垃圾处理厂，因此，对用户来说，只能要求垃圾处理厂提出的垃圾处理费是合理的、公平的。向用户收取的垃圾处理费应该基于实际的成本和费用支出。对价格的计算必须对用户透明，并且让用户清楚了解。价格的调整必须包含对前景的预测。

（3）垃圾分类程度

垃圾是一种资源，附带大量的财富。如果分类收集的垃圾，如废纸、金属、玻璃等可以直接作为工业原料。因此，垃圾处理费的标准也应垃圾分类程度而不同。如果没有分类收集，根据荷兰现有政策，需要将重新分类的成本计入垃圾处理费中。如果分类收集，根据不同种类垃圾采取不同的费用标准，如废纸、金属等可循环利用的垃圾可以抵扣部分垃圾处理费。

8.5　垃圾管理体制与监管体系

8.5.1　政府监管体系框架

荷兰的垃圾管理能顺利发展的一个重要原因就是中央政府、省政府和地方政府之间的良好合作。三级政府机构都参与到垃圾处理管理理事会（AOO）中，一致通过用合作策略来执行垃圾管理计划并遵守 AOO 的决议，以此保证执行计划和决议的相互信任和责任。这是一种典型的富有成效的荷兰管理方法。如图 8-14 所示。

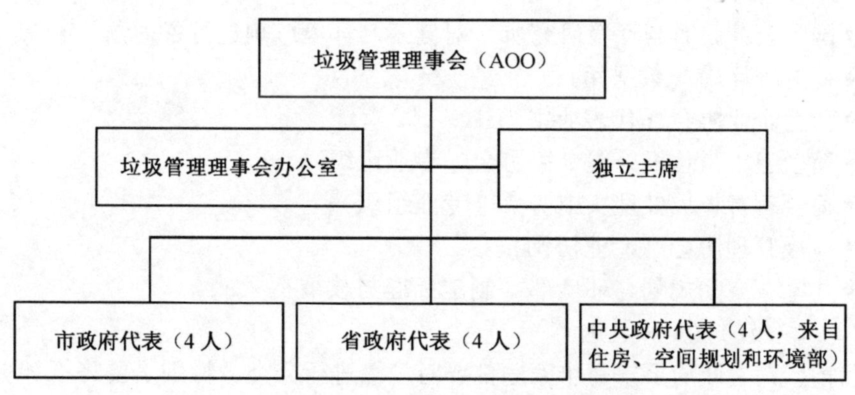

图 8-14　荷兰垃圾处理行业管理体系框架

（1）机构职能

垃圾管理理事会（Waste Management Council，荷兰文简称 AOO）是由一个执行实体来支撑的。1990 年，AOO 作为一个在国家、省及市政府之间，在荷兰的垃圾处理管理政策方面起到商议、协调及合作作用的政府平台，由一名独立主席来领导，成员从三级政府中各选择四名从事公共管理的代表，他们一年会面几次并讨论议程。

AOO下设办公室，办公室在垃圾处理政策的准备、评估和执行过程中要完成秘书处的角色，而且由该办公室负责面对所有相关政府部门的信息中心。办公室要负责起草国家垃圾处理管理计划，监管并评价垃圾处理政策，提倡垃圾预防和分类收集，遵循国家和国际化市场发展，同时它自身也作为AOO的信息中心。

三级政府机构的作用是向AOO提供可持续的、一致的垃圾处理管理政策建议，监管并评估垃圾处理管理政策的执行进展，支持政府制定国家垃圾管理计划并建议临时修正案，帮助地方政府完成家庭垃圾的预防和分类收集，并管理作为垃圾处理信息中心的AOO办公室。

（2）监管程序

垃圾处理管理是一项公共事业，是地方政府的责任，中央层面的具体主管部门是荷兰交通、公共工程和水管理部。垃圾的收集和处置服务不仅使享受服务的人群受益，也使所有市民受益，而且对公共健康和环境影响也很重要。垃圾管理政策包括：集中控制垃圾的来源，尽量减少垃圾的产生；对不可避免要产生的垃圾，则需要进行回收再利用处理。垃圾经过回收后做成产品是回收再利用的最佳方法；用垃圾作燃料是回收再利用的第二选择。对于不能再利用的垃圾，一定要在不污染环境的前提下进行处理。

荷兰的监管平台包括：

- 垃圾管理委员会（AOO）；
- 国际公共健康与环境研究所（对健康与环境影响进行咨询）；
- 荷兰统计局（数据库）；
- 荷兰企业协会（代表业主）；
- 荷兰卫生与垃圾处置专家协会（专业组织）；
- 荷兰有害垃圾处理实施协会（专业组织）；
- 垃圾管理协会（专业协调）；
- 住宅、空间规划与环境部（制定标准与政策）。

（3）垃圾的收集和运送

目前，荷兰政府要求每个家庭都要对垃圾进行分类，特别是要将纸和玻璃分离出来。

市政府负责收集居民和企业产生的垃圾，并将其运送到垃圾处理场。离垃圾处理场较远的城市，要通过中转站用火车把垃圾送到处理场。具体的收集和运送工作则由政府的公司或者是私营公司来承担。其中，政府的垃圾收集公司有两种：一种是一个市政府独自控股的公司，另一种是由几个市政府共同组建和控股的国有公司。而私营公司则是由政府委托招标公司通过招投标过程所选出的公司，与市政府签订合同后完全按市场化模式来运作。

（4）垃圾处理

垃圾处理也是市政府的职责。市政府委托招标公司通过招投标过程选择垃圾处理公司来具体处理垃圾，政府与公司签订合同，垃圾处理公司按市场化模式来运作。垃圾处理的经营可以让私营公司来完成，但所有权由政府所拥有，而且政府必须对垃圾处理公司进行强有力的监管。

对很多企业来说，垃圾处理还是一个相对较新的机遇。刚开始进入垃圾处理这个领域的公司大多没有经验，对环境的影响也不清楚。因而在开始的 5 ~ 10 年间，政府要对初次涉入该领域的垃圾处理公司进行严格的监管，有些城市（如鹿特丹）还有环境警察，以确保垃圾按要求清运（按指定时间放在指定地点）。对垃圾处理公司实行淘汰选择，甚至将做得太差的公司从该行业除名。适应一段时间后，公司积累了经验并步入正轨，它们不愿意轻易就被市场淘汰，因而会不断完善自己，去争取获得 ISO 等相关的资格认证。这时，政府就可相对减小监管力度，因为标杆管理（一种展示的同行比较管理方式）已经能够保证维持正常的市场秩序并提供优质的服务。

（5）垃圾处理不能私有化的原因

垃圾大多产生于城市，而垃圾的填埋地点却选在农村，如果政府不通过制定法规、用强硬的行政手段来给地方施压，没有人会主动让垃圾处理场建在自己的土地上。因此，必须由政府出面才能缓解矛盾。

如果垃圾处理完全私有化，则各垃圾处理公司的处理成本会不一样，甚至相差较大，这样就容易导致人们都把垃圾送往处理费用低的垃圾处理公司。比如荷兰的有些城市就把垃圾通过船只送到处理费用较低的德国和比利时去处理，很容易造成垃圾的二次污染，也会造成垃圾处理市场的不稳定。欧盟政府也严格管理垃圾处理私有化。

8.5.2　对服务水平的要求

（1）垃圾收集的要求

政府在税收、投资和政策方面对企业有鼓励政策，希望企业能为公众提供更优质的服务。企业希望将垃圾中有用的东西作为廉价的原料进行再加工，然后销售赚钱，但这需要有销售市场，因而企业对政府也有要求。

（2）垃圾处理方式

荷兰的国家政策将越来越不允许对垃圾进行填埋，尤其是不经分类就直接进行垃圾填埋。国家环境政策规划规定：2000 年，垃圾填埋量的限制是不超过 400 万 t；2010 年，垃圾填埋量的限制是不超过 200 万 t。但实际上到 2001 年时仍有 650 万 t 垃圾还在填埋。

2001 年，无害垃圾的填埋费用是 78 欧元/t，为了降低填埋量，到 2006 年，垃圾填埋费用要增加到 122 欧元/t。

（3）尾气排放的标准

为了保护大气环境，荷兰政府对垃圾焚烧后的尾气排放制定了严格的标准，国家委托专业机构 Kema 对垃圾焚烧尾气的指标含量进行严格的抽样检测，每年不定期检查四次。荷兰政府规定的一些尾气排放指标数据如表 8-17 所示。

荷兰垃圾焚烧厂尾气排放标准 **表 8-17**

尾气的成分含量（mg/l）	荷兰标准
HCl	10
HF	1
CO	50
SO_2	40
NO_x	70
NH_3	5
镉	0.05
汞	0.05
二恶英	0.1ngTEQ/m^3

（4）居民的投诉

市政府要负责监管垃圾收集公司和垃圾处理公司的运营情况并了解公众的满意度。如公众对收集垃圾或处理垃圾公司的服务质量不满意，就可以向市政府或 AOO 投诉，市政府的公共部门或 AOO 就会立即处理问题，看公司是否按承诺办事。

8.5.3 行业自律

（1）标杆管理（Benchmarking）

为提高垃圾行业的服务质量及水平，AOO 也要在行业内部进行行业比较（即同行比较），并根据运营管理水平包括垃圾处理市场份额、财务、服务等加以比较排名，每年的排名公开发布，接受公众监督。

（2）标杆管理的效果

国家对垃圾处理场的处理效果有严格的环保要求，达不到环保要求的企业会被市场淘汰，达标企业则增加了竞争力，能占领更大的市场，从而获得更多消费者的信赖并获得更好的经济效益，标杆管理促使更多的企业更加重视环境保护。AOO 具体负责标杆管理工作。

1985～1998 年间，垃圾产生量增长率已经被控制在低于同期经济增长率的水平。在该时期，国民生产总值增长 43%，而垃圾产量增长 23%，垃圾回收再利用率从 50% 提高到 75%。

8.6　垃圾处理技术与运营管理

8.6.1　概况

在荷兰，垃圾再利用非常受重视，因此垃圾的处理与资源化水平很高。日常垃圾都分类管理，纸张、塑料、玻璃瓶等都回收利用，而不分类的混合垃圾将被征收更高的垃圾处理费。从垃圾处理技术看，简易垃圾填埋在荷兰已被禁止，现在的垃圾处理厂通常是进行焚烧、堆肥和填埋的综合处置。这些技术目前在中国国内都有应用，但在工艺过程、规模和管理控制上，荷兰的水平均明显高于中国国内垃圾处理水平。

8.6.2　垃圾处理工艺技术

（1）焚烧

不能分类的垃圾将被焚烧，产生能源。荷兰的 11 个焚烧装置每年焚烧 550 万 t 生活垃圾和无害商业垃圾。小剂量化学品垃圾将被放入处理能力为 10 万 t 的专用有害垃圾焚烧装置中焚烧。荷兰的垃圾焚烧尾气排放标准是世界上最严格的标准之一，这与收取的费用有很大关系。1999 年，生活垃圾处理费是 85 欧元/t（不含增值税），2002 年的费用接近 110 欧元/t。荷兰的垃圾焚烧有各自独立的处理装置，每套处理装置每年可以处理 15 万 t 到 30 万 t 垃圾。投资成本取决于规模大小，每套处理装置的投资成本大约是 100 万欧元。荷兰的焚烧装置是高技术措施，其运行的可靠性很大程度上取决于操作工人的水平。在荷兰，焚烧处理厂的数量呈上涨趋势，如图 8-15 所示。

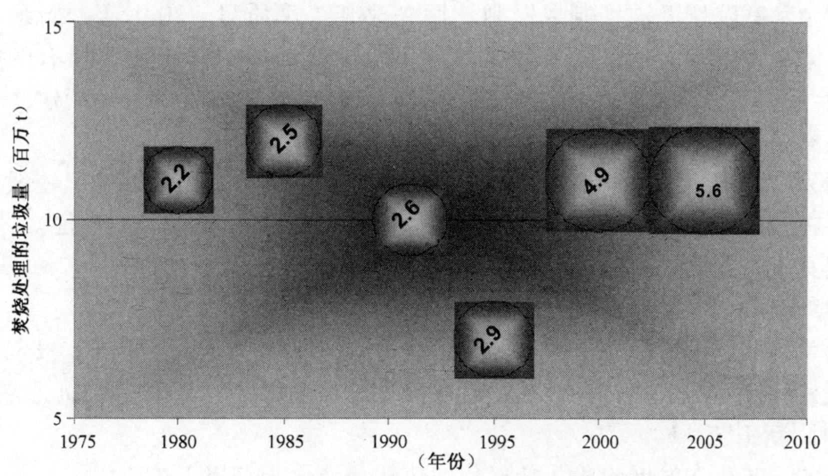

图 8-15　荷兰垃圾焚烧技术应用规模发展趋势

（2）填埋

荷兰生活垃圾填埋已经在1995年被禁止，只有在焚烧能力不足的前提下，垃圾可以被填埋。1976年，荷兰有大约1 000个填埋场，而到了2000年，只有35个仍在运行。经过许多年，垃圾填埋标准已经相当地严格，而且已被写进法规中。对生活垃圾填埋收取的费用也从1975年的每吨几欧元上涨到了2001年的每吨40～60欧元，这还不包括增值税和环境税（法律规定的环境税为80欧元/t）。在上述政策作用下，荷兰垃圾填埋场的数量和填埋面积呈下降趋势，垃圾填埋的规模目前已经非常小，在每年千万吨规模附近，如图8-16所示。

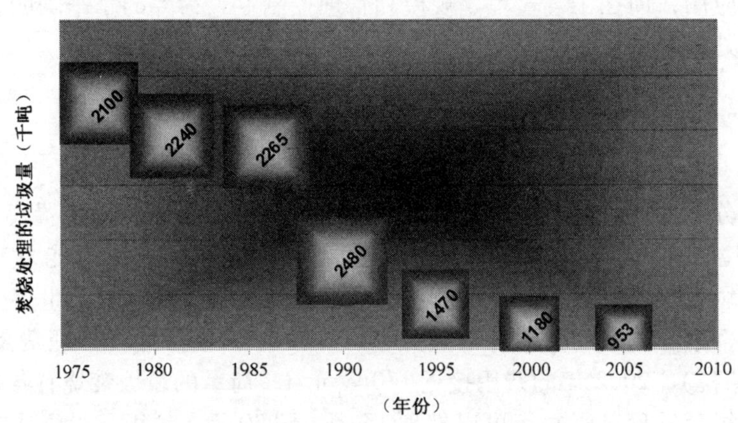

图8-16 荷兰垃圾填埋技术应用规模发展趋势

（3）堆肥

厨余和庭院垃圾被堆制成肥料，用来改善土壤质量。2001年，厨余和庭院垃圾收集量大约有150万t，约占荷兰生活垃圾总量的一半左右。所有的此类垃圾在荷兰的25家堆肥厂中通过好氧工艺进行混合处理。而最近又新建立了两家垃圾厌氧消化厂，这个厂的年处理能力达到9万t。

因为厨余和庭院垃圾具有污染性，所以堆肥必须达到质量标准，一般的堆肥过程要在室内进行，2001年的费用是每吨50～70欧元（不含增值税）。大规模的堆肥其成本更低，并且可以在室外进行，2001年处理费用是每吨25～35欧元（不含增值税）。

荷兰的堆肥厂规模非常大，年生产能力从5000t到50万t不等。投资成本取决于规模和使用的工艺，在荷兰，平均投资成本是每个厂1000万欧元左右。

（4）新工艺

新的工艺正在发展阶段，如气化、热解和液化床焚烧工艺等。

8.6.3　技术及运营管理案例——Essent 公司

该公司是一个垃圾综合处置与资源化公司，已有70多年历史，1999年合并为新的Essent公司，主要从事垃圾处置与发电。

该公司垃圾处理基本流程为：首先为自动分检系统，该系统投资10亿欧元建成，处理规模137.7万t/年；分检后，有机物部分用于堆肥处理，堆肥规模28.35万t/年，堆肥主要用于私人花园和市政绿地用肥，禁止用于与食品有关的施肥；其余用于焚烧，焚烧规模83.15万t/年，投资5亿欧元，焚烧时间45分钟，焚烧后排放气体成分和浓度都达到荷兰国家排放标准。焚烧后的灰份用于烧制建筑用砖，焚烧热量用于发电，发电量达3.8亿kWh/年。填埋以无机污染物为主，填埋规模25.25万t/年，渗滤液采用回灌处理。

在荷兰，最普遍的质量管理方法是综合质量控制的方法，即通过实施经过认证的质量、安全和环境管理系统，如ISO9002系统，达到全面综合控制质量的目的。Essent公司也获得了荷兰科码质量认证（Kema）颁发的ISO9002质量控制系统认证证书，严格实施内部质量控制并每年4次接受Kema的随机质量检查。Essent公司的许多质量标准已远远超过了国家标准的要求，如垃圾焚烧尾气中的含汞量，荷兰国家标准为不超过0.05mg/m^3，Essent公司的数据是0.013mg/m^3；同样，垃圾焚烧尾气中最使人头疼的物质二恶英的含量，Essent公司的数据（0.024ngTEQ/m^3）也比国家标准（0.1ngTEQ/m^3）要低许多。

第三部分　结论与建议

第9章　荷兰及欧盟水与垃圾管理主要的经验与启示

9.1　荷兰与欧盟水务管理经验

9.1.1　水行业的政策法规与管理体制

（1）完善的政策法规体系是欧盟国家水资源有效管理的重要保证

从欧盟整个水法律体系的发展来看，水资源管理政策日益注重综合性手段，从20世纪70年代规定水质标准到80年代规定排污限制，再到90年代的综合管理。90年代以后，欧盟运用环境标准手段、经济刺激手段，将水领域政策同其他领域政策相结合，走向水资源综合可持续利用与保护的道路。如荷兰在水政策法规的制定上，不同的发展阶段有不同的侧重点。1968年第一次制定政策的重点是防洪；1984年第二次制定政策的重点是水质保护；1989年第三次制定政策的重点是水资源综合管理；1997年第四次制定政策的重点是水环境与可持续发展。

欧盟各个国家如荷兰、德国、法国等的水管理体制不尽相同，但有一个共同点就是水管理是有序的，即水的法律法规比较健全，社会各界都能严格遵守，一切水务相关活动依法办事。另外，欧盟各国城市水管理的法制化程度和收费管理体系的完整性等方面的差异，决定了欧盟各国水价执行程序的不同，但都是以“污染者付费”为原则，且大多数国家能做到依法收取水费（排污费、污水处理费），违规必定受到处罚。

（2）职责明确且事权清晰的中央与地方良好的分权制度

欧盟国家在水管理体制上，管理职责明确、事权划分清楚。一是体现在各利益相关方的职责划分上，如荷兰、法国等国把参与水务活动的政府机构、事业单位、协会组织、企业单位、公众参与的职责明确分开，而且中央、省、市各级政府的职责划分也非常清晰明确，各自在法律赋予的权限范围内充分发挥作用，若有越权或违法行为发生，则通过法律手段予以纠正和处罚。经过长期努力，荷兰形成了一套完善的水法律法规体系，不同法律和法规之间协调统一，各级水管理机构的法律职责明确，为水资源统一管理提供强有力的法律保障。二是体现在政府监管和企业运营上：一方面政府对供水、排水和污水处理实施有效监管，另一方面政府监管又不会干涉企业运营自主权。虽然要把握好这两方面直接的平衡点十分不易，但是欧盟各国都做了大量探索实践，特别是荷兰已经形成了运转良好的操作体系，将政府分权体系以及政府与市场之间的关系等历史传统精神逐步以书面方式落实到水务行业的政策法规中，更加确立了这一平衡。

（3）以流域为单位的水质水量一体化管理体制

欧盟国家如德国、法国、荷兰等发达国家在经过了水污染的阵痛之后，不得不重视水资源保护工作，纷纷成立水环境保护机构，或提高其级别，以加强对此项工作的组织领导。不同国家管理形式不同：一是由一个部门管理，如由水利系统或环保系统统一管理。如英国环保局一管到底，不设水利部，水管理直接进入市场，政府只是宏观调控。荷兰则由水利部门负责。法国水务局进行质与量统一管理，包括收取水费、排污费，水资源开发，供水等。法国的管理方式在当今各国中比较普遍。二是跨省、跨地区的大江大河是以流域为单元的水质与水量统一管理，几乎各国大江大河都采用这种模式，而以法国、荷兰最为典型，是一条成功的经验。法国按大流域分设六个水务局，荷兰以流域为单元设立水务委员会，由水法赋予权力，依法管理水量水质。

城市水务管理比较好的国家如德国、法国、荷兰等，都有一个共同之处，就是水资源的水量、水质真正做到了一体化管理。这些国家颁布一系列法令和制度要求水量水质并重，取水必须事先得到许可，污水必须经过处理，达到法律规定的水质标准才能排入河流或湖泊。最突出的一点是，城市水资源的开发利用和保护工作全部由一个部门负责。

9.1.2　水行业的管理模式

（1）坚持政府对水设施的所有权和控制权

欧盟及荷兰的经验表明，市场化的终极目标不是私有化，而是为了提高水行业管理绩效（包括安全可靠的饮用水水质、达标的排放标准、提高企业的生产效率、变革或采用新的技术、提高服务水平与质量等）。水是公众应享有的一项公有权利，应由政府负责提供。欧盟《水框架法令》的导言说：“水不是一种商业产品，而是遗产，必须受到保护”，并把水放在可持续发展的中心，公民有权进行可持续的水管理，以保障当今和未来子孙后代的安全、充足和公正的水供应。欧盟除英国外，许多国家的水设施归政府所有和控制。在荷兰，水法禁止私营企业参股水务行业，水设施的所有权均归政府所有。在法国，法律不允许政府将水务行业的资产出售给私营企业，私营部门只能参与被政府授权的运营管理。在德国，水务行业归政府所有的占市场份额的51%；而且德国政府规定污水处理设施方面，民营股份不得超过49.9%。而英格兰和威尔士业已私有化的水务行业并没有证明是更有效的模式。

（2）在资产政府所有或控制的前提下，积极鼓励私营行业参与（PSP）或政府积极引入竞争机制，大大提高了水行业的服务水平和管理绩效

传统的水务管理模式是：由政府和国有企业投资建设水设施并负责运营。在传统模式下会产生垄断，缺乏竞争，从而使效率低下，服务水平下降。当前绝大多数城市的水设施仍然是由政府或其所属的事业单位、国有企业直接管理的，其结果大都不尽如人意。因此很有必要引入竞争机制或鼓励私营行业参与（PSP）。

新的水务管理模式有：公有有限公司模式、特许经营模式和私有化模式。引入竞争机制的典型模式是荷兰、德国的公有有限公司模式，在政府享受的所有权不变的情况下，充分运用商业法则进行运营，并在行业中引入竞争机制——标杆管理（Benchmarking）以提高运营绩效。私营行业参与（PSP）典型的模式是法国的特许经营，在政府享受的所有权不变的情况下，把经营权交给私营企业。

荷兰、德国主要的模式是公有有限公司。在荷兰，水设施的所有权均归政府所有，运营管理由公有水务公司（简称“公有有限公司”）负责，省、市政府以股东的方式参与公司的运营，但通过公司法规定水务公司的法人治理结构以及管理层享有经营自主权。公有水务有限公司通过建立完善公司法人治理结构，即股东大会、董事会、监事会、职业经理等相互制衡的管理机制，改变某个政府股东“一股独大”的局面，保证了水务公司真正建立现代企业制度，实现科学决策，健康发展。这种模式既隔离了强烈的政治干预，又通过完善的法人治理结构与制衡机制，以及政府对市场规模化的引导，采取在行业中引入竞争机制——标杆管理来实现供水运营绩效的提高。这种模式在德国也非常普遍。

法国主要的模式是特许经营与租赁经营。法国最广泛和普遍的私营行业参与（PSP）模式是特许经营，还有一种是租赁经营。私营企业参与模式在供水行业占到80%，在污水处理行业占到近60%，在垃圾处理行业占到60%。这种模式下，政府需要制定严格的法律对采购程序进行规范，对运营服务过程进行管制。法国政府制定的采购立法确保了采购服务供应商的竞争公平透明，合同监控和监督法规确定了运营管理过程中政府对其绩效监控与监督的规范和模式。

荷兰与欧盟水务管理的实践证明：市场机制在水务管理领域不断发挥作用，市场经济运行的原则也在发挥越来越大的作用。欧盟国家普遍认为，水务行业的改革重点是开放市场、引入竞争、提高效率。在水务行业资产全部政府所有或控制的前提下：一是通过完善水务企业的治理结构与制衡机制，在行业内部引入竞争机制和有效的信息公开与社会监督机制，完全可以解决“政府负责提供”与“引入竞争机制”的矛盾，实现普遍服务与提高运营绩效的目标；二是通过特许经营等模式，鼓励私营部门参与（PSP）运营管理，通过规范服务采购过程，强化行业管制，可以有效地提高水务行业的管理水平与效率。

（3）城乡统筹管理，水务管理地区化或区域化，确保了普遍服务与规模效益

1）通过私营行业向小城镇和乡村提供水的普遍服务不可行

私营行业只对那些人口密度高、水需求量大的大中城市感兴趣，而不愿意接管小城镇和村庄地区的水务运营业务。而且由于小城镇和村庄水务业务分散，规模小、需求量少、缺乏管网系统与处理设施，这些地区的居民特别是受到水污染和设施设备落后困扰的居民，为水所付出的单位代价比大中城市更大，私营行业参与具有很高的商业风险。法国的统计数据显示，私营企业占据了法国人口密度高、水需求量大的水务市场份额，而政府主要负责小城镇和村庄的水务服务。德国私营行业参与水务领域出现在比较大的城市，像柏林、不来梅、曼海姆等大城市才对私营行业具有吸引力。在19世纪30年代到70年代，荷兰水务领域私营行业占据主导地位的时期，私营行业只关注较大与较富裕的城市，因为在那里可获得颇具吸引力的投资回报率，而农村的水设施非常滞后。因此欧盟的实践证明，私营行业只基于自我利益和机会主义行事，通过私营行业提供水的普遍服务是不可能的，而政府才是水的普遍服务的真正提供者。

2）城乡统筹，确保了水的普遍服务

鉴于通过私营行业向小城镇和乡村提供水的服务不可行。为了实现水的普遍服务，荷兰与欧盟采取了城乡统筹、地区化/区域化的策略。从19世纪20年代开始，荷兰政府逐渐收回了水务领域的所有权和控制权，提出了建立覆盖农村的区域水系统，并通过国有供水公司，延伸水务服务范围覆盖至农村地区，完成这个发展过程花了大约50年的时间。在20世纪20年代，财务激励机制与省政府严格的许可政策共同促进了各水务公司之间的整并，区域水务公司得到极大发展，促进了资金、管理经验和服务在城乡之间的流动，使城乡居民喝上同样质量的水，享受到同样的污水处理服务。目前荷兰的水务服务已经遍及农村，全国的供水普及率100%，污水处理率达到98%。法国政府建立了城市农村互助基金——国家引水工程发展（FNDAE），用以补贴小城镇和乡村水设施的投资成本，而所在地区的政府和主管部门，用补助和贴息方式给予支持。

3）水务行业市场集中度越来越高，规模经济效益显著

根据市场经济原理中的产业组织理论，企业绩效反映的重要指标是规模经济效益。欧盟水务行业也遵循这一原理。欧盟水务行业管理的经验表明，市场越来越集中是今后水务行业的发展趋势。水务市场集中包括两种模式：一是纵向整合模式，在水务行业内部进行整并；二是横向整合模式，水务企业与垃圾处理、燃气、电力等其他公用事业进行整合。

A　单一行业内部跨地区纵向整并。20世纪60年代，荷兰大力提倡通过区域化、整并的方式实现水务行业的规模化经营。在政府法令引导下，供水公司数量从1938年的238个减少到2005年的14个，预计到2010年，将合并至5个。规模化经营显著减少了管理和运营成本，带来了很好的规模效益。荷兰自来水企

业平均规模已达到20万个入户管网接口和4000万t供水量。1997~2005年期间，荷兰供水设施运营效率提高了约13%。法国、德国都建立了市政府的辛迪加（syndicat），法国辛迪加目前已经具备能够平衡强势的私人运营商利益索求的优势；德国建立了类似于法国的水行业区域间协作联合体——污水服务联合体（Abwasserverband）。法国、德国建立起水行业的辛迪加，不仅克服了小规模方式经营的缺陷，同时能够平衡强势私人运营商的利益索求。

B 多个行业之间跨行业横向整并。德国鼓励发展多种经营的市政公用事业公司（Stadtwerken），可提供多种市政公用事业服务，包括供水、污水处理、垃圾处理，甚至包括电力、天然气、公共交通等。公用事业公司可将设施的运营和维护承包给私人运营商。法国鼓励横向整合，通过对供水、排水、垃圾和其他公用事业的业务整合，实现交叉补贴与规模效益。

9.1.3 水行业投融资与价格/收费

欧盟国家在水行业投资融资方面主要有两个特点：一是遵循市场经济规律，通过完善的价格/收费体系进行筹资融资；二是通过市政债券、专有银行、国际资本市场等多渠道融资。

欧盟国家在确定水商品的价格和收费体系时一般遵循以下几条原则：成本补偿原则；合理利润原则；反映市场变化、及时调整价格原则；用户公平负担原则；提高资源配置效率原则。

（1）遵循市场经济规律的水务投资融资体制

欧盟国家的城市水务发展均以市场经济为基础，城市水务工程一般要求全部回收投资，供水工程的投资回收一般体现在水价构成中的固定资产折旧费、管理成本和合理收益；污水处理工程投资回收一般体现在污水处理费或税中。

法国将水资源开发经营作为一种产业，水务投资体制适应市场经济规律。各水公司独立核算，自负盈亏，自我发展。农村供水工程由政府与用户协会联合投资。排水与污水处理设施由政府负责投资。法国水务投资筹资来源及回收途径有两大项：水费和水税，以水费为主。在投资建设供水工程决策时，首先考虑的是如何回收投资成本和利息，通常由投资者、水务公司和用户（代表）协商提出一个合理可行的水价方案，共同签署合同，用户能承受水价标准后才开工建设。

在荷兰除一些重大水工程建设资金由中央政府财政支付、省政府分配外，其他的水控制、供应和污水处理的管理运行及设备维护所需的全部费用完全由向水使用者征收的费用来确保，并做到略有赢余。每年的水管理成本中，中央政府投入仅占38%，而其他投资全部通过收费来确保。荷兰供水行业的投资主要来源于水价中的折旧部分、单位剩余利润以及商业贷款等。供水行业没有政府补贴来支持投资和运营费用，供水公司完全依靠用户以及资本市场来实现融资。同时由多个水务委员会作为股东，建立水务委员会银行，从国际资本市场融资，为政府部门提供水设施贷款。

德国由于尝试通过吸引私人投资运作不成功，市政当局决定自行融资建设并运营水厂。市政资金主要是在市监督局的监控下，通过发行市政债券筹集的。同时国家为市政贷款设定了法律框架，要求市政债券的使用要符合公共利益。贷款条件要求投资从长期角度来看可以从项目本身实现全成本收回并能获取行业平均水平的利润，消费者被要求交纳费用来实现全成本回收。

（2）坚持推行“污染者付费”与“全成本回收”

欧盟在水的价格收费方面，奉行的原则和理念是“污染者付费”与“全成本回收”。水设施建设、运营管理的全部成本与费用将通过税与费进行全成本投资回收。德国、荷兰、法国等大多数欧盟国家，水设施的全部投资与运营成本全部由居民负担。目前，荷兰所有的供水公司基本都能满足初期投资的摊销与运营成本的回收。

（3）定价或调价充分考虑通货膨胀与社会承受能力

对水价的调整，各国通常会考虑通货膨胀水平和社会承受能力进行宏观指导性干预，在保证一定时期（一般为1~2年，最长不超过5年）水价基本稳定的条件下，由政府机构或供用双方委托机构或供水单位及时调整水价。如德国饮用水平均每月每户水费约占该户收入的0.9%，污水处理费（包括排水费）约占每户收入的1.5%。欧盟特别是西欧大多数国家，一般要求每项公用设施的服务费用应少于平均每个家庭收入的1%。法国水费标准随着市场经济通货膨胀指数浮动，各地区、各城市多少不一，各年度也有变化。

（4）政府有效控制水的价格与收费政策

欧盟国家虽然实行市场经济，但根据水的资源特性，其水务机构管理和水价政策仍在政府的有效控制之内。欧盟很多国家政府规定水务企业在水价制定上以不盈利或略有盈余为原则，但必须保证投资的回收、运行维护管理和更新改造所需开支的自理。荷兰供水行业利润非常低，由于股东为政府，只要求“收入=支出”或追求最低的利润率。在制定水价时，把排水费、污水处理费、国家规定征收的增值税等也核算进去，水价太高，用户承担有困难时，国家再反过来补助一部分，起到调控作用。

9.1.4　水行业的监管

（1）命令式管理逐渐向自愿式管理过渡

在欧盟国家，政府对水行业的强制管制逐渐减弱，市场机制发挥着越来越重要的作用。监管方式逐步由命令式管理向行业自律以及自愿协议式管理过渡。目前，在荷兰，随着经济水平的提高、法律法规的健全、企业运营管理的规范，政府对水行业的强制管制力度逐渐在减弱，市场机制发挥着重要的作用；而政府只负责宏观战略规划、行业政策与标准制定，运营管理完全依靠行业自律机制，政府则通过行业协会充分发挥其组织与协商的作用。荷兰饮用水质量由荷兰住房、空间规划和环境部（VROM）的卫生监察官进行监督。在德国卫生部门监督饮用水质量，水利局监督环境质量，地方和省内务部控制和监督财务方面。

（2）协商式管理模式——法国

法国的水务监管属于协商式模式，由国家、地方社区和用户三方面共同管理，具体到供水和污水处理单位，则主要通过合同手段对这些公司进行监管。与其中央集权制相适应，水务监管体系是一个多层次的组织体系，共分为四个层级：国家级、流域级、地区级和地方级。

（3）行业标杆管理（Benchmarking）模式——荷兰

在荷兰，政府每年委托专门的水质监测机构 KIWA 对供水公司水质进行 1～2 次的采样检测。荷兰自来水厂协会（VEWIN）负责对供水行业的监督和比较评估，每年都要收集分析各供水公司的水质、服务、环境影响、资金和效率这四个方面的数据，有关信息向社会公布。标杆管理在荷兰由行业协会自发组织，不是政府行为。每年由各水厂联合举办行业评比，更有利于提供高质高效的服务。

（4）利益相关者广泛参与和监督，促进水务企业提高绩效

在荷兰，居民可以通过多种渠道对市政设施的运营管理进行监督。可以通过参与水务委员会的选举；可以通过向市政府或水务委员会投诉；参与规划的听证会；价格或价格调整听证会；媒体宣传；市政设施企业组织调查等方式进行广泛参与。每年荷兰自来水厂协会（VEWIN）将向社会公布供水企业的运营绩效，引入社会公众进行监督。

法国将水资源管理从狭窄的政府组织框架扩大到更广泛的利益相关者参与。水政策、重大水事活动，都向社会公示信息，充分征求用水户等有关各方意见，共同协商确定。流域委员会及水管局机构成员中均有约⅓是用水户代表。目前法国的用水户组织已成为用水改革的主要力量。同时供水企业的经济运行、财务收支状况，包括投资利润、运营盈亏等情况，每年除要向主管部门上报外，还要向社会用户公布。同时向用户收取水费的账单非常详细明了，内容包括每一项收费细目的用途，以及扩大投资（如购置设备、管道维修、更新、改造等）的计划和说明，便于用户了解和监督。公司和政府部门都非常重视用水户协会的意见，对于用户提出的对服务和收费等有关问题的投诉能及时作出反馈并拿出解决问题的方案。

9.1.5 水行业的技术发展

（1）供水技术

欧盟国家主要的供水技术包括：预处理（微滤、粗滤和河岸过滤）；混凝、絮凝及分离；过滤（重力滤池、压滤、砂滤、活性炭与膜过滤）；消毒。通过这些技术的组合来去除水中的有机污染物（藻类和杀虫剂等）、物理污染物（浊度和离子）和致病微生物，以达到欧盟的饮用水标准。

（2）污水收集与处理技术

1）污水收集技术

欧盟国家污水收集系统大多是雨污合流制系统。2002 年荷兰采用分流制的系统仅有 5%。目前，欧盟国家出现了分流制的趋势。荷兰的目标是使 60% 的雨水与污水分流，估计到 2014 年分流制系统所占总硬化表面积的比例达到 14%。荷兰采用了改进型分流排水系统（ISS），初期雨水（15 ~ 30 分钟内）进入污水处理厂，这部分雨水污染程度高。同时分散污水处理与再生利用（DESAR）系统也在欧盟的荷兰、德国等国家受到推崇，目前正在制定相关的法规。

2）污水处理技术

在欧盟各个国家的污水处理工艺技术不尽相同。目前欧盟采取的工艺主要包括稳定塘和湿地系统（厌氧塘、兼性塘、好氧塘/熟化塘、水生植物和鱼类稳定、人工湿地等）、厌氧处理工艺系统（化粪池、上流式厌氧污泥床反应器 UASB）、好氧污水处理系统（活性污泥法、生物膜法）。

欧盟国家主要采取好氧污水处理工艺，以满足脱磷除氮的要求。在荷兰氧化沟工艺应用非常广泛，以 2002 年，氧化沟工艺占到了 50%，其中⅓的污水处理厂采用卡鲁塞尔氧化沟技术。根据 1993 年欧盟 91/27/EEC 指令，增加了脱磷除氮的要求。2002 年荷兰 378 座污水处理厂中 60% 实现了活性生物脱磷。

9.2　荷兰与欧盟垃圾管理经验

9.2.1　垃圾管理的政策法规与管理体制

（1）建立完善的政策法规体系，真正体现垃圾产生到最终处置的全过程链式管理

为加速实现城市生活废弃物的减量化、资源化和无害化，欧盟各国普遍制定了一个由法律、经济、管理相结合的三位一体政策，把管理目标向源头减量化延伸，通过对垃圾的全过程控制，实现商品生产、流通、消费的全过程良性循环，从而减少固体废弃物的最终处理量。

（2）规定垃圾管理的不同技术等级，遵循最终处置垃圾量最小原则

在大多数欧盟国家，垃圾管理的目标一般分为三个层次：垃圾产生源头减量化、再生循环资源化、最终处理处置。如德国、荷兰、瑞士等国家选择较高层次

管理目标实现，首先考虑避免产生垃圾为目标，其次是按实际情况最大可能地进行回用或利用，末端处理的目标应当是能源回收和最小的处置量。荷兰对垃圾处理采取以兰新克（Lansink）七步垃圾管理模式为基础的综合管理目标序列，遵循最后填埋的垃圾量最小化原则。而法国和意大利是以垃圾再生循环资源化为目标，希腊以无害化垃圾处理为目标。

（3）确立了生产者责任制度，真正实现了源头减量的目标

为了适应管理思路的转变，许多欧盟国家在垃圾处理领域引入了生产者责任制度。生产者责任制度的引入是从源头避免垃圾的关键措施，它要求产品生产者（制造商、出口商、分销商、零售商）对其商品所产生的垃圾承担收集、再利用和处置的责任，而不是由社会负担垃圾的收集和处理，管理手段主要包括强制性方案、自愿性协议和既定的目标。生产者和销售者按照规定（如德国、法国的“绿点”标识体系）缴纳一定的费用，用于垃圾收集、分类和处置。这种制度的实施不仅解决了垃圾后续处置费用，而且极大地鼓励了生产者减少原材料的使用量以及采用可回收利用的材料制造产品，有利于其降低生产成本。

（4）充分运用经济激励政策，引导消费者行为，促进垃圾的分类收集与回收利用

欧盟国家较早就把经济政策应用到垃圾管理领域中，在为垃圾的处理提供资金，刺激和改变居民和厂商的行为，引导全社会参与垃圾处理中发挥了很大作用。具体来说分为经济约束政策和经济激励政策两类。经济约束政策通过改变产品的成本结构，引导生产者和消费者的行为，使其履行避免产生和回收利用废弃物的责任，主要有垃圾收费、填埋费（税）、押金返还制度等。经济激励政策是给予经济激励，来鼓励生产者和消费者减少和再利用废弃物。主要有提供优惠贷款、补助金等。目前这两类经济政策以填埋费（税）、垃圾收费等应用较为广泛和成功。

欧盟很多国家运用经济政策鼓励分类收集与回收利用。荷兰实行了垃圾分类收集的方式，并对不同的垃圾采取不同的收费标准的方式，如分类收集的废纸、废弃的金属等可回收的垃圾可得到补贴，而没有做到分类收集的垃圾收费标准将远高于分类收集的垃圾。德国弗莱堡市只对分类收集后放入灰色垃圾箱中需处理的生活垃圾实行收费，而对分类收集的资源垃圾给予鼓励。芬兰为鼓励居民对垃圾进行分类，分类垃圾处理收费一般要比混合垃圾处理收费低40%左右。在法国，收集的人均分类垃圾量越多，每单位获得法国生态包装公司的奖励金额就越高。这一奖励手段促使地方政府积极开展垃圾收集和分类行动。

（5）充分发挥行业组织的作用

通过利用行业组织的信息优势，加快了信息的传递，使得垃圾中可利用的部分得以重新回到经济循环中，促进了垃圾的资源化。德国的行业组织在城市生活

垃圾管理中充分发挥了桥梁的作用，德国的行业组织之一德国工商大会和工业联合会建立了一个信息网，各地产生可回收利用废料的企业和对这些废料有需求的企业可通过信息载体——“垃圾交易所”的月刊，每月把各地的供求信息发布出去。调查显示，供方有1/4成功地为边角料找到了销路，需方有1/3的厂家找到了所需物资。法国、意大利、丹麦、荷兰等国也建立了类似机构。而且各国行业组织之间也有广泛的交流与合作。

(6) 注重宣传教育和公众参与，使政策实施能够真正取得好的效果

系统的宣传和教育工作必须作为垃圾减量化不可缺少的组成部分。对于消费者，最简单有效的宣传活动是学校教育；对于工业和商业，需要宣传不同行业的减量化措施；对于公共事业行业，要按照生产计划或国家、区域和当地的规划制订垃圾处理和减量化规划。通过教育的方式提高公民环境保护和节约资源的意识是德国政府主要的环境管理手段之一，每年投入大量的资金用于公民的环保教育，一方面通过教育加强公民的环保意识，使人们认识到垃圾处理同自己息息相关；另一方面通过赋予利用废物生产的新产品以特殊的标志和荣誉，使这些产品具有特殊的内涵，鼓励人们使用此类产品，使全体居民都自觉地参加这个循环系统。

9.2.2 垃圾管理模式

欧盟国家建立了与市场经济相适应的较完善的城市垃圾处理管理体系，在国家技术经济政策体系的监督和指导下，形成了良性循环的发展机制。市场机制直接贯穿垃圾收运、处理的全过程，与政策的有机结合保证了市场机制的正常运行，不同的城市采用不同模式的城市生活垃圾运行机制。欧盟垃圾管理的共同特点是：以垃圾收费作为不同运营模式的基础，体现垃圾行业公益性和市场性的充分结合。

(1) 依靠市场机制大力推进垃圾资源化与产业化

欧盟国家在垃圾资源化利用方面的观念比较一致，即通过政策法规引导，主要依靠市场力量形成垃圾回收利用产业。从欧盟国家垃圾管理的经验和成效来看，垃圾回收利用产业的发展是垃圾资源化的关键组成部分，而且欧盟国家垃圾资源化管理模式成效显著，民间组织发挥着巨大作用。如德国、法国等国家均以法律形式规定包装链中的企业必须承担包装废弃物的处置责任，并建立了专门负责包装废弃物收集与处理的组织和企业：专门的企业如德国社会中介组织——二元回收系统公司（DSD）、私营企业——法国生态回收股份公司（Eco-Emballages）等；专业的民间利益协调组织如荷兰垃圾管理理事会（AOO）、意大利OS和CONAI组织、希腊工业界共同建立的非盈利性机构HERRA等。这些都是垃圾处理资源化与产业化的典型案例。这些组织或企业的建立使得包装链的企业避免了建立各自复杂的产品包装押金返还和回收系统及其需要的巨额投入，只需交纳

一定的费用（如绿点许可证费），通过企业的专业回收系统对包装废物进行加工处理。这些组织模式目前在欧盟获得了良好的实施效果，法国有75%的各种包装物被回收利用，荷兰垃圾分类收集与回收利用率达到60%以上。

(2) 政府主导私营行业参与的多种管理模式

大多数欧盟国家，由政府负责整个生活垃圾的管理，如在德国和荷兰，政府掌握了绝大部分垃圾管理的权力，并以各种形式成为许多废弃物处理公司的主要股东。少数国家是和私人企业共同分摊管理责任和所需费用，如法国负责垃圾管理的企业只需要承担一部分费用如垃圾分类收集和分选费用。因此，欧盟国家垃圾行业总体上以公共部门运营管理为主，但积极引入私营行业参与，实现了多种运营模式共存，充分体现了公益性和市场性的结合，有效地提高了运营绩效。欧盟国家主要有以下几种运营模式：

一是完全政府运营。欧盟许多城市垃圾管理和处理仍由政府的公司负责，如德国柏林市。由于垃圾处理模式的变化和各个国家政策法律的变化，私营企业介入垃圾处理和回收的机会越来越多，目前国有企业越来越受到私营企业的挑战，压力也越来越大，也在努力扩大营业范围，提高服务质量，提高同私有企业的竞争力。

二是完全私人企业运营。在德国，法律规定城市生活垃圾处理的责任在政府，但处理作业也可以委托企业来进行，很多城市将垃圾收集、运输和处理的工作完全委托私有企业进行。如德国科隆等城市就将环卫作业的几乎全部工作交私有企业运作，负责全部垃圾的收集、运输、处理和处置，法兰克福等城市实行完全私有化经营。

三是跨地区合作。欧盟国家的一些地区采用跨行政区划合作的形式，实行垃圾处理设施共享共建，共同运营维护，共同分担运行费用，形成规模效应。通过跨地区合作，减少了垃圾处理设施的重复建设。降低了运行成本。

四是公私伙伴关系（PPP）的混合模式。近年来，欧盟国家的一些城市在垃圾行业引入了PPP混合模式，即政府与私营企业合作进行垃圾处理。典型的是德国波恩市，政府将垃圾焚烧厂的90%股份转让给私营企业，组成股份公司，共同运营。

虽然欧盟各个国家垃圾行业的运营模式多样，在垃圾收集领域私营行业参与非常活跃，不同国家运营模式有较大差异，但总体上仍以政府运营为主。大部分欧盟国家垃圾收集领域私营行业参与较多，很多国家如德国、法国等私营企业所占的份额甚至达到50%以上。但荷兰在生活垃圾和危险废弃物收集领域，地方政府仍然起主要作用，私营企业所占的份额仅为25%。垃圾处理领域，大部分欧盟国家主要由政府负责垃圾处理，私营行业参与较少。德国、法国、荷兰等国家垃圾填埋处理中政府运营的比例占到60%以上，垃圾焚烧处理中政府运营的比例占到 80% 以上，甚至个别国家如德国垃圾处理全部由政府负责见表 9-1。

西欧主要国家垃圾收集处理中公营与私营的比例　表 9-1

国　家	是否政府独家职责	垃圾收集中公营与私营比例（%）	垃圾填埋中公营与私营比例（%）	垃圾焚烧中公营与私营比例（%）
德　国	否	公营 34 PPP 模式 9 私营 57	公　营	公　营
法　国	否	公营 50 私营 50	公营 75 私营 25	公营 85 私营 15
比利时	否	公营 50 私营 50	公营 64 私营 36	公营 81 私营 19
荷　兰	否	公营 80 私营 20	公营 81 私营 19	公营 99 私营 1

9.2.3　投融资与价格/收费

（1）以政府为主私营行业为辅的垃圾设施投融资体系

垃圾收费是欧盟国家垃圾管理和处理的基础。价格机制的完善，垃圾处理设施的建设投资和运营费用也有了可靠的保证。垃圾处理设施的建设可以通过不同的渠道进行融资，建成后由企业进行运营，政府通过垃圾处理收费保证建设投资的回收和企业的经营。同时，政府可以通过政策、价格机制以及资金等手段，鼓励先进的、更有利于垃圾减量和资源回收利用的垃圾处理技术的应用和发展，有利于城市环境资源的可持续发展。

（2）建立了以促进垃圾减排和垃圾回收利用为目标的垃圾处理收费体系

垃圾收费是垃圾处理走向市场化的标志，欧盟大多数国家垃圾收费体系的基本原则是体现经济性、一次性、合理性、准确性、可承受性和计量方便。

欧盟国家垃圾收费的定价原则主要包括以下方面：一是公益性原则，生活垃圾处理以社会公益性为主，定价不是完全按照市场的价值规律来决定，也不完全受市场价格的控制。二是补充性原则，生活垃圾处理收费只是作为运行费用的一种补充，其他部分通常依赖于政府财政的投入。三是轻影响原则，欧盟国家的收费标准对居民生活的影响均较轻，生活垃圾处理收费金额均不会超过同期人均收入的 1%。四是区别化原则，垃圾处理收费因垃圾类型的不同加以区别，对可再次利用的垃圾，如报纸、衣服、易拉罐等，进行免费处理；对其他不可再次利用的垃圾收费处理。垃圾收费价格一般由地区或大中城市根据本地区的垃圾收运、处理（各种方式）的成本、利息（银行贷款）、运行费用制定。收费价格制定时，根据居民的收入水平充分考虑当地居民承受能力，确定合理的收费标准。单位或个人认为价格不真实，可向司法部门申诉，由司法部门组织有关专业人员进行审查，如有问题，则诉讼费由地区政府负担，否则由诉讼者出。

垃圾费由地区或大中城市的城市管理局下属的垃圾管理部门统一收集，一般向居民或单位发出书面通知，居民或单位通过银行转入指定账户。如拒不支付，可申请司法部门强制执行。地区或大中城市的垃圾管理部门有权根据法定程序和规划使用垃圾费建设和运营垃圾处理设施，其方式是由上述部门以合同的形式委托国营、私营等各种形式的专业公司实施。

（3）因地制宜确定可行的垃圾收费方式

从欧盟垃圾处理收费（城市生活垃圾处理收费）的现状看，各地根据不同的收费目标采取不同的收费方式，主要有两种类型，包括定额收费、计量收费。①定额收费。按户或人头收取固定金额，与垃圾数量无关，这种方式操作简单，主要目的是为了增加部分政府财政收入，同时提高居民的环境卫生意识，但对于垃圾的减量化和资源化没有太大的帮助。目前，英国、荷兰等国部分城市采用这一收费制度。②计量收费。按垃圾的数量收费，包括按容器收费、按质量收费、按垃圾袋（券）收费等。这种方式有利于提高居民环境卫生意识，较好地促进垃圾的减量化和资源化，而且费用分担也比较公平，但该模式操作较复杂，需要生活垃圾收集设施的配套，且通常只适用于环境意识水平较高的城市。欧盟国家推行垃圾计量收费，主要目的是通过直接经济驱动，促进垃圾减量化和垃圾付费的公平性。目前，英国、法国、芬兰、德国等国的部分城市采用这一收费制度。德国、荷兰等国家采取了定额收费和计量收费相结合的收费制度，很多城市采用按垃圾箱容器容量或垃圾重量进行计量收费。同时在垃圾处理费方面，德国实行垃圾处理收费和政府补贴相结合的模式。

（4）垃圾管理采取“收费 + 补贴”的模式

要实现确定的目标，必须有大量的资金支持才能实现。法国是通过财政补贴来实现对垃圾管理的支持。地方政府一般是通过直接运用财政补贴来承担部分垃圾资源化的费用。运行费用则由垃圾处理机构自行解决（包装废物的处理除外），而国家补贴则是通过征收填埋税来建立基金，即垃圾管理基金（FMGD），该基金由法国环境与能源管理署（ADEME）进行管理，主要目标是实现对以下五个领域的财政补贴：城市生活垃圾处理创新技术的发展；处理设施的建设；补助有关管理部门；行业规划的确立；填埋场地和污染区域地修复。财政补贴随着时间在不断变化，目前30%的补贴用于分类收集和分选设备；20%用于堆肥；5%用于带有能量回收装置的焚烧。

9.2.4 垃圾行业监管

欧盟国家对垃圾处理企业建立了严格的准入/退出机制和监管制度，随着行业企业自身不断的完善和经验积累，政府监管的力度逐渐减少，依靠行业标杆管理机制即可奏效，监管方式也从开始的命令式监管向自愿式管理过渡。在荷兰，由于刚开始进入垃圾处理这个领域的公司大多没有经验，因而在开始的5~10年间，政府监管非常严格，有些城市（如鹿特丹）还设有环境警察，同时对垃圾处理企业实行淘汰制度，做得太差的公司甚至会从该行业除名。经过一定周期后，公司积累了经验并步入正轨，因为它们自己不愿意轻易就被市场淘汰，所以会不断自我完善，主动取得相关资格认证。在行业企业运营管理水平提高后，政府就可相对减小监管力度，因为行业标杆管理已能够保证维持正常的市场秩序并提供优质的服务。德国垃圾处理运营企业必须通过考核得到资格证书后才能进入市场，考核的要求可以通过官方机构，或官方委托有资历的个人或协会制定，由第三方进行考核。如果运营出现问题，可根据情况决定是否取消运营资格。

9.2.5　垃圾处理技术发展

城市垃圾的污染控制与其他环境问题一样，经历了从简单处理到全面管理的发展过程。在过去几十年中，几乎所有的欧盟国家在城市生活垃圾问题上，都在由单纯的处理向综合治理方向转变，注重源头减量和综合利用，从而能够有效控制污染、回收资源，减少垃圾的处理量。欧盟的城市垃圾处理及资源化技术经过几十年的发展和完善，已经非常成熟。

（1）出台严格的技术政策，促进技术的发展

20世纪50年代，随着固体废弃物管理研究的深入，人们发现以垃圾填埋和焚烧为代表的传统垃圾处理处置模式不仅带来严重的环境污染和公众健康安全问题，而且造成了大量的资源浪费。因此欧盟各国都制定了相应的技术政策，无论从技术上还是经济上，各个国家根据自身的实际情况制定的为解决垃圾问题的措施都有很大的差别。欧盟许多国家出台严格的技术政策促进技术进步。德国、瑞士禁止有机物含量大于5%的生活垃圾进入垃圾填埋场。荷兰和德国把各种处理技术分成不同的优先等级：避免垃圾产生，资源重新利用，资源再生，回收能量的焚烧方法，填埋以外的其他处置方法，最后才是填埋，并且规定只有在没有更优解决办法的情况下，才能采取下一级的技术解决方法，无论是公营还是私营企业都必须遵循。法国、意大利和希腊则根据各自不同的情况让各企业在整个技术领域自主选择所采用的技术，这样更符合各个地区的情况。

（2）大力发展资源化处理技术

虽然欧盟各个国家垃圾管理的侧重点不同，但每个国家都发展了资源再生技术。欧盟国家大力发展了资源化处理技术，包括产品以及物质的循环利用、有控制的填埋、有能量回收的焚烧、带有分类收集、拣选等的堆肥等。在荷兰、德

国、法国等国家堆肥技术占据相当重要的地位，而能量回收技术（焚烧发电）则在法国、意大利和希腊等国家受到广泛欢迎。欧盟垃圾处理技术总的发展趋势是：一是在分类收集基础上的再生利用越来越受到重视，比例逐步提高；二是垃圾填埋的标准将越来越高，填埋比例逐步下降；三是垃圾焚烧将稳步发展，垃圾焚烧发电的比例还将有所上升。

9.3 对我国水与垃圾行业管理的建议

(1) 理顺管理体制，完善政策法规体系

1) 理顺管理体制

我国由于传统管理体制的影响，水及垃圾设施的建设、运行管理涉及到建设、水利、环保、国土等多个政府部门，职责交叉比较多。随着环境治理任务的日益艰巨和繁重，为加强水、垃圾行业的管理，建议：

一是明晰国家各有关部门在水、垃圾事务管理中的职责。明确职责分工，加强协调配合。

二是明晰中央与地方各级政府水、垃圾事务管理的职责。加强省级政府在水与垃圾政策法规制订、行业监管方面的职能。在中央政府重点加强区域战略规划与目标考核的基础上，强化市政府在设施融资、建设、管理方面的职责和权利。

2) 完善政策法规体系

完善水、垃圾等环境管理的政策法规体系，加强法规体系的完整性、一致性、严肃性；进一步加强引入市场竞争机制政策，制定完善的准入退出机制，加强监管。

(2) 始终坚持政府对水与垃圾处理设施资产的所有权和控制权

多年的国际经验表明，水与垃圾处理设施资产国有才能保证“政府负责提供”与“普遍服务”。根据中国水与垃圾行业的现状与国情，私有化不是出路，而在政府所有前提下引入市场竞争才是适用的道路。特别是在目前地方政府监管水平非常弱的情况下，坚持政府所有才能确保供应安全与普遍服务。为提高市政公用设施的运营效率与服务质量，在行业中引进市场化运作方式的必要性是毋庸置疑的。但同时市政公用设施关系众多消费者，为保证其公益性与社会的稳定，市政公用设施的控制权必须掌握在政府手中。同时市场化道路是一个长期逐渐推进的过程，不可能一步到位，应结合我国国情，分阶段推进。无论采取何种模式，根据市政公用设施公益性的特点都要在首先考虑社会公共利益，然后在不断满足社会发展需要的基础上适当地借鉴和引入。在市场化改革中，还应注意到市政公用设施产业市场集中度越高、规模经济效益越显著的规律，避免过度竞争。

（3）积极稳妥地推进企业改革，建立现代企业制度，实现所有权与经营权分离

随着我国改革开放的深入和社会主义市场经济的不断完善和发展，城市水务与垃圾行业十几年来也开放了市场，推进投资和运营主体多元化及产权多元化的改革，允许社会资本（包括国外资本和私营资本）参与水务与垃圾设施的建设和经营等业务。据不完全统计，到2005年底，城市供水行业已实行改制企业的供水规模和资产总额，分别占全国的21%和20%，污水处理行业的市场化得到了大力推进，垃圾处理行业也部分引入了市场竞争。虽然我国的企业改制得到了很快推进，但还存在很多问题，一是已经改制的供水、排水、垃圾处理企业仅从名义上改成了企业，实际上没有真正实行规范的现代企业制度，经营管理权责不清，财务及信息不透明，缺乏有效的监管；二是我国特别是中西部地区还有相当部分企业仍未进行改制，仍然是政企不分、政事不分。因此建议：一是在改制过程中，明晰资产的所有权，根据国家、省、市各级政府投入进行不同来源的国有股份多元化；二是建立权责清晰的经营管理体系，建立健全董事会、监事会、工会等机构；三是建立以合同关系和目标考核为主的规范管理体系，无论企业性质如何，政府都要与运行企业签订运营合同，明确责权利。

（4）引入竞争机制，分阶段、分步骤、因地制宜地引入私营行业参与（PSP）

在荷兰及欧洲其他国家，市政设施市场化的不断完善与规范，都经历了一个相当长的时期。在欧洲，普遍的共识是：市政设施管理是政府的一项公共职能，因为市政设施直接关系到人民的生活水平与身体健康。根据当前我国经济发展水平与国情以及行业发展水平及市政公用行业管理水平低的现状，决定了如改革步伐太快一步到位，就容易产生矛盾，如国有资产流失问题、下岗职工的问题等；从政府角度来看，如果推进市政公用行业市场化一步到位，则没有相应的法律法规。因此，市政公用行业市场化应分阶段分步骤推进，重点是引入市场竞争机制。

我国政府正在大力推进市政公用行业的市场化，但目前我国市政设施领域的市场条件不成熟，尚处于初级阶段。针对目前我国市政设施领域出现的垄断经营、政企不分、政事不分、运营效率低下、服务水平低等问题，以及目前所处的市场化阶段，建议推进我国市政公用行业市场化进程分为以下几个阶段：

第一阶段：允许市政设施行业内跨地区进行市政设施的运营管理，打破行政、地域与行业进入壁垒，有步骤地放开市场。

建议鼓励有实力的市政设施企业跨地区进行市政设施运营管理，打破行政、地域与行业进入壁垒。由于我国有31个省、600多个城市、2万多个镇，如果每个城镇都建立相应的企业进行市政设施的运营管理，容易形成地方保护主义，阻

碍生产效率的提高与新技术的引入，同时形不成规模效率，会导致资源与投资的浪费。

在此过程中，应大力推动以下几个方面的工作：

一是要实现政企政事分离，引入现代企业制度，适当放宽企业经营管理自由度，分隔政府行政干预，引入市场竞争机制。

二是强化政府管制力度，特别是在企业准入、生产效率、产品质量、服务水平等方面，建立严格规范的政府管制体系与法规。当前，政府对市政公用行业的监管力度不应减弱，而应加以强化。政府监管应在市场准入的管制上加强管理，既要鼓励跨地区的竞争，资源优化，又要加以适当控制；同时政府对由市场机制起作用的部分如价格方面的监管要逐步减弱。如果采取荷兰的模式，可以保护国有企业，鼓励国内企业间的竞争，对外资利用加以适当控制，从长远角度看，可以控制行业自主权，对涉及国家安全的市政公用设施加以有效的管理。

三是水与垃圾行业企业由各地方政府代表国家履行出资人职责，享有所有者权益，权利、义务和责任相统一，建立管资产和管人、管事相结合的国有资产管理体制。

四是政府应当实施水与垃圾行业特许经营制度，积极推行市场准入许可制度，鼓励企业跨地区进行市政设施的建设、运营与管理。

五是在供水、垃圾、污水领域可以选择性地将其中的某一部分市场放开，实现主辅分离，进行市场化运作，实现有序放开。如自来水厂与管网的设计、建设与维护，供水管道施工、制水药剂、水表、管材等经营市场；垃圾的收集、资源化部分以及焚烧厂、填埋场设计与建设等；污水处理厂的设计、建设与维护等。

第二阶段：在政府的引导下，鼓励市政公用行业形成规模经济，提高运行管理绩效；建立完善的市政公用行业市场化的法律法规体系；完善市场经济体制。中央政府管制作用减弱，市场机制发挥主要作用。

第三阶段：中央政府管制进一步减弱，地方政府的管制作用加强，行业协会的监管作用加强，行业规范化发展，市政公用行业通过市场机制形成竞争动力，提高运营管理绩效。

结合我国国情与各地发展情况，综上所述，我们建议：

一是鼓励国有或国有控股企业以及私营企业跨地区经营，输出管理经验、模式与人才。具体方式包括股份收购、管理服务合同、租赁合同、BOT/TOT 等。

二是打破地域限制与地方保护主义，鼓励地区化或区域化经营或协作。如省会城市或地级市的具有专业化运营经验的企业，可通过兼并、委托管理、股份参与等方式，参与县城、乡镇或农村的经营。

三是企业间引入绩效标杆管理机制，实现企业间的整并。

四是鼓励行业间的横向合并，如供排水一体化，水务与垃圾、电力、热力等行业企业整并等，实现交叉补贴。

（5）逐步推进城乡统筹，实现城乡一体化、地区化或区域化经营，确保普遍服务与规模效益

一是统筹规划城乡的供水、污水与垃圾处理设施。平原人口密集地区可考虑城乡供水一体化；建立区域性的垃圾处置中心，统一收运和管理；实现从地级市、县城到乡镇污水处理设施建设、管理一体化。

二是建立行业运营标准与相关法律，对现有行业运营企业的运行状况进行考核，不合格或整改后仍不合格的企业实行强制整并，由具备运营能力的企业来运营。特别是我国小城镇尤其是中西部小城镇，由于受经济发展水平的限制，很难形成自身的运营能力，很多设施建成后由高中生甚至是初中生参与管理，即使通过培训也很难形成运营能力。

三是引进管理规范的专业化运营企业，促进技术、管理、人才等要素的流动，通过管理合同帮助地方形成自身的能力。

（6）研究建立流域补偿机制，建立全国性、流域或地区性的专项基金或补贴机制

由于中国经济发展中、东、西部很不平衡，西部城镇尤其是小城镇无力建设水与垃圾处理设施，部分案例分析表明即使国家投入超过50%，很多西部城镇尤其是小城镇政府靠吃财政转移支付，仍无力建成和运营这些设施。因此建议：一是建立流域补偿机制，下游补偿上游；二是建立区域性的专项基金，如省级专项基金，可用于支持设施建设与运营；三是建立全国性的专项基金，用于跨地区、跨流域的设施建设与运营。

（7）坚持“污染者付费”与“全成本回收”，因地制宜建立合理的价格/收费体系

目前，我国污水与垃圾收费低、收缴率低，无法实现“污染者付费”与“全成本回收”。而且收费尚不能有效支撑运营，更不用说积累投资。由于现行的收费制度，消费者对为服务付费还不能接受，应进行深入地宣传与教育，确保未来收费工作的顺利进行。在服务价格方面，应与当地的收入水平相结合，在保证社会利益的前提下合理制定，并充分保护低收入家庭利益。教育消费者进行资源的节约与再利用，以降低市政公用设施的服务成本进而与降低消费者服务价格实现双赢。因此建议：一是以“污染者付费”与“全成本回收”的理念建立价格/收费体系，根据现有经济水平与可承受能力，确定现阶段的收费标准，同时建立“全成本回收”的收费规划与步骤。二是不断完善收集系统增加用户、持续宣传“污染者付费”理念，扩大收费覆盖面。三是根据不同经济发展水平和不同经济发展模式，因地制宜建立价格/收费体系，如在东部发达地区应研究城乡一体化的价格/收费体系，可以逐步考虑实现投资成本和经营成本的全成本回收；在西部欠发达地区，应研究国

家、省、市各级的投资运营补贴机制，首要目标是保障设施的正常运营；在旅游地区研究旅游者付费的模式与机制，保护当地弱势群体。

(8) 建立市场准入/退出机制，提高监管能力和监管水平，强化行业监管

政府对市政公用设施的管理目标是满足消费者的需求。对市场化运营方式下的市政公用设施应采取“协议式管理”并逐步过渡到“自愿式管理”。政府应在市场规模化上起政策引导作用，保证行业健康的可持续发展。在提高服务质量方面，与政府的过度干涉相比，行业自律、同行比较制度的引入更有效果。应建立明确分工的中央政府、地方政府，行业协会监管体系，确保各级职责的实现。政府在引进行业新技术，保持环境方面应起监督与引导的作用。因此建议：一是建立市场准入/退出的标准、机制和法规，不能满足运营标准的企业将被淘汰或兼并；二是建立公益性的地区性或区域性的专业化监管机构，以弥补很多城镇监管手段与能力的不足，确保监管到位；三是引入行业标杆管理机制，并向社会公布水质、服务水平、环境影响、运营成本等相关信息，引入社会监督；四是鼓励企业自身引入激励与绩效考核机制，规范运营管理。

(9) 积极培育行业中介组织，充分发挥社会参与和监督作用

在荷兰与欧盟，公众参与在水与垃圾行业管理中发挥着重要作用，荷兰公众主要通过水务委员会参与水管理。而在我国公众参与水管理的意识还远未形成。因此建议：一是建立利益相关者的利益体系，如用户联合会，非政府组织等；二是建立专业的宣传教育机构，开展公民教育活动，宣传“水源保护”、“污染者付费”与“全成本回收”等理念。

参考文献

1. Afval Overleg Organ (Waste management council), *The Waste Market: Structure and developments*, Utrecht, 2000.
2. Afval Overleg Orgaan (Waste management council), *The Waste Market: The Netherlands and neighbouring countries*, Utrecht, 2003.
3. Afval Overleg Orgaan (Waste management council), *Solid waste treatment in The Netherlands: data* 2003. workgroup waste registration. Report number AOO 2004. 11
4. Alfaro, Raquel, *Institutional Development of the Urban Water and Sanitation Sector in Chile*, unpublished paper, Washington: World Bank, 1996.
5. Alfaro, Raquel, *Linkages between Municipalities and Utilities: an Experience in Overcoming Urban Poverty*, unpublished paper, Washington: World Bank, 1996.
6. Aqualibrium, *European Water Management between Regulation and Competition*, edited: Sh. Mohajeri, B. Knothe, D. N. Lamothe, J. A. Faby, Office for Official Publications of the European Communities, Luxembourg, 2003.
7. Ardon, G.., Reinold W. L. F., *National Water Sector Planning*, The Hague, 1995.
8. Asian Development Bank, *Regulatory Systems and Networking of water utilities and regulatory bodies; Proceedings of the Regional Forum* 2001, ADB, 2001.
9. Blokland, Maarten, *Notes on Chile's Water Sector Development, interview notes*, Delft: IHE, 1998.
10. Blokland, Maarten, and Jeroen Warner, *Interview Notes Board Members of Water Supply Companies WLF and WML*, Delft: IHE, 1997.
11. 伯恩哈特，阑宁格．欧洲和中国废物管理现状．沈阳航空工业学院学报，2002. 3.
12. Boué René (rapporteur) *La Réforme de la Politique de l'Eau*, Avis du Conseil Economique et Social, France, 2000, http://www.conseil-economique-etsocial. fr/rapporti/texte. asp? Repertoire =00111514&ref=NS00112d.
13. Braadbaart, Okke, *Notes on Manila's Ongoing Water Privatisation, interview notes*, Delft: IHE, 1997.
14. Braadbaart, Okke, *Private Sector Participation in Water Supply and Sanitation. The French Model*, Sector and Utility Management Group Working Paper, Delft: IHE, 1998.
15. Braadbaart, Okke, and Rosario Villaluna, *Project Management Amidst Sector Reform: A Post-Mortem of Two Rural Water and Sanitation Projects in the Philippines*, Sector and Utility Management Group Working Paper, Delft: IHE, 1998.
16. Brabant Water. 2004 年报．荷兰，2004.
17. 陈燕，傅春．荷兰水管理体制与水资源综合管理．中国水利，2004. 3.

18. 重庆大学. 荷兰政府赠款项目-国外环境基础设施现有政策考察报告. 2005. 7.

19. Davies, S., *European Waste Management: background to a discussion on EWCs*, A PSIRU report for EPSU, www. psiru. org, 2003.

20. DHV. 荷兰政府赠款项目 – 西欧小城镇环境基础设施市场化政策调研报告. 2005. 8.

21. DHV. 荷兰政府赠款项目 – 法国 Beaune 市的环境服务方案——法国 Beaune 市的市场化政策调研. 2005. 9.

22. DHV. 荷兰政府赠款项目 – 德国威尔海姆市的环境服务方案-德国威尔海姆市的市场化政策调研. 2005. 9.

23. DHV. 荷兰政府赠款项目 – 国外技术及政策分析-国外给水、污水及垃圾技术政策调研. 2005. 10.

24. Dieperink C., *Tussen Zout en Zalm: Lessen uit de Ontwikkeling van het Regime inzake de Rijnvervuiling*, Amsterdam: Thesis Publishers, 1997.

25. Dijkgraaf E., Jong R. de, Mortel E. G. van de, Nentjes, A., Varkevisser, M., and Wiersma, D., *Mogelijkheden tot Marktwerking in de Nederlandse Watersector*, The Hague: Ministry of Economic Affairs, 1997.

26. 丁浩, 范合君. 国外公用事业监管做法及启示. 价格月刊, 2007. 8.

27. 丁惠英, 丁民. 国外城市水务管理经验分析. 中国水利, 2003. 15.

28. 董雁飞. 欧盟新水框架法令概述. 国外水利, 2004.

29. EUNOMIA. *Economic analysis of options for managing biodegradable municipal waste; final report to the European commission.* 2003. (www. eunomia. co. uk).

30. Germany. *Challenge to Waste Law.* Environmental Policy and Law, 1997. 27 (2).

31. GTZ, *Working Paper no.* 10 *Private participation in infrastructure: Infrastructure Regulation, An introduction to fundamental concepts and key issues*, Germany, 2003.

32. 郝晓地. 荷兰水管理体制及水务局职能. 给水排水, 2003. 9.

33. 何琛, 刘振鸿等. 各国城市垃圾处理的现状. 污染防治技术, 2003. 2.

34. Herianto, Joedi, *Risk Analysis of Public - Private Contracts in Indonesian Water Supply*, M. Sc. Thesis, Delft: IHE, 1998.

35. Hogg, D., Barth J., et al. *Comparison of Compost standards Within the EU, North America and Australasia: main report.* Published by: The Waste and Resources Action Programme (WRAP), 2002.

36. 胡必彬. 欧盟不同环境领域环境政策发展趋势分析. 环境科学与管理, 2006. 3.

37. 胡必彬. 欧盟水环境标准体系. 环境科学研究, 2005. 1.

38. 胡必彬, 杨志峰. 欧盟水环境政策研究. 中国给水排水, 2004. 7.

39. Jones, Julian, *Urban Water Supplies for Developing Countries: The French Approach*, Loughborough: WEDC, 1997.

40. Lee, Terence and Andrei Jouravlev, *Regulation of the Private Provision of Public Water - related Services*, Santiago de Chile: ECLAC, 1997.

41. 李华友, 肖学智. 德国城市生活垃圾管理政策分析. 环境保护, 2003. 5.

42. 李建军, 傅涛等. 城市生活垃圾处理技术路线的选择. www. bxsdl. com.

43. 李晶，王新义等．英国和德国水环境治理模式鉴析．水利发展研究，2004. 1.
44. 李晓．基于德国经验寻找中国垃圾处理的出路．科技情报开发与经济，2006. 10.
45. 廖银章．国外城市生活垃圾管理政策及启示．软科学，2000. 1.
46. 刘仲桂．德国、法国、荷兰水资源保护与管理概况．人民珠江，2002. 3.
47. 骆建华．荷兰德国的环境保护法制建设．世界环境，2002. 1.
48. Lober, D J. *Municipal Solid Waste Policy and Public Participation in Household Source Reduction.* Waste Management& Research, 1996. 14.
49. 莫孝翠，杨开．荷兰水务管理及启示．北京水务，2004. 5.
50. Ministry of Housing, Spatial Planning and the Environment in cooperation with Water Supply and Sanitation Collaborative Council, *Private Business*, *Public Owners*; *Government Shareholdings in Water Companies*; *Summary*, Ministry VROM, The Hague, 2000.
51. Mostert, Erik, *Water Policy Formulation in the Netherlands*, Water 21, Phase 1 report, Research Report nr. 6, Delft: RBA Centre, 1997.
52. Myers, S D. , *Water Services Management*, *A Public-private partnership*, Financial Times Energy, England, 1998.
53. NEDECO, *Public-Private Partnership*: *privatisation*, *deregulation*, *globalisation*: *current & future issues in the water sector*, author: M. Salvetti, Netherlands, 2000.
54. Owen, D. , *The European Water Industry*, *A country-by-country analysis*, Financial Times Energy, London, 1998.
55. 齐学斌，刘景祥．国外水资源管理现状与新趋向．海河水利，2001. 5.
56. 乔利利．欧盟环境政策新动向．世界环境，2004. 3.
57. 秦虹，盛洪．市政公用事业监管的国际经验及对中国的借鉴．城市发展研究，2006. 1.
58. 石秋池．欧盟水框架指令及其执行情况．中国水利，2005. 22.
59. 《水务时代》．水务时代的全国背景报告——德国，2004.
60. 陶毅．欧盟水管理及其对我国的借鉴．集团经济研究，2006. 28.
61. Union of Water boards, *Zuiver afvalwater*, *bedrijfsvergelijking zuiveringsbeheer* 1999, The Hague, 2000.
62. VEWIN. *Reflections on Performance 2003-Benchmarking in the Dutch Drinking Water Industry*, Nederland, 2003.
63. VEWIN, *Water supply statistics 2006*, Nederland, 2006.
64. VEWIN, Waterleidingstatistiek, *Rijswijk*: *Vereniging van Exploitanten van Waterleidingbedrijven in Nederland*, various years.
65. 王靖锋．荷兰的水资源管理．东北水利水电，2001. 9.
66. 洪林．荷兰：利益主体参与的地方水管理．中国水利，2005. 20.
67. 王盛，俞国平．法国的水务管理模式．城市公用事业，2006. 3.
68. 杨玉江，赵由才．欧盟各国固体废弃物管理模式的分析和比较．环境卫生工程，2004. 12.
69. 姚勤华，朱雯霞等．法国、英国的水务管理模式．城市问题，2006. 8.
70. 宋国君，冒小飞．荷兰的基层水管理机构-水理事会．世界环境，2002. 4.
71. 臧彦玲，孙凤华．欧盟国家水管理的新框架．北京水务，2002. 5.

72. 张靖，田一平．德国垃圾的环境管理模式．环境科学与技术，2004.1.

73. 张明顺，Pim Hamminga. 荷兰水质与空气质量监测的发展现状．环境监测管理与技术，2006.3.

74. 张锐．德国如何处理城市垃圾？国际市场，2003.11.

75. 曾维华，张庆丰等．国内外水环境管理体制对比分析．重庆环境科学，2003.1.

76. 郑如苹．欧洲城市垃圾管理及对我国的启示．中国环保产业，2005.7.

77. 周国川．国外水资源保护税税制比较研究．水利经济，2006.5.

78. http：//www. brabantwater. nl.

79. http：//www. oieau. fr/anglais/gest_ eau/index. htm.

80. http：//www. veolia. com.

81. http：//www. veoliaenvironnement. com.

82. http：//www. veoliawater. com.

83. http：//www. generale-des-eaux. com.

84. http：//archives. bienpublic. com.

85. http：//www. suez. com.

86. http：//www. saur. com.

87. http：//www. rwe. com.

88. http：//www. waternet. nl.

编后记

本书是中荷政府合作“中国西部小城镇环境基础设施经济适用技术及示范项目”（FTEI 项目）实施中的一项重要内容，是在组织国内的政府管理者、科研人员、企业运营管理人员赴荷兰及欧洲开展项目管理、融资、技术与政策等方面的五次培训考察的基础上形成的。每次培训考察活动都撰写了详尽的考察报告。在整理这些考察报告的基础上，形成了《荷兰及欧盟主要国家水与垃圾处理设施的可持续运营管理》一书，并且成为了该项目的一项重要成果。本书与 FTEI 项目另一成果——2008 年 6 月出版的《荷兰供水行业的公有私营模式》（ISBN 978-7-112-10159-7）一起，共同形成了较为完善地阐述欧盟环境基础设施政策法规、政府监管、运营管理、技术、投资融资的成果体系。

本书框架由住房和城乡建设部武涌巡视员提出，编委会集体讨论确定。编委会全体成员都为本书的编写付出了辛勤的劳动。也特别感谢已去世的邓蕙女士为本书所承担的编写工作。

我们感谢荷兰驻华大使馆原驻华大使贺飞烈博士（Dr. Ph. de Heer）、原商务/发展合作参赞孟克·范尔德先生（Paul A. Menkveld）、环境事务一等秘书毕克先生（Martien A. Beek）、项目官员大牛先生（Cor van Marion）为本书编写给予的大力支持。

由于该书的形成来源于考察和培训，因此我们要感谢为圆满完成五次培训考察而做出贡献的荷兰瓦赫宁根大学与研究中心（Wageningen University and Research Center）教授奥克·布拉德巴特先生（Okke Braadbaart）和张明顺博士；荷兰皇家豪斯康宁（Royal Haskoning）公司；荷兰德和威（DHV）公司；位于荷兰代尔夫特市（Delft）的联合国教科文组织——国际水利和环境工程学院（UNESCO-IHE）等。感谢为实地考察给予大力支持的相关政府机构、组织和企业：荷兰住房、空间规划和环境部（VROM）、荷兰弗里斯兰省（Friesland）政府、荷兰瓦赫宁根市（Wageningen）政府；荷兰自来水厂协会（VEWIN）；荷兰 Essent 固废处理公司、荷兰 Vitens 供水公司、荷兰 Houtrust 污水处理厂、德国莱比锡污水处理厂、柏林 ALBA 固体废弃物处理公司等。感谢天津大学管理学院教授刘应宗先生为本书编写提供的宝贵建议。

中国建筑工业出版社也为本书的框架提出了很好的建议，并为本书的出版做出了很多努力，在此一并致谢。

编委会

2008 年 7 月